本书获得湖南省高校思想政治工作专项资金资助

本书为国家社会科学基金项目"百年大变局下青年爱国主义教育话语创新研究"（20VSZ020）研究成果

曹威伟 著

Research on
the Innovation of
Youth Patriotic Education
Discourse Amidst Profound
Changes Unseen in a Century

百年大变局下
青年爱国主义教育
话语创新研究

中国社会科学出版社

图书在版编目（CIP）数据

百年大变局下青年爱国主义教育话语创新研究 / 曹威伟著. -- 北京：中国社会科学出版社，2025.6.
ISBN 978-7-5227-4572-5

Ⅰ. D647

中国国家版本馆 CIP 数据核字第 2024AR7388 号

出 版 人	季为民	
责任编辑	喻 苗 曲 迪	
责任校对	胡新芳	
责任印制	李寡寡	

出　　版	中国社会科学出版社
社　　址	北京鼓楼西大街甲 158 号
邮　　编	100720
网　　址	http://www.csspw.cn
发 行 部	010-84083685
门 市 部	010-84029450
经　　销	新华书店及其他书店

印　　刷	北京君升印刷有限公司
装　　订	廊坊市广阳区广增装订厂
版　　次	2025 年 6 月第 1 版
印　　次	2025 年 6 月第 1 次印刷

开　　本	710×1000　1/16
印　　张	16.25
字　　数	258 千字
定　　价	89.00 元

凡购买中国社会科学出版社图书，如有质量问题请与本社营销中心联系调换
电话：010-84083683
版权所有　侵权必究

序　言

当今世界，正处于百年未有之大变局的深刻演进中。全球化与逆全球化的激烈碰撞、科技革命与产业变革的汹涌浪潮、国际秩序的深度重构以及多元价值观的频繁交锋，全方位重塑着人类社会的生存样态。在这一具有重大历史意义的转折点上，青年一代如何准确把握"国家"与"自我"的内在联系，怎样于纷繁复杂的多元思潮中精准锚定精神坐标，又该如何在风云变幻的变局里勇担使命、开拓未来，这些已然成为关乎民族复兴伟业与文明传承赓续的核心议题。在此时代背景下，《百年大变局下青年爱国主义教育话语创新研究》一书应运而生，其写作初衷正是对这一时代课题的深度探索与回应。

全书以中国共产党百年话语体系建构为经，以新时代青年引领的文明浪潮为纬，尝试在历史发展的纵深维度与时代前沿的动态演进中，深度探寻青年价值认同的生成奥秘。爱国主义教育绝非一成不变的僵化教条，而是与时俱进、不断发展的文明基因。回顾历史，从古代士人群体"天下兴亡，匹夫有责"的担当精神，到五四运动时期青年们"外争主权、内惩国贼"的激昂觉醒呐喊，再到新时代青年发出的"强国有我"的坚定青春誓言，爱国主义始终以动态变化的话语形式深深融入中华民族的精神血脉。然而，当下社交媒体解构权威的传播生态、虚拟与现实相互交织的复杂生存场景，以及个体价值与集体叙事之间的话语张力，使得传统爱国主义教育范式遭遇前所未有的严峻挑战。Z世代群体自出生便天然带有国家"强起来"的心理认知坐标，算法推送机制所营造的"信息茧房"也让"爱国主义"教育不得不与"虚拟社群"独特的话语规则展开对话，为爱国主义教育带来了代际传承的新难题。实际上，无论是青年群体对爱国主义的"萌化""梗化"创新表达，还是他们借助"怼文化"有力解构西方话语霸权，并在"国风国潮"文化现象中积极建构文化主体性的行为，都彰显出Z世代所开创的"二次元爱国主义"全新范式。

"话语"并非仅仅是简单的语言表达工具，而是一个承载着认识论转变、权力博弈以及主体建构等复杂内涵的重要装置。它宛如文化基因的承载载体，又通过"意向性网络"表明话语意义的实现依赖于主体间达成的背景共识。在当前话语场域呈现出"语言游戏"般多元纷争的战国时代，面对去中心化话语的典型实践，我们或许需要回溯至中国传统文化的深厚底蕴之中，重新探寻契合时代需求的话语方式与深层意义。在中国传统文化语境下，"话语"绝非单纯的言语表达手段，而是贯通天人关系、连接礼乐文明的关键枢纽，是"道"在现实世界的具体呈现方式。它不仅涵盖语言符号的构建，更蕴含着伦理秩序、政治理想以及宇宙观的全息密码。儒家秉持"名不正则言不顺，言不顺则事不成"的理念，将话语视为礼制秩序的编码体系，通过"天子七庙，诸侯五庙"的等级规定强化空间话语与等级秩序；道家则以"道可道，非常道"揭示终极真理对语言表达的超越性，暗示最高层次的话语交流应突破语言符号的局限。作为新时代的爱国主义教育话语，必然要站在文明对话的前沿阵地，具备回应理论难题、呼应传统智慧、回应当下现实的卓越品格与能力。一方面要传承传统文化中关于秩序建构、言语精妙韵味的精髓，另一方面也要直面国际格局的"风险性"、国家势位走向"平视化"、文化传播的"圈层性"以及技术革命的"流动性"相互交织的复杂场域。如何稳步推进新时代爱国主义教育话语体系建设，为青年的爱国情怀探寻到既深深扎根于中国文化根基，又能在全球范围内引发广泛共鸣的表达方式，这正是全书全力探索的核心所在。

衷心期待这份研究成果不仅能为学术领域贡献新的智慧与力量，更能成为万千教育工作者手中指引方向的"思想罗盘"，助力新时代中国青年在百年变局的惊涛骇浪中精准锚定精神坐标，乘风破浪、奋勇前行。期望本书能够化作一盏明灯，照亮爱国主义教育创新发展的漫漫征途；更渴望它能如同一簇星火，点燃更多青年"以吾辈微尘，汇时代星辉"的炽热赤子之心。毕竟，真正意义上的爱国教育，最终要解答的并非

"应该如何教育青年"这一问题,而是"怎样让青年自觉选择成为具有爱国情怀的人"。真正的价值认同,始终建立在理性思考、深度思辨与价值自觉的坚实基础之上。

曹威伟谨识

2025 年春

目　录

绪　论 …………………………………………………………… (1)
 一　国内外相关研究的学术史梳理及研究动态 ……………… (2)
 二　学术价值和应用价值 ……………………………………… (15)
 三　概念界定 …………………………………………………… (16)
 四　主要内容 …………………………………………………… (17)
 五　研究的创新之处 …………………………………………… (23)

第一章　中国共产党青年爱国主义教育话语创新的理论渊源 ……… (25)
 第一节　继承与发展马克思主义爱国主义教育话语 ………… (25)
  一　支持民族独立与民族解放 ……………………………… (26)
  二　对虚无爱国主义的批判 ………………………………… (29)
  三　民族问题与阶级斗争相互联系 ………………………… (30)
  四　爱国主义与国际主义辩证统一 ………………………… (32)
 第二节　内化与创新中华传统爱国主义教育话语 …………… (34)
  一　"家国天下"：中华传统爱国主义教育话语的
    爱国视野 …………………………………………………… (34)
  二　"大一统"：中华传统爱国主义教育话语的
    护国情怀 …………………………………………………… (36)
  三　"忠孝仁义"：中华传统爱国主义教育话语的
    报国情义 …………………………………………………… (40)
  四　"休戚与共"：中华传统爱国主义教育话语的
    忧国情操 …………………………………………………… (42)

第三节　总结与升华中国共产党青年爱国主义教育话语 …………（44）
　　一　革命动员下的青年爱国主义教育话语（1921—
　　　　1949年）……………………………………………………（44）
　　二　谋求社会主义发展前途的青年爱国主义教育话语
　　　　（1949—1977年）…………………………………………（56）
　　三　转向社会主义现代化建设的青年爱国主义教育话语
　　　　（1978—2012年）…………………………………………（65）
　　四　中国共产党青年爱国主义教育话语创新的历史经验 ………（76）

第二章　"百年大变局"下青年爱国主义教育话语的创新场域 ……（79）
　第一节　风险的世界：世界格局之变与青年爱国主义
　　　　　教育话语 ……………………………………………………（79）
　　一　国际格局和力量对比加速演变 ………………………………（80）
　　二　安全问题前所未有地凸显 ……………………………………（82）
　　三　在伟大斗争中创新青年爱国主义教育话语 …………………（83）
　第二节　平视的世界：国家势位之变与青年爱国主义
　　　　　教育话语 ……………………………………………………（85）
　　一　"平视世界"增添了青年爱国主义教育话语的底气 …………（85）
　　二　"平视世界"增加了青年爱国主义教育话语的资本 …………（86）
　　三　"平视世界"激活了青年爱国主义教育话语的理性 …………（88）
　第三节　圈层的世界：文化迭代之变与青年爱国主义
　　　　　教育话语 ……………………………………………………（89）
　　一　碎片文化：青年爱国主义教育话语接受的不完整性 ………（89）
　　二　信息"投喂"：青年爱国主义教育话语接受的不稳定性 ……（90）
　　三　圈层依赖：青年爱国主义教育话语接受的不确定性 ………（92）
　第四节　流动的世界：技术发展之变与青年爱国主义
　　　　　教育话语 ……………………………………………………（93）
　　一　新的话语生产端口 ……………………………………………（94）
　　二　新的话语交互场域 ……………………………………………（95）
　　三　新的话语社会资本 ……………………………………………（96）

第三章 "百年大变局"下青年爱国主义教育话语的创新现状 …… (98)

第一节 "百年大变局"下青年爱国主义教育话语的理论叙事创新 ………… (99)
一 定位：爱国主义是民族精神的核心 ………… (99)
二 主题：实现中华民族伟大复兴 ………… (102)
三 本质：坚持爱党爱国爱社会主义相统一 ………… (103)
四 落脚点：维护祖国统一和民族团结 ………… (106)
五 新视野：坚持爱国主义与胸怀天下有机融合 ………… (107)
六 重点：青少年爱国主义教育 ………… (109)
七 保障：坚持以法治方式推进爱国主义教育 ………… (110)

第二节 "百年大变局"下青年爱国主义教育话语的主流叙事创新 ………… (112)
一 "我了解中国"：时空边界中国家形象的话语建构 ……… (113)
二 "我属于中国"：价值赋予中国家认同的话语强化 ……… (121)
三 "我热爱中国"：情感动员中爱国主义的话语升华 ……… (129)
四 "我梦想中国"：愿景勾画中民族复兴的话语激励 ……… (132)
五 "我奉献中国"：为国奋斗中榜样示范的话语引领 ……… (134)

第三节 "百年大变局"下青年爱国主义教育话语的破圈叙事创新 ………… (139)
一 青年群体话语的圈层化及其机制：以 Z 世代为例 ………… (140)
二 "萌"与"燃"：青年爱国主义教育话语中的情感慰藉和释放 ………… (142)
三 时尚与个性：青年爱国主义教育话语中的符号消费 ……… (147)

第四节 "百年大变局"下青年爱国主义教育话语的融合叙事创新 ………… (151)
一 媒介融合：多元扁平化的青年爱国主义教育话语对接 …… (151)
二 主体融合：从去中心化到再中心化 ………… (153)
三 空间融合：日常的交互与杂糅 ………… (156)

第四章 "百年大变局"下青年爱国主义教育话语的机制分析 (161)

第一节 青年爱国主义教育话语的生成机制 (161)
一 政治主导生成 (162)
二 利益驱动生成 (163)
三 社会实践生成 (165)
四 文化传承生成 (166)

第二节 青年爱国主义教育话语的传播机制 (168)
一 话语交往与传播 (169)
二 话语灌输与传播 (171)
三 话语符号与传播 (175)

第三节 青年爱国主义教育话语的作用机制 (177)
一 知国之理：理性认同的作用 (178)
二 爱国之情：情感共鸣的作用 (179)
三 强国之志：意志自律的作用 (181)
四 报国之行：行为导引的作用 (183)

第五章 "百年大变局"下青年爱国主义教育话语的创新策略 (185)

第一节 青年爱国主义教育话语的问题分析 (186)
一 政治层面：话语的弥散化与传播力量的被分散 (186)
二 社会层面：话语的悬浮化与话语范围的待扩展 (187)
三 文化层面：话语的工具化与生命意蕴的被遮蔽 (188)

第二节 加强话语的政治引领，提升话语向心力 (189)
一 话语语境的政治创设 (189)
二 话语内容的政治聚合 (199)
三 话语主体的政治整合 (205)
四 话语秩序的政治打造 (206)

第三节 加强话语的社会融入，提升话语亲和力 (208)
一 加强话语对日常生活的融入 (209)

二　加强话语对虚拟生活的融入 …………………………（213）
　　三　加强话语对青年圈层的渗入 …………………………（215）
第四节　加强话语的文化拓展，提升话语浸润力 ……………（217）
　　一　拓宽话语的文化资源 …………………………………（218）
　　二　深化话语的文化回归 …………………………………（223）
　　三　推进话语的具身表达 …………………………………（226）

结　语 ……………………………………………………………（230）

参考文献 ………………………………………………………（232）

后　记 ……………………………………………………………（247）

绪　　论

所谓"话语",指的是一个由概念、措辞、范畴、观念或框架等所构成的集合体,个人据以理解和体验社会现实,并在特定的历史与社会情境中展开各种实践活动。[1] 它又被视为"将意义固定化及确定化的过程及媒介"[2]"只有在论述之后,具有可塑性的客观情境,其背后所隐藏的意义才能确定,这一情境才在人们的生活领域中产生意义,成为生活经验的一部分"[3]。话语因此成为一种"理解世界的共享方式"[4]"形塑了人们理解并采取行动应对该问题的方式"[5]。在这个意义上,话语与意识形态密切相关,它"是普遍的意识形态话语的范式"[6]"具有整合社会的重要功能"[7]。当前,在新冠疫情的影响下,国际格局剧烈动荡、大国竞争加剧,世界正经历百年未有之大变局,各类"话语体系"交融交锋,全球各民族、各国的认知角度和叙事方式发生着根本性的变化,为新时

---

[1] [西] 米格尔·卡夫雷拉:《后社会史初探》,李康译,北京大学出版社2008年版,第29—30页。

[2] 转引自林水波、王崇斌《政策论述与政策变迁的关联性——批判取向的分析》,《台湾政治学刊》1998年第3期。

[3] 转引自林水波、王崇斌《政策论述与政策变迁的关联性——批判取向的分析》,《台湾政治学刊》1998年第3期。

[4] [澳] 约翰·德莱泽克:《地球政治学:环境话语》,蔺雪春、郭晨星译,山东大学出版社2012年版,第8页。

[5] Mats Alvesson and Dan Karreman, "Varieties of Discourse on the Study of Organizations through Discourse Analysis", *Human Relations*, Vol. 9, 2000, pp. 1125 – 1149.

[6] Hayden White, "The Question of Narrative in Contemporary Historical Theory", *History and Theory*, Vol. 23, No. 1, 1984, pp. 1 – 33.

[7] 詹姆逊:《政治无意识:作为社会象征行为的叙事》,王逢振、陈永国译,中国社会科学出版社1999年版,第67—68页。

代青年爱国主义教育的开展提出了全新的要求。要培养能够担当民族复兴大任的时代新人、助推中华民族在百年未有之大变局进程中掌握战略主动，迫切需要进一步创新青年爱国主义教育话语、重塑青年爱国主义教育话语叙事方式，从而推进新时代青年形成同国家和民族休戚与共的坚定信念。

一　国内外相关研究的学术史梳理及研究动态

（一）国内研究状况

爱国主义教育研究是经久不衰的话题。近年来，学术界针对爱国主义教育的新形势，开展了一系列的研究。主要集中在以下四个方面。

1. 关于爱国主义思想的理论渊源研究

（1）关于马克思、恩格斯、列宁的爱国主义思想研究。方秀丽和倪培强认为，马克思、恩格斯揭露了资产阶级的爱国主义代表少数统治阶级利益，批判了其对外侵略扩张、对内巩固专制政权、剥削压迫人民、阻碍社会革命的危害，阐明了无产阶级爱国主义思想为广大人民群众谋福祉、建立和建设无产阶级政权、坚持无产阶级国际主义原则、实现全人类的彻底解放的主要内容。[①]朱国栋和安维复提出，马克思、恩格斯的爱国主义观在国家层面体现为无产阶级要建立和建设自己的国家，在政党层面体现为无产阶级国家的建立和建设是在其先锋队——共产党的领导下实现的，在道路层面体现为共产主义是无产阶级实现全人类解放从而实现自身解放的指导思想和道路。[②]李瑞奇认为，马克思、恩格斯关于爱国主义的核心论断集中体现了马克思主义爱国主义的基本立场、观点与方法。重返马克思、恩格斯讨论爱国主义的文本视界，从立场持守、内涵阐释与当代启示三重向度探析马克思主义爱国主义的理论意旨、核心要义与现实价值，对新时代爱国主义教育建立在对科学理论的理性认同上，建立在对历史规律的正确认识上，建立在对时代大势的深刻把握

[①]　方秀丽、倪培强：《马克思恩格斯爱国主义思想及其现实启示》，《学校党建与思想教育》2022年第18期。

[②]　朱国栋、安维复：《马克思恩格斯的爱国主义观及其当代价值——以〈共产党宣言〉及其序言为主要分析文本》，《北京社会科学》2022年第10期。

上，具有重要的理论意义和实践价值。① 刘丽霏认为，列宁的爱国主义观点，是在特殊的历史背景下，面对空前尖锐的民族矛盾和阶级斗争，创造性地运用马克思主义立场观点方法，在革命实践中形成的无产阶级爱国主义思想精华，蕴含着理性与感性相统一、原则性与灵活性相统一、爱国主义与国际主义相统一的本质意涵。②

（2）关于中国共产党爱国主义思想的历史研究。

一是在内容概括方面。许桂芳和龚美君提出，中国共产党百年爱国主义教育经历了革命"救国"、建设"兴国"、改革"富国"、复兴"强国"的教育阶段，呈现历史性和时代性相统一的特征。③ 兰美荣和卢黎歌提出，中国共产党百年来，青年爱国主义教育经历了"建立新生人民政权教育"阶段、"面向社会主义现代化建设教育"阶段和"中华民族伟大复兴教育"阶段。回顾历史，青年爱国主义教育形成了坚持以马克思主义为指导，确保教育方向的正确性；坚持爱国与爱党、爱社会主义相统一的本质要求，增强教育的鲜活性；坚持以历史文化和时代主题教育为重点内容，增强教育的针对性；坚持显性教育与隐性教育相结合的实践路径，提高教育的有效性等基本经验。④ 陈勇和李明珠提到，中国共产党成立以来加强青年爱国主义教育，经历了开创形成、曲折发展、改进完善、深化创新四个时期，积累了始终坚持青年爱国主义教育的科学性，历来注重青年爱国主义教育的时代性，切实凸显青年爱国主义教育的针对性，自觉把握青年爱国主义教育的规律性等宝贵经验。⑤ 王艳和邢盈盈则提出，"救亡图存""争取人民民主""保家卫国""建设有中国特色的社会主义""实现中华民族伟大复兴"等时代主题是中国共产党爱国主义内涵在不同阶段的具体展现。其中所蕴含的家国情怀、人民立场、社会

---

① 李瑞奇：《马克思恩格斯关于爱国主义的核心论断及当代启示》，《思想政治教育研究》2022年第3期。

② 刘丽霏：《列宁的爱国主义观点及其启示》，《人民论坛》2021年第32期。

③ 许桂芳、龚美君：《中国共产党爱国主义教育的百年探索与经验启示》，《教育学术月刊》2022年第4期。

④ 兰美荣、卢黎歌：《中共百年青年爱国主义教育的经验与启示》，《思想教育研究》2021年第6期。

⑤ 陈勇、李明珠：《中国共产党加强青年爱国主义教育的探索与实践》，《马克思主义理论学科研究》2021年第12期。

主义方向和天下情怀是中国共产党百年爱国主义内涵演变历程中一脉相承、与时俱进的核心要素，也是百年演变历程呈现的鲜明特点。[1] 杨峻岭认为，在波澜壮阔的百年征程中，中国共产党把爱国主义教育贯穿中国革命、建设和改革的全过程，创立了以"救国""兴国""富国""强国"为主题的爱国主义教育历程。百年来，爱国主义教育的任务、内容、方法随着时代的发展不断被赋予新的内涵。但爱国主义与爱党、爱社会主义有机统一，爱国主义与中国革命、建设和改革相一致，爱国主义与国际主义相融合的基本原则没有变；爱国主义教育与马克思主义理论教育、社会主义教育相结合的内容没有变；爱国主义教育必须坚持发展的观点、与时俱进、不断创新方法的教育理念没有变。[2]

二是在意义和经验概括方面。张永霞提出，中国共产党爱国主义的百年发展历程启示我们在新时代历史方位下，要继续推进爱国主义新发展，就要坚持以中国共产党为领导核心、以实现中华民族伟大复兴为爱国主题，同时实现爱国与爱党、爱社会主义、爱人民的有机结合，并且把爱国主义内化于心与外化于行相统一，从而增强新时代爱国主义凝心聚力的作用，为实现中国梦增添奋斗的动力和信心。[3] 仲帅提出，中国共产党的爱国主义话语体系有其严密的内在逻辑，明确了党的爱国主义话语体系的本质要求，凸显了中华民族共同体意识的身份认同，强化了中华优秀爱国主义传统文化的历史传承，推进了中华民族伟大复兴的探索实践。[4] 张晓婧和宋泽芮提出，在领导全国各族人民弘扬和实践爱国主义精神的百年历程中，中国共产党积累了丰富经验，主要体现为坚持以马克思主义科学理论为指导、坚持以初心使命为遵循、坚持各历史阶段的奋斗实践、坚持树立英模人物和群体为榜样、坚持爱国情怀和世界情怀

---

[1] 王艳、邢盈盈：《中国共产党百年爱国主义内涵演变的历程与经验》，《道德与文明》2021年第4期。

[2] 杨峻岭：《中国共产党百年爱国主义教育的回顾及启示》，《马克思主义研究》2021年第7期。

[3] 张永霞：《中国共产党爱国主义百年发展历程及经验启示》，《学校党建与思想教育》2022年第1期。

[4] 仲帅：《中国共产党爱国主义话语体系的逻辑与实践》，《思想理论教育导刊》2023年第9期。

相统一。①

三是从伦理学、叙事学等特殊角度进行了梳理。王泽应从伦理学的角度对中国共产党百年爱国主义教育进行了研究，他提出，回溯中国共产党筚路蓝缕、以启山林的百年奋斗历程，赤诚的爱国土、爱国人、爱国文之爱国情感与救中国、建中国、强中国的价值追求交融互渗，发展起一种以马克思主义为指导，以社会主义为核心内容，以人民幸福、民族复兴为价值追求的爱国主义理论、类型和精神，从而不仅极大地光大了中华民族自古以来的爱国主义传统和精神，也极大地丰富了马克思主义爱国主义、社会主义爱国主义的内容、义理和层次，整体上开启了人类爱国主义发展的崭新篇章，使中华民族、中国人民和中国社会、中国历史的面貌均发生了巨大变化。② 宇文利从伦理学的角度，更集中于道德价值冲突和超越方面，对中国共产党爱国主义教育进行了研究。他提出，基于对国家命运和时代形势的把握，中国共产党对爱国主义教育生发出不同以往的道德觉悟并进行了价值重构。以爱党、爱国、爱人民和爱社会主义为价值支点，中国共产党的爱国主义教育在阶级道义、社会理性、政党治理和国家道路上实现了以义制利、以德胜利、以理驭欲、以合治分的扬弃、升华和超越。③

2. 关于爱国主义教育面临的挑战研究

在"百年大变局"的时期，爱国主义教育话语面临着新的挑战。一部分学者对"百年大变局"进行了研究，其主要的观点和看法可概括为以下四个方面：百年未有之大变局是国家间加速权力再分配的国际权力结构的"大变局"④，是世界战略格局正在出现重大调整进程中的全球秩序"大变局"⑤，是经济全球化、政治多极化和国际力量多元化过去30年

---

① 张晓婧、宋泽芮：《中国共产党弘扬爱国主义精神的百年历程及其基本经验》，《南京社会科学》2021年第6期。

② 王泽应：《中国共产党人爱国主义的义理建构和价值追求》，《北京大学学报（哲学社会科学版）》2020年第6期。

③ 宇文利：《中国共产党爱国主义教育中的道德价值冲突及其超越》，《思想政治教育研究》2022年第6期。

④ 陈向阳：《世界大变局与中国的应对思考》，《现代国际关系》2018年第11期。

⑤ 张蕴岭等：《如何认识和理解百年大变局》，《亚太安全与海洋研究》2019年第2期。

来引发的全球治理结构的"大变局"①，是新一轮科技革命加速重塑世界，正在带来人类经济活动、生活方式和国家间竞争形态的"大变局"②。"大变局"客观上正在给我们带来历史性的考验和压力，应该适应变化、推动对中国有利的各种变化并有意识地塑造有利于中国的国际变化③。具体到爱国主义教育而言，主要面临着两个挑战：其一，"经济全球化对爱国主义造成巨大冲击。随着社会信息化的发展，西方发达国家一方面提倡'全球意识'等观念，另一方面又披着'国家观念'的外衣对其他民族国家的民族观念国家理念进行指责。这使有些人中了他们的圈套，进而会更加关注世界和人类的整体利益，而忽视本国家和本民族的根本利益"。④ 于是，一些公民对国家之前的一种天然的感情就淡化了，不在乎政治的权威，也不在乎道德的约束，开始依赖利益关系，成为精致的利己主义者，淡化了人们历代以来所继承的爱国情怀和深刻的民族国家的认同感。⑤ 其二，多元社会思潮对爱国主义造成严重消解。改革开放以来，资产阶级思想的自由化思潮强烈主张对资产阶级自由主义，个人主义甚至是金钱崇拜的追求，一些人开始不分原则和是非地崇拜和模仿西方国家的生活方式、价值观念，"'引入'或逐渐渗透到我国政治、经济、社会以及文化生活等方方面面中"。⑥ 由于西方一些发达国家在网络发展中占据着优势地位，在网络信息传播上有着更加主动的发言权，他们经常会通过互联网散布一些观点，腐蚀人们的民族自信心和民族自豪感。与此同时，一些社会利益集团也都争相利用网络信息传播的快速性和公开性散布自己的观点，诱导人们做出一系列反社会的行为。而且一些网络信息的低俗性，也容易让青年的爱国主义思想和行为不够理性，引起

---

① 朱锋：《近期学界关于"百年未有之大变局"研究综述》，《人民论坛·学术前沿》2019年第7期。

② 高祖贵：《世界百年未有之大变局的丰富内涵》，《公安研究》2019年第1期。

③ 朱锋：《近期学界关于"百年未有之大变局"研究综述》，《人民论坛·学术前沿》2019年第7期。

④ 徐国正、刘文成：《新时代大学生爱国主义教育：挑战、原则与路径》，《大学教育科学》2022年第3期。

⑤ 李琼：《新形势下大学生爱国主义教育的有效路径》，《思想理论教育导刊》2017年第4期。

⑥ 吴林龙：《新形势下爱国主义教育的逻辑进路》，《思想理论教育》2016年第11期。

一些负面影响。①

3. 关于新时代爱国主义教育的现状研究

近年来，关于新时代爱国主义教育的具体内容和实践研究呈上升趋势，诞生了一批比较优秀的社科成果。其主要聚焦在理论和实践两个方面。

（1）关于新时代爱国主义教育的理论研究。赵开开和聂家华关注习近平总书记新时代爱国主义重要论述的基本内容，涉及科学内涵，爱国与爱党、爱社会主义的统一，实现中华民族伟大复兴的中国梦，爱国情怀与改革精神，世界眼光的结合等。② 蔡中华、潘静认为习近平总书记新时代爱国主义重要论述一个鲜明的主题就是实现民族复兴，对习近平总书记新时代爱国主义重要论述的内涵进行了丰富和深化，契合了爱国主义思想的动力指向；团结全民族力量，深化爱国主义教育，必须用文化来凝聚共识、用教育来厚植情怀，用仪式来涵养志向，用法治来保护思想与行为等。③ 赵建波对习近平总书记新时代爱国主义重要论述进行了系统的梳理和研究，分析了其思想形成的逻辑，重要论述的内容要点，如爱国主题论、爱国精神论、爱国教育论、爱国本质论、爱国视野论等。④ 佘双好和陈君认为，习近平总书记对新时期爱国主义的基本内涵进行了系统阐述："一是必须坚持与社会主义相统一，二是必须维护祖国统一和民族团结，三是必须尊重和传承中华民族历史和文化，四是必须坚持立足民族又面向世界。"⑤ 同样，王建国和赵亚楠也研究了进入新时代以来习近平总书记提出的众多关于爱国主义的论述，并认为这些重要论述从"本质、着力点和落脚点、坚实基础、突出使命"四个方面阐明了

---

① 蔡中华：《改革开放以来爱国主义教育的回顾与省思》，《学校党建与思想教育》2017年第9期。

② 赵开开、聂家华：《习近平新时代爱国主义思想研究》，《华侨大学学报（哲学社会科学版）》2018年第6期。

③ 蔡中华、潘静：《新时代爱国主义思想的鲜明主题、重要特征与实践向度》，《社会主义核心价值观研究》2018年第5期。

④ 赵建波：《习近平关于新时代爱国主义重要论述研究》，《北方民族大学学报（哲学社会科学版）》2019年第5期。

⑤ 佘双好、陈君：《科学认识爱国主义的内涵和特征》，《思想理论教育导刊》2016年第10期。

新时代爱国主义的基本内涵。① 阮博和马升翼提出，习近平总书记关于弘扬爱国主义精神的重要论述，主要聚焦"新时代为何要弘扬爱国主义精神""新时代要弘扬何种爱国主义精神""新时代重点对谁弘扬爱国主义精神""新时代如何弘扬爱国主义精神"等问题域，并形成了一个完整自洽的逻辑架构。②

（2）关于新时代爱国主义教育的实践研究。有的学者对爱国主义运行的特征进行了探讨，认为爱国主义在组织结构上呈现去精英化、去阶层化、去身份化的新特征和新趋向，在运作模式上有"线上—线下"联动的新特征和新趋向，在情感表达上非理性表现突出，在表达形式上有从严肃向娱乐转变的新特征和新趋向。③ 一些学者对爱国主义教育运行给出了整体性的对策建议。他们认为，爱国主义重要论述的引领必须与社会主义核心价值观的培育相结合，要在理论与实践的层面开展爱国主义研究与诠释，要做优做强爱国情怀与爱国意识，要抓住青少年这一核心群体，必须考虑内容的喜闻乐见，实现以文化人、以文育人等。④ 刘嘉圣认为，新时代爱国主义教育应用思想引领激发爱国之情，以制度构建保障强国之志，通过以文化人涵养承国之道，开展特色实践砥砺报国之行。⑤ 刘志山认为，优化爱国主义教育环境、丰富爱国主义教育内容、创新利用爱国主义教育载体是新时代爱国主义教育的实践途径。⑥

还有一些学者专门从情感的角度对爱国主义进行了研究。他们认为，爱国主义是情感也是信仰，因此培育路径要聚焦共同信仰，也即教育对象精神力量的培育，关注教育对象的年龄、阅历等，同时必须考虑教

---

① 王建国、赵亚楠：《新时代爱国主义的时代主题、基本内涵和践行路径——学习习近平总书记关于爱国主义的重要论述》，《当代世界社会主义问题》2020年第1期。

② 阮博、马升翼：《习近平关于弘扬爱国主义精神的重要论述探要》，《广西社会科学》2021年第7期。

③ 徐家林、王皓翔：《网络公共空间中的爱国主义新特征与新趋向》，《江苏行政学院学报》2017年第3期。

④ 参见曲建武、胥佳明《大学生爱国主义教育应传承五四运动以来青年学生爱国的基本经验》，《思想理论教育导刊》2020年第7期；赵建波《习近平关于新时代爱国主义重要论述研究》，《北方民族大学学报（哲学社会科学版）》2019年第5期；吴晨《大学生诚信价值观的涵育路径探究》，《思想理论教育导刊》2019年第2期。

⑤ 刘嘉圣：《新时代爱国主义教育的实践路径》，《学校党建与思想教育》2020年第3期。

⑥ 刘志山、周晓兵：《新时代爱国主义教育的意蕴与践行》，《中国德育》2020年第4期。

对象利益需求的满足，进而理性开展价值引领，并从微观角度着手，经由"需求""认知""情感"到"实践"的科学客观路径，最终落实落细落小。① 针对青年爱国主义教育形式主义比较严重的问题，李长泰和邹晖从情感切入的角度提出了青年爱国主义教育改革的具体方法，强调应注重以情感切入的方式进行改革。② 邵彦涛、蔡方提出了爱国主义教育的新理念，认为在个人与国家之间可以用生命共同体来连接，以达到加强爱国主义教育的目的。③ 李欣轩认为，践行习近平总书记关于爱国主义重要论述的路径包括推进爱国主义情感和理性融合，将德育和法治有机结合，落实"德法兼济"，应充分利用道德和法治教育双重途径，用法治精神增强爱国主义的引领力，激发爱国主义行动，用爱国主义道德价值润泽法治精神，增强法治的力量。④ 杨小芳和张志坚则主张在增强爱国主义教育感染力的培育途径上下功夫，既要充分彰显爱国主义教育者的人格力和影响力，也要切实把握爱国主义教育方法运用的"时、度、效"。⑤

也有学者专题研究网络语境下当代青年的爱国主义教育。韩振峰和王蓉认为，新时代爱国主义精神培育的实践路径包括弘扬中国特色社会主义文化，进行爱国主义教育，充分发挥典型先进引领作用，重视利用仪式庆典等，强化制度和法治保障。⑥ 闫方洁和陶瑞认为，互联网成为公众释放爱国情感的聚合器，带来了爱国主义教育的新机遇。但是网络空间中信息失范也带来了不可小觑的影响。⑦ 因此，在新时代，我们必须将

---

① 李东坡、边耀君：《复杂性视域下爱国主义的系统审视和科学培育》，《思想理论教育》2016 年第 12 期。

② 李长泰、邹晖：《从血缘到伦理——论高校爱国主义教育的情感切入》，《黑龙江高教研究》2009 年第 9 期。

③ 邵彦涛、蔡方：《新时代爱国主义的新特征及教育路径》，《学校党建与思想教育》2023 年第 4 期。

④ 李欣轩：《唯物史观视域下新时代爱国主义教育的基本内涵与实践路径研究》，《思想政治教育研究》2022 年第 5 期。

⑤ 杨小芳、张志坚：《论爱国主义教育感染力的结构形态及培育路径》，《杭州电子科技大学学报（社会科学版）》2019 年第 2 期。

⑥ 韩振峰、王蓉：《习近平关于新时代爱国主义重要论述的形成、内容及实践路径研究》，《思想教育研究》2020 年第 2 期。

⑦ 闫方洁、陶瑞：《新时代加强网络爱国主义教育的思考》，《思想理论教育》2020 年第 5 期。

爱国主义教育的范围从现实延伸至互联网，通过内容建设引领网络空间中的爱国主旋律。在形式上重构提升网络环境下的覆盖范围，在制度建设上推动网络爱国主义教育长效化。通过道德内化与制度外化的双重力量，构建具有丰富时代内涵和崭新特征的网络爱国主义教育新机制，使公众自发的爱国热情转化为自觉理性的爱国情怀。栗蕊蕊和闫芳洁关注了网络爱国主义的表现形式，认为网络爱国主义教育话语作为一种文化形式具有多维表征，而要通过网络话语实现对青年爱国主义教育和引导，须理性地梳理和分析青年网络爱国主义教育话语的特点和规律，做到因势利导和教育话语创新。[①]

还有一些学者集中从爱国主义的载体方面对青年爱国主义教育展开了论述。潘春玲认为，思想政治理论课作为对青少年进行爱国主义教育的主要阵地，为了达到教育的目的，需要把思想政治理论课作为重点来抓，坚持将这一课程作为爱国主义教育主阵地的抓手，把握好爱国主义教育主阵地建设过程中的关键问题，多措并举推动青少年爱国主义教育主阵地建设。[②] 黄岩和穆佳玮从"红歌快闪"的视角，探讨新时代青年爱国主义教育价值的实现载体。他认为"红歌快闪"活动从彰显教育主体性、焕发教育活力、拓展教育应用场景多个方面给青年爱国主义教育带来了新变化，并具有厚植爱国情怀、培养爱国担当的特殊价值。[③] 韩玉霞和张静则指出 VR 技术的出现为爱国主义教育基地的创新发展带来了新的思路，如果爱国主义教育基地能够运用 VR 技术"重现"历史，让学生"看到"历史的重现，就能让学生真切感受到爱国主义教育精神的内涵和魅力，增强爱国主义教育的感染力。[④] 王照琨和郭崇岳认为，爱国主义教育应该成为一种常态化教育，如融入各门课程教学、文化休闲活动，随时随地对社会成员进行爱国主义教育，不断优化教育环境，提高教育质

---

① 栗蕊蕊、闫芳洁：《当代大学生网络爱国主义的话语特征、多维价值及引导路径》，《思想理论教育》2018 年第 5 期。
② 潘春玲：《新时代必须建设好青少年爱国主义教育的主阵地》，《思想教育研究》2019 年第 12 期。
③ 黄岩、穆佳玮：《"红歌快闪"的青年爱国主义教育价值及实现》，《杭州电子科技大学学报（社会科学版）》2022 年第 3 期。
④ 韩玉霞、张静：《高校爱国主义教育基地和 VR 技术协同发展的模式探讨》，《教育现代化》2019 年第 4 期。

量和效果。① 袁富善指出，要从理论和实践两个方面进行爱国主义教育，如鼓励受教育者参加爱国实践，亲自到教育基地感受爱国主义精神等。② 胡国胜指出，要实现爱国主义教育方式的创新，如利用重大节日、各类庆典活动等，通过喜闻乐见的方式对受众进行爱国主义教育。③

4. 从话语的角度对爱国主义教育进行研究

话语在思想政治教育中的重要性早在 2006 年就得到了学术界的关注，多年来在思想政治教育话语的内涵、特征、功能、现实困境及创新转型研究方面取得了一些有益的研究成果。有学者提出了思想政治教育话语的二种形式论，即文本话语和实践话语④；三种形式论，即控制式、劝导式、对话式⑤；四种形式论，即教导式、宣传式、生活式、意义式⑥。思想政治教育话语面临着一定的困境，如话语方式上控制式、劝导式话语取代了对话式话语而使教育者话语霸权，话语内容疏离了生活世界而缺乏时代性、层次性、生动性和批判性，政治话语、文件话语、权力话语成为思想政治教育的主体⑦，主体间无法通过一定的话语预设、话语语境进行交流互动⑧，等等。新时代思想政治教育话语理念要因时而进，话语内容要因势而新，话语方式要因事而化。⑨

也有一些学者关注到了爱国主义教育话语研究。从历史来看，蒋菲从革命奋斗时期、艰难发展时期、"左"倾斗争时期、曲折建设时期、健康发展时期、创新发展时期六个时期，梳理了爱国主义教育话语的演变轨迹。⑩

---

① 王照珺、郭崇岳：《爱国主义教育概论》，高等教育出版社 1993 年版，第 221—231 页。
② 袁富善：《新时期爱国主义教育理论与实践》，广东高等教育出版社 2002 年版，第 161—167 页。
③ 胡国胜：《试析国家重大纪念和庆典活动与大学生爱国主义精神培养》，《山东青年政治学院学报》2012 年第 1 期。
④ 邱仁富：《思想政治教育话语论》，上海交通大学出版社 2013 年版，第 66—76 页。
⑤ 郭毅然：《交往理性：思想政治教育话语变革的根基》，《探索》2007 年第 5 期。
⑥ 向绪伟：《现代思想政治教育话语研究》，博士学位论文，南昌大学，2015 年。
⑦ 董世军等：《现代思想政治教育话语及其困境分析》，《长春大学学报》2007 年第 1 期。
⑧ 邱仁富：《思想政治教育话语理论探要》，博士学位论文，上海大学，2010 年。
⑨ 吴琼：《新时代思想政治教育话语发展新思路》，《学校党建与思想教育》2019 年第 1 期。
⑩ 蒋菲：《新中国 70 年爱国主义教育话语演变与创新》，《长沙理工大学学报（社会科学版）》2020 年第 2 期。

刘喆琼和仲帅从历史叙事的角度对中国共产党爱国主义进行了研究，百年来，我们党带领中国人民构建了爱国主义历史叙事，推动实现从救国到兴国、富国再到强国的爱国主义叙事历史演进，呈现叙事场景的时代性、叙事主题的一贯性、叙事话语的科学性、叙事指向的人民性的主要特点。① 中国共产党爱国主义历史叙事的百年演进为我们提供了基本经验，我们必须坚持中国共产党对爱国主义叙事的主导权和话语权，坚持以马克思主义基本方法构建爱国主义历史叙事，坚持发展中国特色爱国主义历史叙事，坚持将个人命运与国家发展紧密结合的叙事策略，坚持以与时俱进的传播手段推动爱国主义叙事发展。从现实来看，吴梅江和包炜杰认为话语失语、失效消解了当代青年爱国主义教育的实效性，提出话语创新是新时代青年爱国主义教育的必然要求。② 陈勇和李明珠提出，优化新时代青年爱国主义教育话语体系是适应时代新变化的应然需要，化解青年爱国知行转化困境的现实需要，推动青年爱国主义教育向纵深发展的迫切需要。③ 当前，青年爱国主义教育话语体系优化存在一些出场困境：对多维话语主体整合提升不够，影响话语力有效发挥；对话语内容"破与立"问题应对不够，影响培养目标实现；多元话语表达融合度较低，影响青年爱国主义教育实效性。因此，坚持问题导向，从完善话语主体结构、强化话语内容建设、促进话语表达融合三个方面探索优化新时代青年爱国主义教育话语体系势在必行。颜玉如提出，爱国主义教育话语体系是蕴含爱国主义教育价值观念、文化意涵、理论观点、实践经验等的语言符号系统。这一话语体系经由系统化、条理化与规范化的梳理与严密的逻辑推理，彰显爱国主义教育的概念、范畴与表达。④ 然而，在爱国主义教育话语体系的实然建构中，面临着诸多现实挑战，存在话语立场遭受干扰、话语内容简单抽象、话语表达顽固僵化等问题。

---

① 刘喆琼、仲帅：《中国共产党爱国主义历史叙事的主要特点与基本经验》，《中南民族大学学报（人文社会科学版）》2022 年第 4 期。

② 吴海江、包炜杰：《全球化时代大学生爱国主义教育的话语创新》，《思想理论教育》2017 年第 2 期。

③ 陈勇、李明珠：《新时代大学生爱国主义教育话语体系优化的意义、困境与路径》，《思想教育研究》2021 年第 12 期。

④ 颜玉如：《新时代爱国主义教育话语体系的核心意涵、建构难题与优化策略》，《上海教育科研》2023 年第 7 期。

针对面对的种种困境，新时代爱国主义教育话语体系的建构亟须探寻应对之策。通过坚守爱国主义教育话语立场的正确导向，丰富话语内容的思想精髓，提升话语表达的活力魅力，不断适应时代发展变化的需要，切实增强爱国主义教育的实效性。张洋和许思源则从提升网络爱国主义教育话语魅力的角度出发，提出伴随网络信息技术飞速发展，爱国主义教育实践场域逐渐向网络延展，爱国主义教育话语表达也呈现表达主体多元化、表达方式生活化、表达载体多样化等新特征，对传统的爱国主义教育话语体系形成巨大冲击。[①] 直面网络时代爱国主义教育的新变化，亟须生成网络爱国主义教育话语魅力，针对性地巧设话语议题、凝练话语内容、创新话语表达方式，增强网络爱国主义教育话语的议题魅力、内容魅力和表达魅力。

（二）国外相关研究

马克思、恩格斯在《德意志意识形态》一文中提到："语言是一种实践的、既为别人存在因而也为我自身而存在的、现实的意识。语言也和意识一样，只是由于需要，由于和他人交往的迫切需要才产生的"[②] "无论思想和语言都不能独自组成特殊的王国，它们只是现实生活的表现"[③]。马克思和恩格斯深刻地洞察了语言具有深刻的社会性。劳动创造了语言产生的客观条件（人的大脑）以及语言产生的主观条件（人的思维）。同时，语言又反作用于社会实践活动。沿着马克思、恩格斯开创的语言实践范式，话语研究在语言学、社会学、哲学、历史学等领域取得了丰富的成果，形成了对西方社会问题进行反思和批判的社会科学。有学者指出，"研究意识形态在一定程度上，就是研究社会世界中的语言"[④]，话语对感性经验具有制约作用，在社会权力关系的作用下帮助构建并维持着一定的"真理"和社会秩序[⑤]，因此人们应该将话语"放在行使权力者

[①] 张洋、许思源：《论网络爱国主义教育话语魅力生成》，《中学政治教学参考》2021 年第 39 期。

[②] 《马克思恩格斯文集》（第 1 卷），人民出版社 2009 年版，第 533 页。

[③] 《马克思恩格斯全集》（第 3 卷），人民出版社 1960 年版，第 525 页。

[④] John B. Thompson, *Studies in the Theory of Ideology*, Cambridge：Polity Press, 1984, p. 2.

[⑤] Michel Foucault, *Discipline and Punish：The Birth of the Prison*, Harmondswoorh：Penguin, 1977, p. 27.

和那些接受权力者之间的特定关系"中加以理解①，赋予其一定的社会功能，如解释文化、串联历史、认知社会等②。福柯的话语观展现的是知识与权力的内在关联，话语被理解为一种在各种权力交锋争执中所暂时形成的知识陈述。"话语的政治性——权力斗争发生在话语之内和话语之外"是福柯的基本观点③。话语竞争产生的"话语秩序"是社会权力关系的直接呈现，因此话语可以作为"权力的标志"。④拜肖则直接将话语视为意识形态的特殊形式，"话语是通过物质生产、社会生活和意识形态斗争而逐步形成的，它们彼此也处于冲突纷争状态"，话语成为"意识形态霸权争夺与冲突的场所"。⑤正是由于话语与意识形态的这种内在关联，"经由意识形态的支配"成为许多话语研究分析上的起点。⑥总而言之，话语理论作为一种哲学范式，主要关注的是"话语"这样一种"承载意义的符号"对于社会现实的建构作用。

国外关于爱国教育主义教育的研究主要集中于社会学、社会心理学、思想史等领域。卢梭在研究中指出，爱国主义并不是天经地义，一旦出现小于国家或超越国家利益冲突时，就会引发个体情感对抗混乱，此时就有可能丧失爱国主义，在此种状况下，只有对社会成员反复灌输热心情感，培养社会成员为国家为社会献身的精神，才能够进一步增强社会成员心中的爱国主义情感。⑦T. W. Adomo 及其同事试图对爱国主义进行量化式考察，开创性研究纳粹德国的公众是如何接受纳粹政权的"爱国主义"宣传、接受其反犹太主义等相关主题。⑧Morton Grodzins 考察了爱

---

① Pierre Bourdieu, *Language and Symbolic Power*, Massachusetts: Harvard University Press, 1991, pp. 74 – 75.
② 转引自张世昌《思想政治教育话语转换研究》，博士学位论文，东北林业大学，2018 年。
③ 参见［英］费尔·克拉夫《话语与社会变迁》，殷晓蓉译，华夏出版社 2003 年版，第 52 页。
④ ［澳］约翰·德赖泽克：《地球政治学：环境话语》，蔺雪春、郭晨星译，山东大学出版社 2012 年版，第 9 页。
⑤ 参见赵一凡《阿尔都塞与话语理论》，《读书》1994 年第 2 期。
⑥ Jacobs Dirk, "Discourse, Politics and Policy: The Dutch Parliamentary Debate about Voting Rights for Foreign Residents", *International Migration Review*, Vol. 2, 1998, pp. 350 – 373.
⑦ ［美］肯尼思·N. 华尔兹：《人、国家和战争——一种理论分析》，倪世雄、林至敏、王建伟译，上海译文出版社 1991 年版，第 150—151 页。
⑧ T. W. Adorno et al., *The Authoritarian Personality*, New York: Harper, 1950.

国主义的社会判断。[①] M. A. Hogg 和 D. Abrams 从社会认同角度探讨了爱国主义与团体间关系的相互作用。从社会心理学的视域，有学者对爱国主义与民族主义及其可能的差异进行了考察[②]，也有学者提出爱国主义是一种情感联系[③]。专门从事思想史研究的 M. Violi 探讨了不同时期爱国主义思想的发展及其与民族主义之间的联系与区别。[④] Morris Janowitz 的论文《重建爱国主义：公民良心的教育》[⑤]和 Walter F. Berns 的著作《缔造爱国者》[⑥]是少有的专门探讨爱国主义教育的研究成果，前者从爱国主义的角度出发提出了如何实现相应的素养教育策略，后者则强调了在当代培养公民爱国主义的重要性。

总体而言，国内学者重在关注"爱国主义教育怎样开展"等应用性探讨，国外学者注重关注"爱国主义是如何可能的、其价值如何"等原理机制的探讨，"爱国主义教育应该'说'什么""爱国主义教育应该怎样'说'""面对当代青年爱国主义教育怎样'说'才有效"等问题，尚未得到深入的审视和系统的思考。尽管国外学术界对话语学有深入的探讨，国内学术界对思想政治教育话语有着丰富的研究成果，但将话语研究应用于青年爱国主义教育领域的研究成果仍然寥寥。如何从话语的要素和结构出发，系统研究"百年大变局"下青年爱国主义教育话语创新的原理、机制及策略，仍是一个有着重要理论与现实意义，且尚待进一步探讨的问题。

二 学术价值和应用价值

（一）学术价值

一是对青年爱国主义教育话语理论与实践进行系统研究，对现有爱

[①] Morton Grodzins, *The Loyal and the Disloyal: Social Boundaries of Patriotism and Treason*, Chicago: Chicago University Press, 1956.

[②] M. A. Hogg and D. Abrams, *Social Identifications: A Social Psychology of Intergroup Relations and Group Processes*, London: Routledge, 1988.

[③] L. W. Doob, *Patriotism and Nationalism: Their Psychological Foundations*, Yale University Press, 1964.

[④] M. Violi, *For love of Country: An Essay on Patriotism and Nationalism*, Oxford: Oxford University Press, 1995.

[⑤] Morris Janowitz, *The Reconostruction of Patriotism: Education for Civic Consciousness*, Chicago: University of Chicago Press, 1983.

[⑥] Walter F. Berns, *Making Patriots*, Chicago: University of Chicago Press, 2001.

国主义教育话语体系的变革与完善，对进一步深化爱国主义教育的基础理论研究有重要的学术价值。二是探索"百年大变局"下青年爱国主义教育话语创新的理论逻辑、历史逻辑和现实逻辑，观察推断话语传播与接受的内在机理为何、要素为何，对进一步丰富话语研究的实践视野具有积极的意义。

（二）应用价值

一是面对"百年大变局"下大国关系深入调整、重大风险挑战错综复杂、各类"话语体系"交融交锋的新语境，探究青年爱国主义教育话语创新的对策，有助于解构负面话语的"围追堵截"，扩大爱国主义教育话语在多元意识形态话语交流、互动、较量中的竞争优势，助益中华民族在百年未有之大变局进程中掌握战略主动。二是在爱国主义教育话语碎片化、青年学生思维活跃的当下，研究青年爱国主义教育话语创新问题，有助于进一步把握话语生产和传播的原理，提升青年爱国主义教育话语的生产力、引导力和传播力，厚植青年学生的爱国情怀，坚定其形成与国家、民族休戚与共的信心、信念。

三 概念界定

（一）爱国主义

《辞海》把爱国主义解释为，"对于居住地及自己的祖国产生的深厚的情感与爱国理念与方式。表现为国家的政治性和道德性两方面"[①]。本书所阐释的爱国主义指的是一个人或者一个群体，对自己的祖国抱有一种正面的、积极的、拥护的心态，由此产生的最深刻的情感和对与其相适应的民族的归属感、认同感、尊严感与荣誉感的融合，同时也是在这样一种情感的主导下，所产生的一系列的思维方式和一系列的社会实践行为。

（二）青年爱国主义教育

爱国主义教育是多方教育主体依据一定的社会要求和各种影响源的变化，在充分了解教育对象思想特点、心理特征与认知规律的基础上，运用适当的途径方法开展有计划、有目的、有组织的教育实践活动，促进全体社会成员在整体连贯、双向建构的教育过程中实现爱国认知、情

---

① 辞海编辑委员会编：《辞海》，上海辞书出版社2000年版，第54页。

感、意志和行为的协调发展，形成正确的国家认知认同。就其本质而言，爱国主义教育是主体客体化与客体主体化的双向运动过程。主体客体化即爱国主体通过某些具体方式不断激发爱国情感、培养爱国意识，从而自觉引导爱国行为，是外化于行的具体体现。客体主体化即将爱国情感和爱国意识完全作为其本质力量以及主体的一部分，是内化于心的具体体现。所以，爱国主义教育是知、情、意、行的统一。

青年群体所进行的爱国主义教育实践活动，称为青年爱国主义教育。青年爱国主义教育必须以青年人的身心发展规律为基础，对这一主体进行爱国主义相关思想、理念、原则及精神等内容的教育和引导，由此让青年主体能够对这些理念或精神形成价值认同，并外化为行为实践。

（三）青年爱国主义教育话语

青年爱国主义教育话语，意味着从话语的角度分析青年爱国主义教育，以话语场域、话语主题、话语主体、话语载体、话语方式、话语交往等多要素为考察点，对青年爱国主义教育话语到底是以怎样的方式以及按照什么样的规则被说出和被传播的过程加以分析。既包括"话语从何而来"的渊源问题，也包括"话语主体或者话语客体的生存状态"的场域问题、"话语运行"的现状问题；既包括对"话语系统及其作用机制"的考察，也包括"话语构建的多元性"的策略考察。

四 主要内容

本书研究着眼于加强青年国家认同、社会整合与言语适应，助益中华民族在百年未有之大变局中打好战略主动仗，紧密沿着"形成分析—场域分析—现状分析—机制分析—策略分析"这一路径展开。以话语理论、制度创新理论、场域理论、微观互动理论、传播理论、意识形态叙事理论、系统理论等为指导，以话语场域、话语主题、话语主体、话语载体、话语方式、话语交往等多要素为考察点，探索了青年爱国主义教育话语创新的话语的形成渊源及话语范式的演变轨迹及规律，分析了爱国主义教育的话语场域和机遇挑战，阐明了"百年大变局"下青年爱国主义教育的话语态势，探究了"百年大变局"下青年爱国主义教育话语的内在运行机理，提出了"百年大变局"下青年爱国主义教育话语创新的具体思路和方法。全书从以下五个部分展开论述。

第一部分系统考察了中国共产党青年爱国主义教育话语创新的理论渊源。中国共产党青年爱国主义教育话语是马克思主义爱国主义教育思想同中国具体实际相结合、同中华优秀传统文化相结合的产物，是历史和现实的结合、理论和实践的结合。中国共产党青年爱国主义教育话语顺应时代要求，根据形势变化调整思路举措，凸显自身定位和特色，展现出话语的时代性、创造性，以及自身强大的创新能力。

第一，爱国主义教育话语是对马克思主义爱国主义教育话语的继承与发展。马克思、恩格斯回应民族主义运动在全球兴起的现实，主张民族独立与无产阶级革命、民族问题与阶级问题的关联性，将爱国主义与国际主义辩证统一起来，认为具备国际视野和人类关怀的爱国主义正是"爱国主义"问题在政治向度上最终的发展归宿。中国共产党爱国主义教育话语继承和发展了马克思主义支持民族独立与民族解放的思想，将爱国主义视为民族精神的核心，始终以实现中华民族伟大复兴作为爱国主义的主题；继承和发展了解决民族问题需从解除阶级压迫入手的思想，始终坚持爱党、爱国、爱社会主义的高度统一；继承和发展了马克思主义爱国主义与国际主义辩证统一的思想，始终坚持爱国主义与胸怀天下的有机统一，进一步丰富和充实了马克思主义爱国主义精神内涵。

第二，爱国主义教育话语是对中华传统爱国主义教育话语的内化与创生。中华文明蕴含的家国天下的爱国视野、大一统的护国情怀、忠孝仁义的爱国情操，是中国人民在长期生产生活中积累的爱国主义思想传统的重要体现。"家国天下"强调以世界为整体政治单位的空间结构，以家国同构为特征的政治模式、以爱国如家为特征的人伦常理；"大一统"强调权力一统、法制一统、人心一统的护国情怀；"忠孝仁义"强调"忠君爱国"和"忠义报国"的爱国情操，为中国共产党爱国主义教育话语提供了思想土壤和文化依托。

第三，爱国主义教育话语是随具体实践而演进的结果。中国共产党在领导中国革命、建设和改革的历史进程中，随着国情、党情发展变化，与时俱进地推进爱国主义教育话语发展。在中华民族救亡图存、浴火重生的新民主主义革命时期，爱国主义教育话语围绕"救国"主题，注入崭新的"救亡图存"爱国主义精神，在与民族主义、民主革命、国际主义的辨析中，实现了广泛的革命动员。新中国成立以后，爱国主义教育话语围绕"兴国"主题,聚焦动员民众积极投身社会主义工业国家建设等具体任务,把爱国主义渗透到抗美援朝运动,以及具体生产行动之中,引导人们为建设社会主义新中国而奋斗。党的十一届三中全会后,爱国主义教育话语围绕"富国"主题,转向以为"建设有中国特色的社会主义"服务为标的,把爱国主义教育和弘扬民族精神结合起来,进一步拓展了爱国主义教育的内涵和形式。

第二部分深入考量了"百年大变局"下青年爱国主义教育话语的创新场域。话语的价值诉求常常折射着政治、经济、文化等多种变量在空间中的关联与博弈。深入分析爱国主义教育话语的政治、经济、外交、安全、科技语境领域,剖析场境中的或冲突、或竞赛、或创造的各类场合,才能更好地把握爱国主义教育话语的基本前提。

第一,从风险的世界角度,阐明国际格局和力量对比加速演变给青年爱国主义教育带来的挑战。百年未有之大变局,世界经济结构与秩序正在经历裂变,国家间政治经济对抗性增强、"身份政治"回潮、全球化的前半程走到十字路口,是青年爱国主义教育话语的宏观场域背景。全球社会越来越成为一个充满不确定性、挑战性和高风险性的社会,以安全为原点延伸而来的溢出效应,可能引发意识形态的全面对抗。在新时代伟大斗争场域之下,能否确保国民对国家的忠诚,直接影响到国家的安全状况。

第二,从平视的世界角度,阐明国家势位之变给青年爱国主义教育话语带来的机遇与变化。"平视的世界"增添了爱国主义教育话语的底气、资本和理性。一般而言,一个国家的国民受本国历史文化、国家间总体发展格局影响,也会形成特定的观察外部世界的视角,借以评价外在对象、想象自身定位。具体可分为俯视、平视、仰视三种不同的视角。当前,中国日益强大的综合实力和国际竞争力使人们有了"平视世界"的实力,增添了爱国主义教育话语的底气、资本和理性。

第三,从圈层的世界角度,阐明社会文化、社会心理的持续分化给青年爱国主义教育话语带来不稳定性和不完整性。信息传播的碎片化容易导致受教育者对相关信息接收、认知和理解的碎片化、流动化,使国家认同产生碎片化认同和流动性认同的新形式。信息投喂着力于受教育者具体偏好易使受教育者困于"信息茧房",导致认知偏差、价值判断非理性化、诉求表达情绪化等问题出现。网络圈群交互极大地巩固了彼此的归属依赖，塑造了圈层的共性认知，使青年对爱国主义教育话语的接受有着显著的不确定性。

第四，从流动的世界角度，阐明技术发展之变为青年爱国主义教育话语带来了新的挑战与机遇。新一代智能技术推动了数字化的迭代与升级，国家、社会、民众在网络数字空间中进行的活动越来越多，人们的身份更具复杂、模糊、不确定性，生成了新的话语生产端口。人工智能、元宇宙等技术延伸了爱国主义教育的"话语场"，生成了新的话语交互场域。人际交往的形式和场域向新的数据空间拓展，生成了新的话语社会资本。

第三部分全面分析了"百年大变局"下青年爱国主义教育话语的创新现状。面对世界百年未有之大变局、中国特色社会主义进入新时代，中国青年爱国主义教育话语出现了新概念、新范畴、新符号、新话题，出现了新主体、新方略、新目的，出现了新媒介、新渠道等，呈现各类话语蓬勃发展的总体特征。

第一，以党和国家为主体的青年爱国主义教育理论叙事，对"百年大变局"下"什么是爱国主义""为什么要弘扬爱国主义""怎样弘扬爱国主义"等基本问题进行了回答，在青年爱国主义教育话语的总体图谱中体现了"话语框架"的功能。新时代爱国主义的定位是"爱国主义是民族精神的核心"，主题是"实现中华民族伟大复兴"，本质是"坚持爱国主义与爱党、爱社会主义的高度统一"，落脚点是"维护祖国统一和民族团结"，新视野是"坚持爱国主义与胸怀天下有机融合"，重点是"青少年爱国主义教育"。

第二，青年爱国主义教育话语的主流叙事作为官方爱国主义教育话语的实践，主要从形象塑造、价值满足、情感托举、梦想引领、榜样示范等方面进行阐述。从"我了解中国"的角度开展在时空边界中国家形象的话语建构，从"我属于中国"的角度开展在价值赋予中国家认同的话语强化，从"我热爱中国"的角度开展在情感动员中爱国主义的话语升华，从"我梦想中国"的角度开展在愿景勾画中民族复兴的话语激励，从"我奉献中国"的角度开展在为国奋斗中榜样示范的话语引领。

第三，爱国主义教育话语打破关键群体的圈层，让青年群体在其所擅长的、所喜爱的话语情境中主动言说、主动传播，构建起青年爱国主义教育话语的破圈叙事模式。当代青年将自己喜爱的"燃"与"萌"等二次元表达方式的元素揉进爱国主义教育话语表达之中，广泛应用"怼"与"梗"的话语模式带动青年新爱国主义教育话语的时尚化表达，在对国风和国货的追捧中寻求个性资源，表达对中国文化"共同之根"的本认，进一步巩固了对民族国家共同体的想象。

第四，"融合叙事"是指当前中国青年爱国主义教育的官方话语和民间话语具有相互交融的发展趋势。主流话语入驻青年群体所喜爱的媒介，并用智能互联、视听融合、网络链接等方式加速空间传播，形成了媒介交融之势。主流爱国主义教育话语和青年群体的自发爱国主义教育话语的双向互动和靠拢，形成了主体交融的态势；爱国主义教育话语与日常物质空间、日常交往空间的融合，形成了空间融合的态势。融合叙事承认话语生态系统中每个种类的合法存在，并不断地与青年群体话语系统进行信息交换和能量互换，使爱国主义教育话语系统焕发出新的生机。

第四部分详细剖析了"百年大变局"下青年爱国主义教育话语的机制分析。青年爱国主义教育话语作为多主体以及各主体之间复杂互动所构成的系统，并不是孤立的，而是遵循着精神生产的一般性机制，与一定的政治环境、社会条件紧密契合的，有其内在的因果关联过程。基于这一视角，青年爱国主义教育的话语机制是一种"相互嵌套的层次"，遵循着"生成—传播—作用"的内在逻辑。

第一，生成机制着眼于爱国主义教育话语与"百年大变局"语境的建制性关系，研究"文本—互动—语境"机理，从思想先导、方向保证、源泉动力、环境支撑等方面归纳制约话语创新的结构性条件，分为政治主导生成、利益驱动生成、社会实践生成三个方面。政治力量深嵌于青年爱国主义教育话语的生成过程之中，对其方向、性质、内容、形式发挥着引导、选择、规范、导向的作用；话语之"理"最终的支撑点是"利"，人们对爱国主义的认同与信仰，在于国家与个体本身的命运相连、利益相连，以及人们在具体生活中需求满足的利益考量。生成从本质上来说就是一种实践生成，社会实践为青年爱国主义教育话语的生成提供了宏观环境和接受基础。

第二，传播机制着眼于爱国主义教育话语的运行过程，从话语交往、话语灌输、话语符号维度,分析青年爱国主义教育话语在"话语传播—话语理解—话语接受"多环节的要素衔接和配合机制。哈贝马斯交往行为理论启示我们选用适当表达方式的重要性,通过范式转型机制构建对话性爱国主义教育话语、风格转换机制构建可理解性爱国主义教育话语、视角转换机制构建真理性爱国主义教育话语、态度转换机制构建真诚性爱国主义教育话语,从而使爱国主义教育话语传播更为有效。安东尼奥·葛兰西的文化霸权理论则启示我们爱国主义教育话语的传播与接受有赖于受教育者"自愿"的同意的达成,通过教育者"整合、宣传、影响公众的内在认知",最终形成政党和国家、教育者与青年群众共同体的"集体意识"。符号学理论提示我们,爱国主义教育话语的话语权问题本质上是一场符号的竞争,利用国家象征符号构筑起地缘共同体意识,民族历史符号构筑起文化共同体意识,红色文化符号构筑起政治共同体意识,以优胜的符号托举起爱国主义"意义"的胜出。

第三,作用机制结合爱国主义教育话语"理性爱国—情境性爱国—信念性爱国—行动性爱国"四个递进式情感层次,论证接受者"知、情、意、信、行"主体性接受原理。对国家的认知是培育爱国意识的前提和基础,深化个体对国家民族共性的认识,形成人们之间对共同命运、共同归属、共同挑战的认知是形成"知国之理"的内在机制。面向爱国主义的感受系统,唤醒"集体无意识"为其提供原始依据,满足人们的相似性动机和关系性动机,是建构"爱国之情"的内在机制。"报国之志"包含志向与志气两个维度,使爱国报国的情感意识逐步演化为一种自动化反应、直觉性思维及习惯性行为。"大行"与"小行"的统一是"报国之行"的执行系统,也是新时代爱国主义精神弘扬的最终归宿。

第五部分妥善提出了"百年大变局"下青年爱国主义教育话语的创新策略。当前,爱国主义教育仍存在话语的弥散化、悬置化、工具化问题。需推进爱国主义教育话语的政治引领、社会融入、文化拓展,以取得话语间性、话语语境、话语预设、话语交往、话语内容和话语形式系统各要素整体联动、功能集成的聚合效益。

第一,加强话语的政治引领,提升话语向心力。需将青年爱国主义教育话语置入四个之问、四个伟大的实践语境和五史的历史语境中,提升其表达和传播效度。以系统思维增强新时代爱国主义教育主题的聚合性，促进新时代话语主题实现"大叙事—小叙事""过去—现在—未来"的多维汇聚与同频共振。积极推进爱国主义教育话语的主体结构整合，构建一个坚持一元主导，多样主体协同合作和良性互构的多元主体体系，开展对话、交流和共享的青年爱国主义教育叙事"共同体"建设。打造建设性、二元性、开放性爱国主义教育话语，形成各类话语有序有机的生态平衡。

第二，加强话语的社会融入，提升话语竞争力。通过加强国家符号的空间呈现、爱国元素的日常渗透、国家情感的仪式在场，加强日常生活的覆盖面；利用物联网、大数据、数字孪生、脑机接口、元宇宙等技术数据技术开展集成强化的话语治理，充分利用新的数据空间以具身体验的精神空间形式建立了一种新型教育信任关系网，激发爱国主义教育话语的虚拟交往交流优势，加强虚拟生活的覆盖面，在开放、多元、共生性话语场域中扩大与青年受教育者之间的对话面。

第三，加强话语的文化拓展，提升话语浸润力。从拓宽话语的文化资源入手，将历史传统中的"家国天下"情怀、"大一统"思想、"忠孝仁义"思想进行创新性发展与创造性转化，把地方性知识性的观念形态、文化形态和活动形态，融入爱国主义教育话语，充分发挥利用地方性知识的本土关系和本土资源在推动爱国主义教育传播方面的作用和优势。从推进话语的文化回归入手，利用"类存在物""人自由而全面发展"角度推进话语的"人的主体回归"，满足受教育者的人性、理性、超越性的需要，激发受教育者向善向美的内在动力。

五 研究的创新之处

一是紧紧围绕当今世界百年未有之大变局的深层背景、新时代爱国主义教育的新要求，剖析青年爱国主义教育话语在理念、模式、内容、传播渠道、话语方式及大众接受等方面的历史变迁特征、现实运行规律，认为青年爱国主义教育话语受到思想先导、方向保证、源泉动力、环境支撑等结构性因素的影响。

二是对话语生成与建构、话语接受与认同基本规律探索方面，将结构性因素和主体性因素结合到一起，产生全要素全方位的多维空间图景，这一图景对探明"百年大变局"下青年爱国主义教育话语创新具有重要的意义。

三是从结构功能主义的视角，厘清爱国主义教育话语体系的要素，并着眼话语主题、话语语境、话语主体、话语场域、话语载体、话语方式、话语交往等方面设计"百年大变局"下青年爱国主义教育话语的创新方略。

四是从马克思主义理论、政治学、社会学、文化学、语言学、教育学、传播学、心理学、哲学的马克思主义理论视域下审视"百年大变局"下爱国主义教育话语，构建了"百年大变局"下爱国主义教育话语的完整理论体系和多学科交叉应用体系。

五是从多语境角度搜集不同主体、不同载体、不同风格、不同类型的爱国主义教育话语实践材料，并以多学科视角展开分析，以判定其历史渊源，认识其本质规律、把握其现实特征，衡量其实践价值，积极回应了爱国主义教育领域的重大理论和现实问题，为推进爱国主义教育话语的进一步发展提供新思维和新观念。

第一章

中国共产党青年爱国主义教育话语创新的理论渊源

中国共产党青年爱国主义教育话语是马克思主义爱国主义教育思想同中国具体实际相结合、同中华优秀传统文化相结合的产物，是历史与现实的结合、理论与实践的结合。它根植于中华文化沃土，立足于中国具体实践，根据形势变化调整思路，明确并调整自身定位和特色，展现出鲜明的时代性、创造性及创新力。

第一节 继承与发展马克思主义爱国主义教育话语

马克思主义爱国主义着眼于无产阶级和被压迫民族的解放事业阐述其爱国主义教育理论。无产阶级要想和其他国家和民族联合起来实现共产主义理想，首先必须回应本国、本民族的解放需求和发展需求，将民族国家的问题作为民众动员的重要凭借。因此，虽然马克思、恩格斯没有明确阐述过爱国主义，但是马克思主义无法回避民族国家问题。马克思主义爱国主义将爱国主义深嵌于阶级问题之中，深嵌于国际主义的视野之中，坚持无产阶级国际主义原则，回应民族主义运动在全球兴起的现实，最大限度地动员人民、实现民族独立和解放，建立和建设无产阶级政权，为社会主义和共产主义创造物质条件，形成了一系列与爱国主义相关联的话语。

一 支持民族独立与民族解放

马克思、恩格斯对无产阶级革命、民族独立、民族解放问题作过许多科学的论述,主张民族独立与无产阶级革命的关联性。他们提出:"民族独立实际上是一切国际合作的基础"[1],爱国先要争取民族解放并维护民族独立。他们也强调分离与合并的辩证法,认为"每一个民族都应当是自己命运的主宰,任何一个民族分离出去的每一个小部分应当被允许与自己的伟大祖国合并,——还有什么能比这更符合自由主义呢?"[2] 1848 年在欧洲民族独立运动中,马克思、恩克斯坚决支持各国民族独立运动的掀起,强调民族自决。在爱尔兰问题上,他们坚决反对当时英国资产阶级政府对爱尔兰所实行的殖民地政策,主张爱尔兰的民族独立。因为爱尔兰的土地问题和民族问题联系在一起,所以解决起来更加容易,他们提出:"只要事情掌握在爱尔兰人民自己的手中,只要他们成为自己国家的立法者和执政者,只要他们获得了自治权,那么消灭土地贵族(其中大部分也就是英国的地主)要比在这里容易得多。"[3] 这是因为,"这在爱尔兰不仅是一个单纯的经济问题,同时还是一个民族问题,因为那里的地主不像在英国这样是传统的显贵和代表人物,而是令人深恶痛绝的民族压迫者"。[4] 1878 年马克思在论述波兰问题时,提出运用民族自决权的原则,在民族自决的基础之上"通过在民主和社会主义基础上恢复波兰的办法,来消除俄国佬在欧洲的影响"。[5] 对于 1848—1870 年意大利人民反抗奥地利帝国统治、争取民族独立和国家统一的战争,马克思给予了关注,他给"黎明报"编辑写信强调:"我们将捍卫意大利的独立事业,将与奥地利在意大利以及在德国和波兰的专制统治作殊死的斗争。我们向意大利人民伸出兄弟之手,并且要向他们表明,德意志民族将以各种方式反对那些在我国也一贯压制自由的人们对你们所实行的压迫政

---

[1] 《马克思恩格斯文集》(第 10 卷),人民出版社 2009 年版,第 473 页。
[2] 《马克思恩格斯全集》(第 16 卷),人民出版社 1964 年版,第 175 页。
[3] 《马克思恩格斯文集》(第 10 卷),人民出版社 2009 年版,第 314—315 页。
[4] 《马克思恩格斯文集》(第 10 卷),人民出版社 2009 年版,第 314—315 页。
[5] 《马克思恩格斯全集》(第 19 卷),人民出版社 1963 年版,第 164 页。

策。"① 1859年，恩格斯在《波河与莱茵河》这本小册子中，提出了民族问题的解决方法，即"应当愈来愈多地使那些大的、有生命力的欧洲民族具有由语言和共同感情来确定的、真正自然的疆界；同时在某些地方还保留着的、但是没有能力再作为独立的民族而存在的那些残余的民族，仍然应当留在比较大的民族里面，或者溶化到他们中间，或者没有任何政治意义地作为民族志学的纪念品。军事观点在这里只能具有次要的意义"。② 在1985年的《在爱北斐特的演说1845年2月8日的演说》中，恩格斯更是明确指出，要"保卫真正的祖国，真正的家园"。③ 可见，马克思十分注重民族运动的力量，民族运动的力量能够为解决阶级矛盾提供助力。

马克思和恩格斯不仅关注西欧各国的民族运动，同样关注殖民地国家人民的命运，鼓励殖民地国家的人们奋力抗争。他们认为，殖民地半殖民地国家的资产阶级民主运动因具有反帝反殖的性质，可以成为欧洲无产阶级团结和利用的同盟军，而欧洲国家在海外作战和殖民地统治的失败很可能导致本国政府的政治危机甚至垮台。在中华民族奋起反抗西方列强侵略时，马克思、恩格斯对中国人民反抗资本主义侵略与压迫、争取独立与解放的爱国主义精神进行了积极评价。他们高度赞扬中国士兵在抗争中"殊死奋战，直到最后一人"④的无畏精神，充分肯定了这种"'保卫社稷和家园'的战争""维护中华民族生存的人民战争"⑤的科学性与正义性。列宁也提出，由于整个东欧和一切殖民地半殖民地的民族是受压迫的、资本主义不发达的民族，这些民族在客观上仍然需要完成民族解放的任务，同时这可以说是推翻异族压迫的民主任务。也就是说，民族主义与社会主义问题的解决具有一致性，"工人阶级如果不'把自身组织成为民族'，如果不成为'民族的'（"虽然完全不是资产阶级所理

---

① 《马克思恩格斯全集》（第5卷），人民出版社1958年版，第7页。
② 《马克思恩格斯全集》（第13卷），人民出版社1962年版，第298页。
③ ［德］卡尔·马克思：《摩尔根〈古代社会〉一书摘要》，中国科学院历史研究所翻译组译，人民出版社1978年版，第96页。
④ 《马克思恩格斯全集》（第16卷），人民出版社1964年版，第106页。
⑤ 《马克思恩格斯文集》（第2卷），人民出版社1957年版，第626页。

解的那种意思"），就不能巩固、成熟和最终形成"。① 因此，他主张，"社会主义者只要不背弃社会主义，就不能拒绝这种斗争，不管采取什么形式，直到起义或战争为止"。②

马克思主义经典作家在一定意义上肯定了民族建国的意义。马克思、恩格斯认为，"无产阶级首先必须取得政治统治，上升为民族的阶级，把自身组织成为民族，所以它本身还是民族的，虽然完全不是资产阶级所理解的那种意思"③，"如果不就内容而就形式来说，无产阶级反对资产阶级的斗争首先是一国范围内的斗争。每一个国家的无产阶级当然首先应该打倒本国的资产阶级"。④ 这指明了无产阶级的革命道路首先是以民族为基础的革命，各国无产阶级必须以本国革命为基础，以夺取国家政权并建立自己的国家为使命。列宁对于民族国家建构的必要性有着更加明晰的论述。他指出："爱国主义就是千百年来巩固起来的对自己的祖国的一种最深厚的感情。"⑤ 而民族国家其实是资本主义发展过程中的一个必经阶段，"争取民族自决、民族独立、语言自由和人民代议制的斗争，目的就是为了建立民族国家，建立这个在资本主义的一定阶段上发展生产力所必需的基础"。⑥ 工人阶级应当要打破资产阶级国家机器，"取得政治统治，上升为民族的阶级，把自身组织成为民族"。⑦ 当然，马克思主义经典作家是站在整个无产阶级利益上谈爱国主义问题的，他们用辩证发展的眼光看待"祖国"——"在为推翻民族压迫而斗争的时代，或者确切些说，在这样的时期，祖国是一回事；在民族运动早已结束的时期，祖国则是另一回事"。⑧ 在殖民地问题解决之后，在发达的资本主义国家阶段，"工人没有祖国"。⑨

---

① 《列宁全集》（第23卷），人民出版社1958年版，第25页。
② 《列宁全集》（第23卷），人民出版社1958年版，第25页。
③ 《马克思恩格斯全集》（第2卷），人民出版社1957年版，第50页。
④ 《马克思恩格斯文集》（第2卷），人民出版社2009年版，第43页。
⑤ 《列宁全集》（第28卷），人民出版社1956年版，第192页。
⑥ 《列宁全集》（第26卷），人民出版社1988年版，第34页。
⑦ 《马克思恩格斯全集》（第38卷），人民出版社1972年版，第59页。
⑧ 《列宁全集》（第47卷），人民出版社1990年版，第464页。
⑨ 《列宁全集》（第26卷），人民出版社1988年版，第75页。

二 对虚无爱国主义的批判

面对当时社会上盛行的维护资产阶级利益的空虚爱国主义和庸俗爱国主义，马克思、恩格斯进行了无情的揭露和深刻的批判。在1843年3月写给阿尔诺德·卢格的信中，马克思针对普鲁士制度，道出了德意志人民一直以来对德国的热爱是空虚而无意义的，因为德意志在"畸形的国家制度"下本质上仅仅是容克贵族的祖国，在这种专制制度下劳动人民过着非人的生活，一些德意志人民没有认识到这个问题，甚至还在保卫这样的国家和国家制度，这种热爱和维护实质上是帮助少数剥削者统治和镇压劳动者的。马克思点明，"在德国，不摧毁一切奴役制，任何一种奴役制都不可能被摧毁"①。马克思主义经典作家对资产阶级爱国主义的批判主要还是集中在资产阶级各集团间为瓜分和重分世界而发起的帝国主义战争问题上。

一是对帝国主义国家以爱国为名发起的侵略战争进行批判。对于俄、法、德在内的一切资本主义国家在全球范围内的武力侵略和资本扩张，马克思、恩格斯揭露了其以爱国之名遮盖的资产阶级沙文主义和狭隘民族主义的行径，认为资产阶级的沙文主义给资产阶级的种种蛮横要求罩上了一件民族的外衣，指责它们将本国无产阶级绑在其对外侵略扩张的战车上，既达到了将资本主义由国内延伸至国外以压迫和剥削全世界无产者和劳动群众的目的，又转移了工人阶级的革命斗争视线，严重妨碍着社会革命运动的发展。正如马克思在《法兰西内战》一文中所指明的，由于资本主义"金融、商业和工业活动已带有世界的性质"，资产阶级却撇开其世界性侵略空谈爱国，"这种爱国主义现在已只剩下一个骗人的幌子"②，终究难以掩盖反人民的本性。恩格斯指出反动统治阶级以所谓的"民族自尊心"和"民族自豪感"的动员实施专制暴政和对外侵略，批判"庸俗爱国主义的公众"对之积极支持，讽刺其"沙文主义的吹嘘夸耀足以绰绰有余地弥补一切拳打脚踢"③。在批判"空虚的爱国主义"和"庸

---

① 《马克思恩格斯文集》（第1卷），人民出版社2009年版，第18页。
② 《马克思恩格斯全集》（第16卷），人民出版社1964年版，第211页。
③ 《马克思恩格斯文集》（第4卷），人民出版社2009年版，第355—356页。

俗爱国主义"的基础上,马克思、恩格斯指明,无产阶级必须与资产阶级的爱国主义进行坚决斗争,建立起无产阶级的国际联合行动。

二是对帝国主义战争中"保卫祖国"的批判。第一次世界大战期间,西方帝国主义列强为争夺殖民地、扩张势力覆盖范围,将战火烧遍整个欧洲,并延及亚非大陆。战争焦灼阶段,小资产阶级的旧的和狭隘的民族主义、社会沙文主义等各种错误爱国主义思潮涌现,冲击干扰无产阶级的革命方向和进程。列宁对此给予严厉揭露和批判。所谓"保卫祖国"不是真正的爱国主义,本质上是狭隘民族主义。军事封建专制的沙皇俄国,以及其他处于资产阶级统治阶段的国家,其统治集团往往以"进攻"和"防御"来确定战争性质,高喊"保卫祖国"口号,来蒙骗本国人民投入帝国主义掠夺战争。列宁指出,战争的性质并不取决于是谁在进攻,而在于是什么阶级在进行战争。帝国主义战争中的"保卫祖国",是资产阶级沙文主义的"爱国主义",支持帝国主义战争中的"保卫祖国"实际上就是支持邪恶的帝国主义和处于统治、剥削地位的资产阶级。列宁认为,争取民族独立解放的战争、抵御帝国主义侵略的战争是正义的战争,这时的"保卫祖国"是理所应当的"爱国主义",每一名马克思主义者应当成为这种"爱国主义"的践行者;而面对帝国主义发起的以掠夺资源财富、欺压弱小民族为目标的反动战争,以"保卫祖国"为名予以支持,就是典型的狭隘民族主义,就是中了国际资产阶级惯用的欺骗蒙蔽、瓦解涣散国际无产阶级的伎俩。列宁认为,从无产阶级利益出发,同社会主义事业和世界革命运动相一致的爱国主义才是真正的爱国主义。"爱国"是爱布尔什维克,是爱社会主义祖国。

三 民族问题与阶级斗争相互联系

马克思主义经典作家把资本主义的私有制度视为民族问题的根源,提出民族问题的实质是阶级问题,解决民族问题需从解除阶级压迫入手。马克思在谈论法国革命时提出,"在法国经受着这场战争带来的种种灾难,经受着民族崩溃的危机和经济破产的情况下""唯一能够救亡济危的是工人阶级的宏伟的志向和巨人般的力量""夺去这些阶级(已经丧失了治理法国能力的阶级)的政权是拯救民族的必要条件……工人阶级的政府只有致力于工人阶级自身的解放才能拯救法国,完成民族事业,因为工人阶级解放的条件同时也就是法国复兴的条件"。① 他也提出,"无产阶级对资产阶级的胜利也就是克服了一切民族间和工业中的冲突,这些冲突在目前正是引起民族互相敌视的原因"。② 在这个意义上,无产阶级的胜利与民族解放具有同步性,"无产阶级对资产阶级的胜利同时就是一切被压迫民族获得解放的信号"。③ 如果工人阶级失败了,民族也将不能摆脱被奴役的命运:"法国工人阶级的失败和法国资产阶级的胜利,同时也就是那些用谋求解放的英勇行动来回答高卢雄鸡的叫声的民族遭受新的奴役。""法国工人阶级的失败和法国资产阶级的胜利,同时也就是欧洲各国曾经一度与人民结合起来用反对封建制度的流血起义来回答高卢雄鸡的叫声的中等阶级的失败。"④《共产党宣言》也明确把解除人对人的剥削视为解除民族对民族剥削的前提条件,指出,"人对人的剥削一消灭,民族对民族的剥削就会随之消灭""民族内部的阶级对立一消灭,民族之间的敌对关系就会随之消失"。⑤ 恩格斯也提出,民族矛盾的解决有赖于阶级矛盾的解决,"如果在迫在眉睫的革命的前夜,他们想要挑起法国和德国之间的战争,再次煽动这两国人民去互相残杀,从而把革命推迟下去的话,那我就要说:'且慢!欧洲无产阶级可以忍耐多久,你们也可以忍耐多久。当他们得到解放的时候,你们自然也会得到自由……'"⑥。

列宁认为,民族问题具有一种从属性,从属于工人问题。他提出不能"抽象地提民族主义问题"⑦"必须把压迫民族的民族主义和被压迫民族的民族主义,大民族的民族主义和小民族的民族主义区别开来"⑧。斯大林也认为,巩固工人政权的工作是全部工作的基础,民族问题从属于这一问题,他认为"在我们国内外条件下,民族问题的活动范围和所谓管辖范围要受制于'工人问题'这个一切问题中的基本问题的活动范围

---

① 《马克思恩格斯全集》(第17卷),人民出版社1963年版,第605页。
② 《马克思恩格斯选集》(第1卷),人民出版社1972年版,第287—288页。
③ 《马克思恩格斯选集》(第1卷),人民出版社1995年版,第87—288页。
④ 《马克思恩格斯全集》(第6卷),人民出版社1961年版,第174页。
⑤ 《马克思恩格斯选集》(第1卷),人民出版社1995年版,第291页。
⑥ 《马克思恩格斯全集》(第35卷),人民出版社1971年版,第271页。
⑦ 《列宁全集》(第43卷),人民出版社1987年版,第352页。
⑧ 《列宁全集》(第43卷),人民出版社1987年版,第352页。

和管辖范围"①"民族权利问题并不是一个独立自在的问题,而是无产阶级革命总问题的一部分,它服从整体,要求从整体的观点来观察"②"民族问题不能认为是什么独立自在的、一成不变的问题。民族问题只是改造现存制度总问题的一部分,它完全是由社会环境的条件、国家政权的性质并且总的说来是由社会发展的全部进程决定的"。③

因此,绝不能将民族问题作为一个独立的问题来看待,更不能因资产阶级的民族统一而造成对无产者的分裂。列宁提出,"反对劳动群众中民族主义情绪的任何表现,号召社会民主主义工人紧密地团结起来,组成当地的俄国社会民主工党的统一组织""一个乌克兰的马克思主义者对大俄罗斯压迫者的仇恨是完全合情合理的,但是如果忘乎所以,以致对大俄罗斯工人的无产阶级文化和无产阶级事业也仇恨起来,哪怕只有一点儿,哪怕仅仅采取疏远态度,那么这个马克思主义者也就会滚入资产阶级民族主义的泥潭"④"工人如果把同'本'民族资产阶级在政治上的统一看得高于同各民族无产者的完全统一,那就违背了自己的利益,违背了社会主义的利益和民主的利益"。⑤

四 爱国主义与国际主义辩证统一

马克思主义以人类解放为终极目标,通过"全世界无产者联合起来"号召全世界无产阶级团结协作,消灭剥削、消除压迫,实现共产主义的共同理想。这鲜明地提出了无产阶级国际主义的主张。与此同时,马克思主义并没有因为提出无产阶级联合起来而排除爱国主义、否定爱国主义。相反,马克思主义是要将国际主义与爱国主义紧密结合起来——爱国不代表着要按国别割裂全世界无产阶级的联系,而是要通过各个国家的无产阶级革命运动,从局部性的斗争出发,最后联合成一个整体,实现共产主义的共同理想。也正是在这样的逻辑之下,爱国主义要以国际主义为前提。在1847发表的《关于波兰的演说》中,恩格斯聚焦波兰的

---

① 《斯大林全集》(第5卷),人民出版社1957年版,第214—215页。
② 《斯大林选集》(上卷),人民出版社1979年版,第238—239页。
③ 《斯大林选集》(上卷),人民出版社1979年版,第118页。
④ 《列宁全集》(第24卷),人民出版社1990年版,第135页。
⑤ 《列宁全集》(第23卷),人民出版社1990年版,第331页。

民族解放事业，揭示了无产阶级爱国主义与国际主义相结合的现实必然性：在这样的国家里，实际上其爱国主义已经与国际主义连成一体，因为无产阶级所共有的奋斗目标，使个人与国家的利益统一起来、国家与国家的利益统一起来。爱国主义由此超越狭隘的民族主义，具备了国际化的视野，以及面向全人类关怀的品格——而这也就指向了社会主义国家"爱国主义"的最终发展归宿。

马克思主义经典作家对资产阶级的阶级联合给予了批判，指出资产阶级自由贸易派所谓的各民族资产阶级的兄弟联盟实质上是"压迫者对付被压迫者的兄弟联盟"[①]，这些联盟在国内外以不同的形式联合起来以反对无产者，并成为一些国家剥削另一些国家的条件。各国无产阶级应当联合起来反对各民族资产阶级的剥削联盟。《共产党宣言》提出，正是世界市场形成了民族间不可避免的关联，造成了资本主义国家以商品作为"心理的重炮"对他民族的征服与蚕食，生成了世界范围内资产阶级与无产阶级之间普遍的利益对立。从国家和民族利益来说，世界各国各族人民唯有站起来，在无产阶级的领导下团结起来，摧毁旧的国家机器，方能真正推翻资本主义的殖民统治，守护住自己的家园、自己的国家。从这个意义来看，爱国主义须与国际主义贯通起来，才能彰显其伟大的力量。列宁也谈道，世界各国的无产阶级既是忠诚的爱国者，也是坚定的国际主义者，是二者的统一。无产阶级的爱国主义以国际主义为前提，他们不仅要为了各自国家的民族独立、民族解放而进行斗争和革命，还要为全世界无产阶级的解放、全人类的解放而斗争。而无产阶级基于国际主义、基于人类解放所进行的伟大革命，正是爱国主义最崇高的表征。"全世界无产者和被压迫民族联合起来"本身就包含着激昂的国际爱国主义精神。值得注意的是，列宁强调无产阶级坚持国际主义与爱国主义的辩证统一是多维度的：无产阶级所具有的爱国主义思想，不仅指向各国无产阶级的团结奋斗，还包含本国无产阶级在独立自主原则之下处理国内革命事务。

马克思主义经典作家支持民族独立与民族解放，批判资产阶级爱国主义，以联系和发展的视角看待民族问题与阶级问题、爱国主义与国际

---

① 《马克思恩格斯选集》（第1卷），人民出版社1995年版，第313页。

主义的矛盾与统一，为社会主义国家的爱国主义教育话语提供了基本的理论指引。中国共产党青年爱国主义教育话语继承和发展了马克思主义经典作家已深刻阐明的爱国主义观，根据中国特色社会主义事业的发展实际，进一步丰富和充实了马克思经典作家关于爱国主义教育的话语，不断赋予马克思、恩格斯爱国主义教育话语以新的时代内涵。具体来看，中国共产党爱国主义教育话语继承其支持民族独立与民族解放的思想，将爱国主义视为民族精神的核心，始终以实现中华民族伟大复兴作为爱国主义的主题；继承和发展其解决民族问题与解除阶级压迫相联系的思想，始终强调爱党、爱国、爱社会主义是相互联系、相互促进的一个有机整体；继承和发展其爱国主义与国际主义辩证统一的思想，提倡爱国主义与胸怀天下的有机统一。

第二节　内化与创新中华传统爱国主义教育话语

习近平总书记指出："爱国主义精神深深植根于中华民族心中，是中华民族的精神基因，维系着华夏大地上各个民族的团结统一，激励着一代又一代中华儿女为祖国发展繁荣而不懈奋斗。"[①] 中华传统爱国主义文化历经了几千年悠久历史的积淀，是中国共产党青年爱国主义教育话语的文化源泉，其家国天下的爱国视野、大一统的护国情怀、忠孝仁义的报国情义、休戚与共的忧国情操是生发中国共产党青年爱国主义教育话语的思想土壤和文化依托。

一　"家国天下"：中华传统爱国主义教育话语的爱国视野

古代中国没有世界观念，也没有国家观念，只有"天下"概念，即宋代石介所说的，"天处乎上，地处乎下，居天地之中者曰中国，居天地之偏者曰四夷，四夷外也，中国内也"。[②] 家国天下，一方面指由家庭而

---

① 中共中央党史和文献研究院编：《习近平关于社会主义精神文明建设论述摘编》，中央文献出版社 2022 年版，第 115 页。

② 张汝伦：《现代中国思想研究》，上海人民出版社 2001 年版，第 112 页。

国家、而天下的推演秩序，形成一种天下主义的格局；另一方面是说无论是家、国，还是天下，都有一个中心，其秩序由中心而向四周推演。

从空间结构来看，"天下"是圈层结构，是以世界为整体政治单位的共在秩序。以华夏文明为中心，依靠地理方位和礼仪文化区分形成差序格局，统治秩序由王都、华夏一层层往四周推展，按文化传播的远近划分亲疏，形成圈层图景。华夏有"尧舜周孔之道"，具有道德示范的作用，而四夷是野蛮落后的民族。《国语》谈及"五服制"，即有邦内甸服，邦外侯服，侯、卫宾服，夷、蛮要服，戎、狄荒服之说。随着五服与中央的关系不同，所要求的礼仪也不同，"甸服者祭，侯服者祀，宾服者享，要服者贡，荒服者王"。① 这是以王都为中心、次第推开的一种秩序，从甸服（中心统治区）到侯服（诸侯统治区），再到绥服（绥抚地区），后到要服（边远地区），最后到荒服（蛮荒地区），以礼为控制要素，体现出以中心为原点随差序格局扩散而定亲疏的空间逻辑。

从政治模式来看，"天下"是一种由家及国的推演，以"家天下"为秩序、家国同构为治理的法度。以五服制度为代表，西周早期王室往往强调以姬姓宗族关系的远近为标准，来确认诸侯的"中国"身份。自此，血缘家族制度在一定程度上构成了国家制度的模本，"建立在对一家之主的地位和权威的尊崇的古代宗法观念之上的家长制，是中国政府组织创建的理论基础"。② 国家是血缘宗法的共同体，通过血缘关系把众多家族联结在一起。《尚书·尧典》将"亲九族"与"协和万邦"联系起来，"克明俊德，以亲九族。九族既睦，平章百姓，百姓昭明，协和万邦"③。《孟子·离娄》说："人有恒言，皆曰天下国家，天下之本在国，国之本在家。"④ 因此马丁·雅克认为中国人把国家视为监护者、管理者和文明的化身，国家的职责在于保护统一。他认为在中国，国家的合法性来自中国的历史传统，这一点完全不同于西方。⑤ 赵汀阳则把家庭性视为中国

---

① 徐元诰：《国语集解》，王树民、沈长云点校，中华书局2002年版，第7页。
② [美] 何天爵：《中国人本色》，张程、唐琳娜译，中国言实出版社2006年版，第27页。
③ 李学勤主编：《十三经注疏（标点本）：尚书正义》，北京大学出版社1999年版，第27页。
④ （周）孟子：《离娄》，方勇译，中华书局2010年版，第32页。
⑤ [英] 马丁·雅克：《当中国统治世界》，张莉译，中信出版社2010年版，第11页。

人理解和解释政治制度和文化制度的原则，甚至推断说，"'家、国、天下'这个政治/文化单位体系从整体上说是'家'的隐喻"。①张东荪直接认为中国的社会组织就是家国同构，是一个大家庭套着无数层的小家庭，整个国家呈现类似家庭的层系结构。

从人伦常理来看，"天下"意味着一种爱国如家的责任义务。在家国同构的社会结构中，国与家不仅拥有类似的组织形式、相近的管理规范，还拥有共通的道德要求，亲疏、上下、尊卑等家庭伦理、家庭礼义被直接移植到政治关系之中。"君就是一国之父，臣就是国君之子"，所有的人都在这个体系之中，"不是父，就是子。不是君，就是臣。不是夫，就是妇。不是兄，就是弟"。②可以说，在"四海之内，皆兄弟也""四海之内若一家""天下一家"的体系之中，"君"与"父"是人格的合一、权力的合一、伦理的合一。所谓"君子万年，保其家邦"，君子爱国如爱家，"修身""齐家"与"治国""平天下"共享着相同的自然情感、利益诉求和道德义务。历代帝王皆提倡以孝治天下，不仅是在国家政治生活中推行尊老孝老、注重孝道训教、旌表孝子孝行，还将孝作为选官、任官的标准之一，赋予法律权利，与人事制度、法律制度结合起来，构建起以孝为原点的治国理政伦理关系。同样，老百姓也称国家为"父母之国"，称地方官为"父母官"。正如董仲舒所说的，"天子父母事天，而子孙畜万民"，天子要像对待父母一样对待上天，像对待子孙一般照管子民。③唐太宗也说："自古皆贵中华，贱夷狄，朕独爱之如一，故其种落皆依朕如父母。"④个体在家庭关系中的孝、敬、诚、信、忠等道德情感同时位移到面向国家的道德情感之中。

二 "大一统"：中华传统爱国主义教育话语的护国情怀

"大一统"最早出现在《公羊传》。《春秋经》"隐公元年王正月"写道，"何言乎王正月？大一统也"。⑤《论语》中，孔子有鉴于"周道

---

① 赵汀阳：《天下体系》，人民出版社2011年版，第43—44页。
② 张东荪：《理性与民主》，岳麓书社2010年版，第58页。
③ （汉）董仲舒：《春秋繁露义证》，钟哲点校，中华书局1992年版，第404页。
④ （宋）司马光：《资治通鉴》，岳麓书社2009年版，第596页。
⑤ （周）公羊高：《公羊传》，《春王正月》篇。

衰废"，提出"天下有道，则礼乐征伐自天子出；天下无道，则礼乐征伐自诸侯出"①的说法，意在"拨乱世反诸正""退诸侯，讨大夫，以达王事"②，重新实现"礼乐征伐自天子出"的有序局面，体现出孔子的大一统主张。孟子直接提出："天下恶乎定？定于一。"③荀子更为详细地阐述道："一天下，财万物，长养人民，兼利天下，通达之属，莫不从服。"④

凡历史上的大一统时期，有关"大一统"的言说便比较多。唐太宗提出，"自古皆贵中华，贱夷狄，朕独爱之如一"⑤，他直言"夷狄亦人耳，其情与中夏不殊，人主患德泽不加，不必猜忌异类。盖德泽洽、则四夷可使如一家，猜忌多、则骨肉不免为仇乱"。⑥元世祖发布的《中统建元诏》强调，"建元表岁，示人君万世之传；纪时书王，见天下一家之义"。⑦元初将领刘整认为，"自古帝王，非四海一家不为正统"。⑧清世宗在《大义觉迷录》中倡导"满汉名色，犹直省之各有籍贯，非中外之分别"，认为清朝"所承之统，尧舜以来中外一家之统也""所用之人，大小文武，中外一家之人也""所行之政，礼乐征伐，中外一家之政也"⑨，强调清朝承继正统，维护中外一体、满汉一家的政权性质。

从"大一统"之意来看，首先是强调权力的一统。《汉书》颜师古注谈道："一统者，万物之统皆归于一也。"董仲舒解释说，"此言诸侯皆系统天子，不得自专也"。《礼记·坊记》则强调，"天无二日，土无二王，家无二主，尊无二上，道无二致，政无二门，而知天下定于一也"。⑩"大

---

① 孙钦善：《论语新注》，中华书局2018年版，第372页。
② （汉）司马迁：《史记》（第10册），商务印书馆2014年版，第4003页。
③ （周）孟子：《孟子》，方勇译，中华书局2010年版，第9—10页。
④ 王先谦：《荀子集解》，沈啸寰、王星贤点校，中华书局1988年版，第97页。
⑤ （宋）司马光：《资治通鉴》，岳麓书社2009年版，第596页。
⑥ 《资治通鉴》卷一九七《唐纪》，中华书局1956年版，第6215—6216页。
⑦ 陆学艺等：《中国社会思想史资料选辑》（宋元明清卷），广西人民出版社2007年版，第254页。
⑧ （明）宋濂：《元史》（卷一六一），中华书局1976年版，第3786页。
⑨ 《清实录·世宗实录》（第8册），中华书局2008年版，第696页。
⑩ 《十三经注疏》，阮元校刻，中华书局1980年版，第1619页。

一统"首先是一种以"一"为代表的王道秩序。西汉董仲舒将天人合一、阴阳五行说纳入"大一统"的支持体系，强调"屈民而伸君，屈君而伸天"，以"万物之主"的"天"作为大一统的思想和信仰的整合依据，突出了"大一统"的神圣性与合理性。他又坚持华夷的等级性与可变性，强调以礼、义、信等教化情况区分华夷尊卑，提出"王者爱及四夷"，华夷皆在"大一统"的范畴内，皆是王的臣民，华夷在礼义教化上可以互变，这解决了边疆族群纳入"大一统"的合法性问题。从权力一统来看，"大一统"强调"四夷来贡""玉帛捧""文轨同"，以此来实现"圣德精禋格昊穹"。[①]

其次是强调法制的一统。秦始皇完成了规模空前的疆域一统，泰山封禅后的勒石和琅琊台刻石记载："治道运行，诸产得宜，皆有法式。""普天之下，抟心揖志。器械一量，同书文字……今皇帝并一海内，以为郡县，天下和平。"[②] 这个"皆有法式"就是指向一种集中的、统一的法制、度量秩序。董仲舒提出的"大一统"概念中有"正本"的意思，他说"《春秋》谓一元之意，一者万物之所从始也，元者辞之所谓大也。谓一为元者，视大始而欲正本也。"[③] 并主张"改正朔，易服色，制礼乐"[④]而行王道，在天命、历法、服色、礼乐及疆域方面一统天下。南宋胡宏《皇王大纪》则从正朔、儒学、乐律、度量衡四个方面来阐释大一统的法制秩序，提出，"正朔所以统天下之治也，儒学所以美天下之化也，乐律所以导天下之和也，度量权衡所以示天下之公也""盖以至一而正群动，其道当如此"。[⑤] 因此，国家的"大一统"不仅意味着要在疆域上"以临万邦""华夏蛮貊罔不率俾，虽高句丽域居海岛鲸波限之不在九服之内"[⑥]，而且意味着要在法制上实行统一管理，实现"禀受正朔、遵奉儒学，乐律同和，度量同制"[⑦]。

[①] （清）张廷玉：《明史同文志》（卷六十三），中华书局1985年版，第1574页。
[②] （西汉）司马迁：《史记》，中华书局1999年版，第174页。
[③] （汉）班固：《汉书》，中华书局2014年版，第2188页。
[④] （汉）董仲舒：《春秋繁露》，张世亮等译，中华书局2015年版，第223页。
[⑤] （宋）徐兢：《宣和奉使高丽图经（四）》（卷四十），商务印书馆1951年版，第137页。
[⑥] （宋）徐兢：《宣和奉使高丽图经（四）》（卷四十），商务印书馆1951年版，第137页。
[⑦] （宋）徐兢：《宣和奉使高丽图经（四）》（卷四十），商务印书馆1951年版，第137页。

最后是强调人心的一统。也就是"六合同风""统同志"。① 欧阳修指出："《传》曰'君子大居正',又曰'王者大一统'。正者,所以正天下之不正也;统者,所以合天下之不一也。"② 正天下之不正、合天下之不一,是"大一统"的重要指向。《礼记·王制》称:"凡居民材,必因天地寒暖燥湿,广谷大川异制,民生其间者异俗,刚柔、轻重、迟速异齐,五味异和,器械异制,衣服异宜。"③ 正因为人们的性情不一,故此,"修其教""齐其政"是使民心一统的重要途径。何休在注释《公羊传·隐公元年》时更是将"大一统"的"统"释义为"王者受命改制""布政施教于天下,自公侯至于庶人,自山川至于草木昆虫,莫不一一系于正月,故云政教之始"。④ 通过教化,使大一统王朝所倡导的意识形态、生活方式和社会风尚得以推广,实现对基层治理秩序的巩固、对中华民族文化认同的塑造,从而弥合大一统体制下的治理差距,塑造大一统政权的文化韧性,达到"六合同风,九州共贯"的效果。

从以上论述可以看出,中国古代追求"大一统",不仅是政治上的"大一统",更重要的是"文明""文德"上的"大一统",通过"大一统"葆养人民,惠及苍生,其意义远远超越了政治上、地域上、种族或血缘上的统合之义。这样一种富有文化生命力的"大一统"追求在历史上发挥着重要的作用,使我国一直保持着大一统的形态。一方面,在横向的社会结构上,"中国"的历史开始超越中原,实现了中原与草原、中原与边疆的交互与塑造,"中国人"持续发展为一个融合、扩展的民族集合体。金庸先生认为,"欧洲罗马人向东征过,向西征过,向南向北发展",而中国人是"东南西北都有,然后向中原集中。所以中国大一统是一种民族自然的心理"⑤。另一方面,在纵向的历史演变上,即使在少数

---

① (元)王士点:《秘书监志》(卷四),高荣盛点校,浙江古籍出版社1992年版,第72—74页。

② 《欧阳修全集》(第2册),中华书局2001年版,第267页。

③ (汉)郑玄注:《礼记正义》(卷一二),中华书局2009年版,第2896页。

④ 《春秋公羊传注疏》,何休解诂、徐彦疏、刁小龙整理,上海古籍出版社2014年版,第12—13页。

⑤ 转引自王珍、向建华《新时代继承和发扬中华民族爱国主义传统》,《民族研究》2022年第1期。

民族多次进入中原民族政权对峙，出现改朝换代，发生分裂割据，也没有使国家走向长期的分裂，而是在中华民族内部不断交融渗透，融为一体，从而使每次新的统一拥有更加团结的形态。可以说，"大一统"观念促使整个国家共同体不断地获得重建，保障了中华文明的整体性延续和持久性发展。

三 "忠孝仁义"：中华传统爱国主义教育话语的报国情义

忠孝仁义主要关涉个体与社会、国家、民族相处之道和价值排序、取舍。中国传统文化强调以天下兴亡、民族大义为重，在国家社稷民族大义面前要懂得"舍生取义""以义为上"，追求义的价值超越了对个体生命的考量。具体体现在爱国上，主要表现在"忠君爱国"和"忠义报国"两个方面。这既是传统士大夫道德精神的重要内容，也是支配其爱国行为方式的内在力量之一。

一方面，体现在忠君爱国。中国古代伦理纲常以孝悌作为道德的根本和社会治理的起点。孔子说，"其为人也孝悌，而好犯上者，鲜矣！不犯上，而好作乱者，未之有也"[1]。《孝经·开宗明义》讲道，"夫孝，始于事亲，中于事君，终于立身"[2]，明末朱之瑜认为"申孝悌之义，忠君爱国，而移风易俗"[3]，其基本的逻辑是对父母仁孝，也必然对上忠诚。因此，孝悌是一切伦理的根本，在家庭之中表现为侍奉、孝顺父母、尊重兄长，推广延伸到国家则表现为对国家、君主的忠诚。"家"与"国"的一体性使国家认同与亲缘认同形成一体性，让国之大"家"与家之大"家"融合在了一起。同时，也由于家国同构的模式，使君王成为国家主权的人格化象征，成为整个国家和民族君主大"家"的家长，人们实现报国理想的合法载体和唯一精神寄托。人们对民族与祖国的归属感以及对国家前途命运的责任感等与对君主的忠心融为一体。

另一方面，体现在忠义报国。所谓"义"，即"宜"，是当然、应该

---

[1]《论语》，杨伯峻译注，中华书局2019年版，第2页。
[2]《孝经》，胡平生、陈美兰译注，中华书局2016年版，第256页。
[3]（明）朱之瑜：《朱舜水全集》，世界书局出版社1379年版，第33页。

之意。韩愈提出"行而宜之之谓义"①，也就是说，"义"是一种选择正义，有着伦理原则的正当性。同时，"义"又是一种责任伦理。《论语·八佾》提出"君使臣以礼，臣事君以忠"②，从报答性角度谈论"义"，将"义"作为报答君主恩典的一种报恩活动。管子提出的"君臣父子、人间之事谓之义"③，韩非子提出的"义者，君臣上下之事，父子贵贱之差也，知交朋友之接也，亲疏内外之分也"④，《商君书》提出的"所谓义者：为人臣忠；为人子孝；少长有礼；男女有别"⑤，均将"义"的定义放置于君臣关系、父子关系、男女关系、长幼关系之间，尤其是君臣关系之间考察。为人臣者忠是"义"之首。这种忠义甚至表现为一种在国家危难之时甘愿放弃生命的牺牲行为，以及被奸邪所激发的对立性，为士大夫所倡扬和皈依。自两宋起，受程朱理学濡染，忠义之风尤趋浓烈，朱熹将君臣父子视为"理"之必然，提出"君臣父子，定位不易，事之常也"⑥，所以在处理君臣之道时，强调"君令臣行，父传子继，道之经也"⑦。推而广之，天下之事莫不如是，"为君臣者有君臣之理，为父子者有父子之理，为夫妇、为兄弟、为朋友，以至于出入起居，应事接物之际，亦莫不各有理焉"⑧。元代李士瞻说道："本朝自立国以来，仁义忠孝之道陶濡百年，士大夫以名节自立者风满天下。兵兴十年余，仗节死义之人固不为少。"⑨ 中华传统爱国主义教育话语中的"忠孝仁义"主张，体现了中国传统社会以群体意识、家庭意识、国家意识为归宿，强调个人为家庭、国家利益服务的道德义务和道德责任，其鲜明的血性构成了中华传统爱国主义的特征之一。

---

① 《韩愈文集汇校笺注》，刘真伦、岳珍校注，中华书局2010年版，第1页。
② 《论语》，杨伯峻译注，中华书局2019年版，第41页。
③ 《管子》，李山、轩新丽译注，中华书局2019年版，第625页。
④ 《诸子集成》（第五卷），团结出版社1996年版，第104页。
⑤ 《诸子集成》（第四卷），团结出版社1996年版，第559页。
⑥ （宋）朱熹：《晦庵先生朱文公文集》（第14卷），商务印书馆1929年版，第9页。
⑦ （宋）朱熹：《晦庵先生朱文公文集》，上海古籍出版社2002年版，第666页。
⑧ （宋）朱熹：《朱子全书·第贰拾册》，上海古籍出版社2010年版，第668页。
⑨ （元）李士瞻：《题王彦方小传后：经济文集》（卷四），影印文渊阁四库全书（第1214册），第474页。

四 "休戚与共"：中华传统爱国主义教育话语的忧国情操

中华传统文化深藏着忧患意识。《周易·系辞下》中说："作《易》者，其有忧患乎？"又说，"君子安而不忘危，存而不忘亡，治而不忘乱，是以身安而国家可保也"。[①] 孔子也说："人无远虑，必有近忧。"[②]《左传·襄公十一年》亦言："'居安思危'。思则有备，有备无患。"[③]《越绝书·计倪内经第五》则曰："人之生无几，必先忧积蓄，以备妖祥。"[④] 具体来讲，忧患意识表现在爱国主义的领域，是一种"以天下为己任""关国家兴衰，系民生休戚"[⑤] 的情怀，蕴含着对国家社稷安危、对"有道""无道"的忧虑等。

一是体现为对"有道""无道"的忧虑。先秦忧患意识是在对统治者可能失去天佑进而失去统治权力的恐惧中发展起来的。周公旦反思殷亡的教训后，告诫周人："不可不监于有夏，亦不可不监于有殷。"[⑥] 统治者依道而行就能够掌握统治权力、树立统治权威、具有合法性，相反，如果悖道而行，就会失去合法性、失去统治权威、丧失统治权力。因此，孔子对统治者的德行表示出忧虑："德之不修，学之不讲，闻义不能徙，不善不能改，是吾忧也。"[⑦] 并申明"忧道不忧贫"[⑧] 的君子之道。君王本身也有这样的反省和忧虑。《唐纪八》"武德九年十月丙午"记载唐太宗的训词，他对大臣们说："故人君之患，不自外来，常由身出。夫欲盛则费广，费广则赋重，赋重则民愁，民愁则国危，国危则君丧矣。朕常以此思之，故不敢纵欲也。"

二是体现对国家命运前程的忧虑。《诗经·小雅·北山之什》提道，"君子万年，保其家邦"。孟子言："无敌国外患者，国恒亡""然后知生

---

① （魏）王弼、（唐）孔颖达：《周易正义》，九州出版社2004年版，第410页。
② 《论语》，杨伯峻译注，中华书局2019年版，第162页。
③ （周）左丘明：《左传》，郭丹等译注，中华书局2012年版，第1169页。
④ （汉）袁康：《越绝书》（卷四），明刊本。
⑤ （宋）司马光：《资治通鉴》，中华书局1956年版，第28页。
⑥ （汉）孔安国：《尚书正义》，（唐）孔颖达正义，黄怀信整理，上海古籍出版社2007年版，第586页。
⑦ 刘宝楠：《论语正义》，中华书局1990年版，第254页。
⑧ 刘宝楠：《论语正义》，中华书局1990年版，第637页。

于忧患而死于安乐也"①。战国后期的屈原，身处"忠而被谤，信而见疑"②的厄境，仍不惜奔走先后，希望能"及前王之踵武"，即使身临"弹殃"，仍"恐皇舆之败绩""九死而犹未悔"。杜甫的"三吏""三别"就是国破家亡、百姓疾苦的真实写照，他用"感时花溅泪""穷年忧黎元""安得广厦千万间，大庇天下寒士俱欢颜""岁暮远为客，边隅还用兵。烟尘犯雪岭，鼓角动江城。天地日流血，朝廷谁请缨？济时敢爱死？寂寞壮心惊！"等诗句，表达他忧国忧民的深厚情怀。范仲淹在《岳阳楼记》里借浩渺的洞庭湖水，喊出了"居庙堂之高，则忧其民。处江湖之远，则忧其君""先天下之忧而忧，后天下之乐而乐"的心声。这些爱国主义的表达，体现出士大夫与祖国休戚与共、荣辱与共、生死与共、命运与共、一荣俱荣、一损俱损的忧国情操。

中华传统爱国主义教育话语以"家国天下"的爱国视野，"大一统"的护国情怀，"忠孝仁义"的报国情义，"休戚与共"的忧国情操，体现了中华民族的家国伦理共识，是驱动中华文明抵御各种风险、经历各种考验，保持生机活力、持续生长的精神根源，为中国共产党青年爱国主义教育话语提供了思想土壤和文化依托。中国共产党青年爱国主义教育话语继承并发展中华传统爱国主义教育话语，基于现代民族国家共同体逻辑叙事和中国社会救国、兴国、富国、强国的发展实际需要，在与马克思主义爱国主义教育话语的结合之中，实现了爱国主义教育话语的崭新创制。具体来看，中国共产党青年爱国主义教育话语继承"家国天下"的爱国视野和"大一统"的护国情怀，发展出"维护祖国统一和民族团结""坚持爱国主义与胸怀天下有机融合"的教育内容；继承"忠孝仁义"的报国情义和"休戚与共"的忧国情操，发展出"爱国主义是民族精神的核心""实现中华民族伟大复兴"的爱国主义教育主题等诸多爱国主义教育命题。通过继承并发展中华传统爱国主义教育话语，将青年爱国主义教育话语牢牢地建立在了中华民族文化历史传统的根脉之上。

---

① （宋）朱熹：《四书章句集注》，浙江古籍出版社2014年版，第272页。
② （汉）司马迁：《史记》，中华书局1959年版，第2482页。

第三节 总结与升华中国共产党青年爱国主义教育话语

中国共产党在领导中国革命、建设和改革的历史进程中，认清基本国情，坚持问题导向，推进马克思主义爱国主义教育话语与中华传统爱国主义教育话语相结合、与中国具体实际相结合，随不同阶段国情、党情变化，与时俱进推进青年爱国主义教育话语向前发展。从其历史演进可以看出，青年爱国主义教育话语是一个历史范畴，在不同历史时期有着不同的言说内容。

一　革命动员下的青年爱国主义教育话语（1921—1949年）

在中华民族救亡图存的新民主主义革命时期，中国共产党爱国主义教育话语围绕"救国"这个爱国主题，聚焦于民族独立和人民解放重大历史任务，播撒救国报国的革命种子，把中华儿女紧紧团结在爱国主义的旗帜下，完成了民族独立和人民解放的历史重任。这一时期爱国主义教育话语被注入"救亡图存"的崭新爱国主义精神，在与民族主义、民主革命、国际主义的辨析中，中国共产党逐渐形成了"中华民族"的革命主体建构，实现了广泛的革命动员，爱国主义教育话语完成了由传统向近代的转型。新民主主义革命时期的中国共产党爱国主义教育话语首先表现在反帝话语上。

（一）建党初期青年爱国主义教育话语

中国共产党创立之初，就确立了马克思主义理论的指导地位，以此为依据实现了从传统朴素的爱国主义向新型无产阶级的马克思主义爱国主义的转变，确立了具体的反帝反封建和反对官僚资本的爱国纲领，明确了爱国主义应当落实到反帝国主义和反封建主义之上。

早在中国共产党诞生之前，一些早期的共产主义者就已认识到培养一大批有志爱国青年的重要性。以《新青年》《少年中国》《少年世界》为代表的进步刊物面向青年传播近代国家学说和世界各国知识，唤醒青年反对帝国主义侵略、谋求民族国家独立的意识。五四运动拉开了中国青年运动的序幕，"外争主权、内除国贼""山东亡，是中国亡矣！我同胞处此大地，有此山河，岂能目睹此强暴之欺凌我，压迫我，奴隶我，牛马我，而不作万死一生之呼救乎！""中国的土地可以征服而不可以断送！中国的人民可以杀戮而不可以低头！国亡了！同胞起来呀！"等爱国主义话语，展现了青年在党的教育引领之下，作为"先锋队"力量所彰显的爱国主义情怀。

中国共产党成立后，明确指出："青年运动是共产主义运动中一部分重要的工作，因共产党是这一般共产主义运动的总指挥，青年运动必须在共产党指导之下，是无疑的。"[①] 并立即在各地建立青年团组织，运用报刊等媒介宣传反帝反封建思想，激发青年救国救民的责任感和振兴中华民族的使命感，引导青年重塑国家观念、弘扬爱国精神。1922年1月，中国社会主义青年团第一个机关刊物《先驱》正式创刊，明确提出"第一任务是努力研究中国的客观的实际情形，而求得一最合宜的实际的解决中国问题的方案"[②]。同年3月9日，《先驱》发表了上海各校"非基督教学生同盟"宣言，揭露基督教和基督教会正是世界资本主义对中国实行"经济侵略的先锋队"[③]，呼吁青年学生和工人行动起来反对帝国主义。党的二大提出"消除内乱，打倒军阀，建设国内和平；推翻国际帝国主义的压迫，达到中华民族完全独立"[④] 的鲜明纲领，明确反对帝国主义、反对封建主义的民主革命任务。通过将阶级斗争成功融入民族解放、民族革命的叙述框架，开创了这一时期以反帝反封为核心的青年爱国主义教育话语范式。

（二）大革命时期青年爱国主义教育话语

大革命爆发后，中国共产党在国共合作和国民革命中，力倡启发人们的反帝反封建意识，将反帝理论与中国国民革命的目标结合起来，引导青年民众以运动的形式参与国民革命，展开了这一时期的青年爱国主义教育话语叙述。首先是调适阶级与民族话语，将革命的性质定义为国

[①]《中共中央文件选集（1921—1925）》（第1册），中共中央党校出版社1989年版，第365页。
[②]《中国共产党重要文献汇编（1922年）》（第2卷），人民出版社2022年版，第11页。
[③]《非基督教学生同盟的宣言和章程》，《先驱》1922年3月15日第4版。
[④]《建党以来重要文献选编（1921—1949）》（第1册），中央文献出版社2011年版，第120页。

民革命或民族解放革命，鲜明地亮出了"民族革命""民族解放"的旗号。邓中夏明确，"'国民革命'亦叫做'民族革命'"①。瞿秋白指出，"国民革命的目标是从帝国主义统治之下将中国解放出来"②。陈独秀指出，"国民革命和民族解放是两个意义相类的名词，所以反抗国外帝国主义之压迫是国民革命运动之中心工作"③。毛泽东同志则指出，"革命的民族主义叫我们反抗帝国主义，使中国民族得到解放"④。1926 年 7 月《中国共产党对于时局的主张》指出，"中国民族解放运动，已成为世界革命的联合战线之一员，我们已经不是孤立的了！""帝国主义时代世界上既划分了统治民族与受治民族，那么，列强资本主义国家内的无产阶级革命运动自然和受治民族的解放革命要结成联合战线"⑤。此外又提出，世界的社会革命面对"列强国内的无产阶级革命"和"被压迫民族的民族解放革命"两个方面，要抓住"各国无产阶级与殖民地弱小民族的一般平民对于列强帝国主义的资产阶级之阶级斗争"这一根本，无产阶级当前的责任"便是结合殖民地弱小民族的劳动平民，筑成一伟大的反帝国主义战线"⑥。

大革命时期，中国共产党持续开展反帝的青年爱国主义教育话语言说。陈独秀在评述 1923 年列强侵略与暴行事件时提出中国人民的两个仇敌，首先是英、美、法、日等帝国主义的列强，其次才是北洋军阀。比起前者来，后者"真算不得什么"⑦。1923 年 2 月，中国社会主义青年团对"二七"惨案作出公开宣告，决心和工人"团结起来，奋力打倒军阀和帝国主义"⑧。1925 年 5 月 30 日，"五卅"惨案发生，中国共产党为此发表《中共中央为反抗帝国主义野蛮残暴的大屠杀告全国民众》，把反对

---

① 《邓中夏文集》，人民出版社 1983 年版，第 128 页。
② 《向导》1922—1927 年第 125 期。
③ 陈独秀：《假革命党与反革命党》，《向导》1924 年第 74 期。
④ 《毛泽东文集》（第 1 卷），人民出版社 1993 年版，第 16 页。
⑤ 《建党以来重要文献选编（1921—1949）》（第 3 册），中央文献出版社 2011 年版，第 264 页。
⑥ 《建党以来重要文献选编（1921—1949）》（第 1 册），中央文献出版社 2011 年版，第 88 页。
⑦ 陈独秀：《寸铁》，《前锋》1924 年第 3 期。
⑧ 《中国社会主义青年团为"二七"大惨杀宣言》，《先驱》1923 年第 17 期。

帝国主义称为"长期的民族斗争",号召全国被压迫阶级的群众都来参与,并要"坚持到底的来维持并发展"。① 中国共产主义青年团也发出《中国共产主义青年团为反抗帝国主义屠杀中国市民告全国青年》书,号召青年群众"继死者未竟之志""准备这次长期反对帝国主义运动的斗争"②。"上海是中国人的上海""打倒帝国主义""废除不平等条约""收回外国租界""撤退外国驻华的海陆空军"的爱国主义口号响彻大江南北,广大青年在其引领之下加入反帝爱国运动,更有广州、香港两地青年参加省港大罢工在直接的反帝斗争中接受爱国锻炼,掀起了运动高潮。经过长久而广泛的反帝爱国主义教育话语言说,先是1923年前后"社会上反帝国主义的空气大会(指党的三大)后比大会前渐渐浓厚起来"③,已有先进的知识分子采用这一口号,后来随着血的洗礼,"反抗帝国主义""打倒帝国主义"的口号已经响彻了全国各个角落,包括广大青年在内的全国人民逐渐认识到了"打倒一切帝国主义者"及"取消不平等条约"的必要性。

这一时期,中国共产党注重以不同的形式、利用不同的载体开展青年爱国主义教育话语言说。如对于历史资源的利用。这一时期共产党充分挖掘历史上的反帝运动作为教育资源,进行"反帝"爱国思想的宣传。1924年出版的第81期《向导》被定为"纪念九七国耻专号",将近代义和团运动纳入中国近代"反帝"斗争序列,充分肯定义和团反抗帝国主义侵略的精神。同年,中共中央第十三号通告也要求各地党、团组织要广泛开展对"五一""五四""五五""五七"纪念日的纪念活动与宣传,比如,对于"五一"纪念,要在可能的范围内召集工人演讲会;对于"五四"纪念,要发挥五四运动在恢复国权运动和新文化运动中的重要意义。因为,"此时国外列强之压迫,国内旧思想之反攻,都日甚一日,因此,五四运动之精神仍有发挥之必要"④。又如,利用纪念日开展青年爱

---

① 《中共中央文件选集(1921—1925)》(第1册),中共中央党校出版社1989年版,第421页。

② 《中共中央文集选集(1921—1925)》(第1册),中共中央党校出版社1989年版,第352—354页。

③ 《中共中央文件选集(1921—1925)》(第1册),中共中央党校出版社1989年版,第136页。

④ 《中共中央青年运动文件选编(1921年7月—1949年9月)》,中国青年出版社1988年版,第30页。

国主义教育。中国共产党抓住"五月"这样一个革命的月份，发出《关于五月各纪念日之宣传工作》和《中国共产党中央执行委员会为"五卅"周年纪念告全国民众》等通知，提出"红色的五月，帝国主义者所提心吊胆的五月快到了"，指定"五卅"纪念的口号是"五卅运动中反帝国主义的联合战线复活起来""打倒帝国主义的反赤运动""打倒直奉联合的反赤"。①再如，运用学校资源，在课程设置和编写出版中增加爱国革命斗争内容，推动青年深刻认识民族与世界、国家与革命、反帝反封建等爱国主义相关理论问题。周恩来在黄埔军校担任政治部主任时，开设《帝国主义的解剖》《中国近代民族革命史》《各国革命史略》等课程，使青年明确世界之形势和救国之使命，在革命青年中产生了极大反响。从1924年到1927年，党在七期农民运动讲习所中设置"帝国主义与中国""中国民族革命运动史"等课程内容，在农民运动骨干群体中开展以反帝反封建为主的革命斗争教育，为动员青年农民参加国民革命奠定了基础。"农民运动大王"彭湃编写了一批通俗易懂的方言歌谣教给青年农民传唱，组织粤剧团在农村年节集会时进行方言表演，取得了很好的反帝爱国宣传效果。

（三）土地革命战争时期青年爱国主义教育话语

土地革命时期，中国共产党仍旧运用反帝话语教育青年群众，在呼应共产国际关于建立反帝国主义统一战线的要求的同时，积极"揭穿国民党最近的各种'反帝'假面具"②，将反对帝国主义与反对国民党的反动统治结合起来。

1931年1月7日，中共中央临时政治局发布《关于动员群众扩大反帝运动的决议》，要求"在党报上及革命群众团体的出版物上经常地登载关于反帝运动的系统文章和各种材料""抓紧帝国主义者在中国的每一暴行和国民党各派的每一民族改良主义的武断宣传作具体对象，立刻印发有鼓动性的标语，口号，宣言，传单，画报，壁报，及小册子到各种群众中去散发"，凡"上海顾，戴，璩，马，乔各惨案，六二三纪念，八一

---

① 《中共中央文件选集（1921—1925）》（第1册），中共中央党校出版社1989年版，第266页。

② 《中国共产党宣传工作文献选编（1915—1937）》，学习出版社1996年版，第1013页。

运动，成立中国反帝大同盟，拥护苏联，反对世界大战"①，都应该成为反帝宣传的材料。1931年6月《关于动员群众扩大反帝运动的决议》则提出，反帝的宣传"必须与武装拥护苏联，反对世界帝国主义大战，拥护中国工农红军和苏维埃政权紧密地适合地联系起来"，要让劳苦大众认识到"只有无产阶级专政的苏联是世界革命运动的唯一领袖，只有红（工）农红军和苏维埃政权是彻底把中国劳苦群众从帝国主义的铁蹄下解放出来的唯一武器，只有根本消灭帝国主义制度人类才能得永久的和平幸福"。该决议还提出，要把反帝运动与批判党内立三路线及公开右倾机会主义结合起来，与揭穿国民党的欺骗和吸引群众实际行结合起来。② 1931年，中华苏维埃共和国中央临时政府的成立，标志着中国共产党领导建立的工农民主政权首次以国家形态登上了中国的政治舞台。中华苏维埃共和国第一号《布告》即指出："从今日起，中华领土之内，已经有两个绝对不同的国家"，其中，中华民国"是帝国主义的工具，是军阀官僚地主资产阶级，用以压迫工农兵士劳苦群众的国家""中华苏维埃共和国"的旗帜"是打倒帝国主义，消灭地主阶级，推翻国民党军阀政府，建立苏维埃政府于全中国，为数万万被压迫被剥削的工农兵士及其他被压迫群众的利益而奋斗，为全国真正的和平统一而奋斗"③。

在根据地建设过程中，中国共产党创办了《红色中华》等报刊，结合农村农民的特点，通过话剧、壁画、讲演等方式宣传党的救亡主张，倡导民族主义、爱国主义和共产主义教育相结合，向青年群众尤其是青年农民群众宣传爱国斗争。同时充分利用反帝纪念日开展爱国主义教育，抓住"各种固定的反帝纪念节（如行将到来的"六二三""八一""九七"……）和临时反帝事变（如最近顾，璜，马，乔各惨案）"的时机，召集群众反帝大会，"坚决地号召和组织群众的反帝罢工，罢课，罢操，罢耕，罢业与示威"④。这一时期还特别重视群众组织在爱国主义教育中

---

① 《中共中央文件选集（1931）》（第3册），中共中央党校出版社1991年版，第279页。
② 《中共中央文件选集（1931）》（第3册），中共中央党校出版社1991年版，第282页。
③ 毛泽东等：《中华苏维埃共和国中央执行委员会第一号布告（1931年12月1日）》，《江西社会科学》1931年。
④ 《建党以来重要文献选编（1921—1949）》（第8册），中央文献出版社2011年版，第447页。

的作用，要求"尽力建立反帝的各种群众组织"，例如废除不平等条约委员会、收回租界委员会、外债研究会、撤退帝国主义驻华海陆军委员会、苏联五年计划研究会、金贵银贱问题委员会、国际谷物会议研究会、国际失业问题研究会等。通过这些组织吸引较更多的青年群众参与反帝运动，并从实际生活中揭穿国民党的"反帝"宣传的虚伪性。

（四）抗日战争时期青年爱国主义教育话语

抗日战争爆发后，中国共产党爱国主义教育话语面向深重的民族危机和历史使命，鼓励全国人民团结起来，投身到保家卫家、救亡图存的爱国洪流之中，为祖国的生命、民族的生存、国家的独立、领土的完整而战斗。以救亡图存为语境，中国共产党青年爱国主义教育话语在凝聚人心，抵抗外侮方面发挥着重要的作用。

一方面，中国共产党依据此时基于日本侵略的事实，更加凸显了"反日""民族革命战争""中华民族"等爱国主义教育话语。

比如突出"反日"话语。"一·二八"事变后，1932年2月2日发布的《中国共产党关于上海事件的斗争纲领》亮明态度，"反对日本帝国主义强占上海"。① 同年6月成立中央苏区的反帝总同盟，以自乡至省成立各级反帝大同盟为主要形式，着力于团结被压迫的工农劳苦群众以及红色战士积极参加反帝战争，彻底地推翻帝国主义在中国的统治。到了1933年1月26日，中共中央更深刻地意识到，中日民族矛盾已经上升为主要矛盾，反帝国主义应当集中到反对日本帝国主义上，开始从反对一切帝国主义转到明确提出"反日反一切帝国主义"。在给中共满洲省委的信中，中央明确提出打倒"日本帝国主义及其走狗"，并号召建立"反日的统一战线"。

又如突出"中华民族"话语。1935年12月瓦窑堡会议通过的《中共中央关于目前政治形势与党的任务的决议》强调"中华民族的基本利益，在于中国的自由独立与统一"。② 1937年7月8日中国共产党在中共中央为公布国共合作宣言通电中指出："平津危急！华北危急！中华民族危

---

① 《中共中央文件选集（1921）》（第8册），中共中央党校出版社1991年版，第100页。
② 《建党以来重要文献选编（1921—1949）》（第12册），中央文献出版社2011年版，第540页。

急！"7月15日，中国共产党中央委员会再次在《中共中央为公布国共合作宣言》中呼吁："寇深矣！祸亟矣！同胞们，起来，一致地团结啊！我们伟大的悠久的中华民族是不可屈服的。"① 强调了中华民族作为革命主体的历史使命。

再如突出"民族革命战争"的口号。"九·一八"事变后，共产党便马上提出三个口号，一是"以武装人民进行反对日本及其它帝国主义的民族革命战争来保障中国的国家独立与领土完整"，二是"推翻国民党卖国政府是顺利的进行民族革命战争的条件"，三是"只有中国苏维埃政府和红军是真正领导民族革命战争的力量"。② 1933年6月8日，《中共中央给各级党部及全体同志的信——论反帝运动中的统一战线》提出，应当"把这些群众的斗争和运动统一起来而汇合为一反帝国主义的土地革命的巨流""全国民众必须起来为保卫中国的领土与独立而作神圣的民族革命战争"③。1934年1月召开的党的六届五中全会指出，"帝国主义侵略的加紧与国民党的无耻投降给我们以良好的机会去加强和扩大群众的反帝斗争，党必须坚决地为着创造反帝的下层统一战线而斗争。这个统一战线必须依据在明了通俗的民族革命战争的纲领之上，而在一切反帝斗争的形式中实现起来，并在这个统一战线之中加强与巩固无产阶级的领导"。④ 1934年2月1日，《第二次全国苏维埃代表大会宣言》进一步宣示："反帝国主义的土地革命的苏维埃旗帜，已经成了千千万万中国劳苦群众求得民族的与社会的解放的旗帜。"⑤ 1935年8月中华苏维埃中央政府、中共中央发布的《为抗日救国告全体同胞书》号召每一个同胞应当将抗日救国作为自身的神圣天职，全体人民"为祖国生命而战！为民

---

① 《建党以来重要文献选编（1921—1949）》（第14册），中央文献出版社2011年版，第371页。
② 《中共中央文件选集（1934—1935）》（第10册），中共中央党校出版社1991年版，第251页。
③ 《中共中央文件选集（1933）》（第9册），中共中央党校出版社1991年版，第220页。
④ 《中共中央文件选集（1934—1935）》（第10册），中共中央党校出版社1991年版，第45页。
⑤ 《建党以来重要文献选编（1921—1949）》（第11册），中央文献出版社2011年版，第189页。

族生存而战！为国家独立而战！为领土完整而战！为人权自由而战！"①1935年10月22日，中共中央政治局在陕北吴起镇召开会议，毛泽东同志作关于目前行动方针的报告，指出"现在保卫苏区要变为直接的民族革命战争，要把土地革命与反帝直接结合起来"②。

同时，新民主主义革命既是民族民主革命，也是世界无产阶级革命，中国共产党的青年爱国主义教育话语同样积极回应"国际主义"，在爱国主义教育和国际主义教育相互结合中向前发展。

这一时期，关于爱国主义与国际主义的关系也得到了集中的讨论。1937年3月，毛泽东同志会见美国作家、记者史沫特莱，谈到中国共产党是否会变成民族主义者的问题，毛泽东同志指出，首先说明了实行国内和平、取消两个政权的对立状态是当时抵抗日本保卫中国的必然要求，中国共产党为了全国全民族的利益，必须"将部分利益服从于全体利益，将阶级利益服从于民族利益"，不能"将自己观点束缚于一阶级与一时的利益上面"。③他还向史沫特莱说明了中国共产党人实际上是国际主义者与爱国主义者的统一，中国共产党人主张世界大同，所以"是国际主义者"，同时为了"保卫祖国，愿意抵抗日本到最后一滴血"，又是保卫祖国的爱国主义者。④1938年，毛泽东同志在《中国共产党在民族战争中的地位》一文中提出，要根据具体的历史条件确定爱国主义的具体内容，而中国共产党人的爱国主义"必须将爱国主义和国际主义结合起来"，因为"只有为着保卫祖国而战才能打败侵略者，使民族得到解放。只有民族得到解放，才有使无产阶级和劳动人民得到解放的可能。中国胜利了，侵略中国的帝国主义者被打倒了，同时也就是帮助了外国的人民。因此，爱国主义就是国际主义在民族解放战争中的实施"⑤。在此文中，他还对"爱国主义"进行了类型分析，提出正义的"爱国主义"是为了保护自己的祖国和人民，而戴着所谓帽子的"爱国主义"，如日本帝国主义的侵略

---

① 《中国苏维埃政府、中国共产党中央为抗日救国告全体同胞书》，《救国报》1935年10月1日。
② 《张闻天文集》（第2卷），中共党史出版社1993年版，第1页。
③ 《毛泽东文集》（第1卷），人民出版社1993年版，第482—483页。
④ 《毛泽东文集》（第1卷），人民出版社1993年版，第484页。
⑤ 《毛泽东选集》（第2卷），人民文学出版社1991年版，第520—521页。

者的爱国主义、"希特勒的爱国主义",这些不能称为爱国主义,而是损害世界人民和本国人民的侵略压迫型的主义,这种爱国主义应当是我们共产党员要特别抵制的。1939年12月毛泽东同志在《纪念白求恩》中号召全体党员发扬国际主义精神,"我们要和一切资本主义国家的无产阶级联合起来,要和日本的、英国的、美国的、德国的、意大利的以及一切资本主义国家的无产阶级联合起来",这样"才能打倒帝国主义,解放我们的民族和人民,解放世界的民族和人民"。① 这种国际主义就是反对狭隘民族主义和狭隘爱国主义的国际主义。

中国共产党重视知识青年在群众动员中的作用,提出要充分发挥青年群体的革命先锋作用及其在党和其他人民群众之间的桥梁作用,引导青年深入工农群众,"和他们变成一体"。毛泽东同志指出,青年学生和知识分子在反动势力压制之下没有自由,只有与中国共产党领导的八路军、新四军和游击队相结合,实现笔杆子和枪杆子相结合,才能产生巨大的力量。1935年12月,党领导北平学生举行"一二·九"运动,号召各界青年在抗日救国的旗帜下团结起来,"到工人中去,到农民中去,到商民中去,到军队中去"②,在人民中开展反日救国宣传。北平有6000余名爱国学生在中共北平临时工作委员会的领导下,举行了声势浩大的抗日救国示威游行,高呼"停止内战,一致对外""打倒日本帝国主义"等口号,极大地促进了中国人民的觉醒。1936年,中共中央《关于青年工作的决定》指出:"必须把马克思列宁主义对于每一具体环境的认识来教育青年群众。"③ 在1939年5月4日延安青年群众的五四运动20周年纪念会上,毛泽东要求"把全国的青年团结起来,把全国的人民组织起来,一定要把日本帝国主义打倒,一定要把旧中国改造为新中国"④,知识青年"一定要到工农群众中去,把占全国人口百分之九十的工农大众,动员起来,组织起来"。只有"到了全国青年和全国人民都发动起来、组织

---

① 《毛泽东选集》(第2卷),人民文学出版社1991年版,第659页。
② 《建党以来重要文献选编(1921—1949)》(第12册),中央文献出版社2011年版,第517页。
③ 《中共中央青年运动文件选编》(第13卷),中国青年出版社1988年版,第309页。
④ 《毛泽东选集》(第2卷),人民文学出版社1991年版,第565页。

起来、团结起来"①，才能真正地打倒日本帝国主义。

这一时期，面对数万青年在中国共产党高高举起的抗日救国旗帜下奔赴延安，数十万青年进入红色根据地的状况，中国共产党创办抗日军政大学、陕北公学、鲁迅艺术文学院、延安大学、中国女子大学、华北联合大学、民族学院等学校，开展无产阶级的爱国主义思想理论教育，培养了大批具有坚定爱国革命思想的青年运动骨干和党团干部。毛泽东同志在陕北公学成立和开学纪念的题词中提出，要造就一批"不谋私利，唯一的为着民族与社会的解放"的青年。针对青年人思维活跃、情感丰富等特点，我们党充分发挥文化艺术的感染作用，领导创作了如《保卫国土》《义勇军进行曲》《风云儿女》等大量优秀的爱国主义作品，通过诗歌、小说、歌曲、戏剧等各种艺术形式面向全国青年宣传爱国思想和救国主张，引导各地各界青年纷纷建立救国团体、动员工农大众，以此凝聚人心，抵抗外侮，激发青年的爱国情感和救国愿景，广泛地团结、组织和动员青年投身国家独立和民族解放斗争。

（五）解放战争时期青年爱国主义教育话语

解放战争时期，世界政治格局和国内阶级关系发生巨大变化。为实现民众诉求、争取光明前途，中国共产党提出和平、民主、团结的建国方略，主张团结一切爱国力量推翻国民党反动独裁统治，动员全国人民参加解放战争，并在民众中掀起广泛的爱国民主运动。毛泽东同志指出，由于"人民解放军的战争所具有的爱国的正义的革命的性质，必然要获得全国人民的拥护"②。中国共产党在国民党统治区以不畏强暴、敢于牺牲、为建立一个自由民主平等的新中国，真正实现民族独立和人民解放而奋斗等为内容，开展爱国主义教育话语的言说。爱国主义教育话语逐步聚焦到夺取新民主主义革命的全国性胜利阶段、争取和平、反对内战等方面。

这一时期，学生爱国运动得到广泛的开展。1945年，由昆明青年学生发起并得到全国各地响应的反内战、争民主的"一二•一"爱国民主运动，揭露了国民党反动派发动内战的阴谋，拉开了"伟大正义的学生

---

① 《毛泽东选集》（第2卷），人民文学出版社1991年版，第569页。
② 《毛泽东选集》（第4卷），人民出版社1991年版，第1246页。

运动和蒋介石反动政府之间的尖锐斗争"的第二条战线的序幕。其他还有反美抗暴运动、五二〇运动等，教育青年认清国民党的反动本质，推动国家独立和人民解放的彻底实现。与此同时，面对美国兴起的"杜鲁门主义"，从调停国共争端转变为援蒋反共打内战，中国共产党青年爱国主义教育话语积极反对美帝国主义，以遏制美国卷入的趋势。1946年12月北京发生驻华美军强奸北京大学女学生的事件，引发全国范围内几十个大中城市50万名学生相继举行示威活动，抗议美军暴行。1947年1月12日《人民日报》报道，在运动中，"不能忍受了""我们不能任同胞受蹂躏""中国人不做美国的奴隶""严惩美军凶手""美军退出中国去"的怒吼，震动了全中国。南京学生在其告学生书中控诉"美国视中国人民为草芥，置中国主权于罔闻，暴行处处，血迹斑斑，中国人民早已反对美军驻华"。上海市大学学生联合会的宣言大声疾呼："反对违犯民族独立自由的美军来华。"天津学生高呼："我们准备罢课和不惜牺牲抗议强暴的美军在北平的兽行。"[①]

这一时期，爱国主义与国际主义的处理也进入了更为成熟的阶段。毛泽东同志高度肯定了共产党和工人党情报局在《关于国际形势的宣言》中关于帝国主义反民主阵营和反帝国主义民主阵营两个阵营的观点，他说道，"东方各国一切反帝国主义的力量，也应当团结起来，反对帝国主义和各国内部反动派的压迫，以东方十万万以上被压迫人民获得解放为奋斗的目标"[②]。1949年2月，人民日报刊登的《爱国主义与国际主义——少共真理报"答读者问"斯卡特谢科夫》一文系统地论述了中国共产党的爱国主义观。文中详细讨论了爱国主义与国际主义的关系，鲜明提出"以前，被压迫阶级的革命运动没有越出民族主义的范围，而压迫阶级的国际关系，则从来与国际主义未曾有过任何共同之点，因为他们的基本思想，就曾经是而且现在也是掠夺和奴役别的国家与别的民族，而不是各民族平权互助的思想"。"爱国主义在历史上破天荒第一次和国

---

① 《中国人民爱国主义的新高潮！北平美军兽行激起全国悲愤五十万人卷入抗议运动，各地学生继续响应运动深入发展蒋政府媚外辱国千方百计图镇压》，《人民日报》1947年1月12日第1版。

② 《毛泽东选集》（第4卷），人民出版社1991年版，第1258—1260页。

际主义结合起来，并成为真正彻底的革命的爱国主义。""无论是苏维埃爱国主义，或是新民主主义国家劳动人民的爱国主义，没有国际主义，都是不可想象的。建设社会主义社会的各民族的爱国主义，是取得政权群众的在历史上尚未见过的新爱国主义。"①

纵观新民主主义革命时期中国共产党的青年爱国主义教育话语创新历程，我们发现，中国共产党自诞生之日起，就将爱国主义教育与马克思主义信仰相结合，紧密联系中国革命的实践需求，向青年宣传马克思主义，播撒救国报国的革命种子，通过思想启蒙、政治宣传和革命斗争等形式，把千千万万不愿做"亡国奴"的中华儿女团结在爱国主义的光辉旗帜下，构建了这一时期青年爱国主义教育话语的主要内容，中国共产党青年爱国主义教育话语自此开始形成并确立。

二 谋求社会主义发展前途的青年爱国主义教育话语（1949—1977年）

1949年，新中国作为一个独立、统一、人民当家作主的共和国成立了。随着社会主义制度的确立与社会主义建设的开展，中华民族之祖国的意义结构——人民之国、政治之国和文化之国在社会主义历史阶段得到了真正统一，中国共产党青年爱国主义教育话语进入崭新的历史发展阶段。

1951年《人民日报》的元旦社论提出，中国人民今天的爱国主义并不是什么抽象的东西，"就是反对帝国主义侵略和封建主义压迫，就是保卫中国人民民主革命的果实，就是拥护新民主主义，就是拥护进步，反对落后，就是拥护劳动人民，就是拥护中国与苏联和人民民主国家的以及全世界劳动人民的国际主义联盟，就是争取社会主义的前途"②。1954年，毛泽东同志在第一届全国人民代表大会开幕词中提道，"我们的总任务是：团结全国人民，争取一切国际朋友的支援，为了建设一个伟大的社会主义国家而奋斗，为了保卫国际和平和发展人类进步事业而奋斗"③。

---

① 《爱国主义与国际主义——少共真理报"答读者问"斯卡特谢科夫》，《人民日报》1949年2月22日第4版。

② 《胡乔木文集》（第1卷），人民出版社2012年版，第453页。

③ 毛泽东：《中华人民共和国第一届全国人民代表大会第一次会议开幕词》，《新华月报》1954年第3期。

围绕这一时代任务,中国共产党青年爱国主义教育话语聚焦服务社会主义建设、巩固新生人民民主专政政权和激励民众积极投身社会主义建设事业等具体内容,以爱国主义与爱社会主义、爱国主义与建设社会主义的有机统一的思想方法,把爱国主义渗透到抗美援朝运动和具体生产行动之中,引导激励青年积极投身社会主义工业国家建设,为建设社会主义新中国而奋斗。

(一) 新中国成立初期青年爱国主义教育话语

社会主义新中国成立后,受两极对峙格局的影响,以美国为首的西方资本主义国家对新中国采取政治上孤立、经济上封锁、军事上威胁、外交上遏制的政策,如何站稳脚跟并"争取社会主义的前途"成为新中国建设的一大难题。中国共产党从法治、课程教育、节日教育的角度,全面加强了青年爱国主义教育话语建设。

为凝聚人民的爱国力量,推进青年爱国主义教育话语的长期发展,首先是对青年爱国主义教育的建章立制。在宪法层面第一次将"爱祖国"作为首要问题纳入国民公德教育,《中国人民政治协商会议共同纲领》明确规定:"提倡爱祖国、爱人民、爱劳动、爱科学、爱护公共财物为中华人民共和国全体国民的公德。"[①] 随即在全国范围开展了"五爱"教育活动,即爱祖国、爱人民、爱劳动、爱科学、爱社会主义的教育,主要是教育新的一代爱新中国、爱劳动人民当家作主的祖国,爱领导人民建设起伟大祖国的中国共产党和人民领袖毛主席,培养青年们终生为共产主义事业奋斗的优良品质。徐特立指出,"我们各个地区、各个省区、各个县区,乃至每一个乡村,都要注意自己的地方建设,因为地方的建设,就是全国建设的一部分。每一个小部分,都成为整个国家建设中的一个力量。因之,每一家庭、每一工作部门都有它爱祖国的直接表现。一切在公共机关工作的人,守纪律、尽责任,做好自己的工作,而又没有狭隘的本位主义,这也就是爱祖国的直接表现"[②]。1953 年 6 月,全国青联

[①] 《建党以来重要文献选编(1921—1949)》(第 26 册),中央文献出版社 2011 年版,第 766 页。

[②] 中央教育科学研究所编:《徐特立教育文集:论公民公德》,人民教育出版社 1979 年版,第 181 页。

和团中央先后召开大会，提出了"中国青年对祖国的重大责任和神圣义务"，号召中国青年"为建设祖国而忘我地劳动，为建设祖国而奋发地学习""更努力学习，更积极工作，把自己一切力量贡献给国家，把全国人民建设事业更加推向前进"①。

其次是将青年爱国主义教育正式纳入课程，出台了一系列文件对其进行规范。1950年，全国高等教育会议通过了《关于实施高等学校课程改革的决定》，要求"开设新民主主义的革命的政治课程，借以肃清封建的、买办的、法西斯主义的思想，发展为人民服务的思想"②。这一规定明确了课程的爱国主义性质，使青年爱国主义教育在全国范围内有了大规模实施的平台基础。1952年在全国院系调整后，教育部发出《关于全国高等学校马克思列宁主义、毛泽东思想课程的指示》，对不同类型学校的课程课时和讲授次序作出详细的规定，构建起较为规范的思政课体系，形成了有计划、有步骤、统一推进青年爱国主义教育的格局。1954年6月5日，政务院颁布《关于改进和发展中学教育的指示》，从中学教育的角度对爱国主义教育作出具体要求，"要培养学生对祖国的热爱和献身于祖国社会主义建设事业的志愿，加强国家观念，树立个人利益服从国家利益的观念。进行爱国主义教育的同时，应注意培养国际主义的精神"③。这是我国中央政府文件中首次明确且具体地提出"爱国主义教育"，且充分彰显了爱国主义、社会主义、国际主义有机统一的爱国主义教育理念。此后，党和国家先后发布《关于高等学校政治理论课程的规定（试行方案）》（1956年）、《关于在全国高等学校开设社会主义教育课程的指示》（1957年）等一系列文件，根据国内外形势和国家发展任务调整教学安排、教学大纲、原则方法，使青年爱国主义教育进一步规范化。1961年9月，中共中央发布《教育部直属高等学校暂行工作条例（草案）》，明确规定："高等学校学生的培养目标是：培养具有爱国主义和国际主义精

---

① 《为保卫祖国和建设祖国而奋斗——一九五三年六月十日在中华全国青年第二次代表大会上的报告》，《人民日报》1953年6月16日第1版。

② 何东昌：《中华人民共和国重要教育文献（1949—1975）》，海南出版社1998年版，第48页。

③ 《建国以来重要文献选编（1949—1965）》（第5册），中央文献出版社2011年版，第173页。

神，具有共产主义道德品质，拥护共产党的领导、拥护社会主义，愿为社会主义事业服务、为人民服务，通过马列主义、毛泽东著作的学习和一定的生产劳动实际工作的锻炼，逐步树立无产阶级的阶级观点、劳动观点、群众观点、辩证唯物主义观点。"[①]这一文件表明爱国主义教育已深入各类学生群体之中，成为人才培养的重要方面。

最后是对于青年人爱国意识的培育，中国共产党仍然十分注重纪念日、节日的重要功能。1950年10月，中国新民主主义青年团中央委员会、中华全国民主青年联合总会、中华全国学生联合会发出《关于纪念世界青年日与世界学生周的通知》，强调"十一月十日世界青年日与十一月十日至十七日世界学生周，是世界青年与学生团结自己的力量加强保卫世界和平斗争的节日。今年举行纪念时，应以加强国际主义和爱国主义教育为中心。我们要表示中国青年及学生与全世界青年及学生团结一致保卫世界和平的决心。特别是在青年中展开反对美国帝国主义侵略朝鲜的运动，积极支援朝鲜和亚洲青年争取民族解放的斗争"[②]。1950年团中央和全国学联发出通知纪念"一二·九"和"一二·一"发扬爱国主义精神随时响应祖国号召[③]，号召全国学生继承"一二·九""一二·一"的光荣传统，发扬青年的爱国主义精神，积极参加保家卫国的抗美援朝运动；就是要号召全国学生不但要在学校中努力学习功课，掌握知识技术，而且要随时准备响应祖国号召，以实际行动来参加国防建设，巩固国防力量。1950年国庆节前夕，"各省、市先后成立了庆祝国庆节的筹委会，准备以盛大的庆祝会、阅兵、游行及其他多种多样的活动，迎接这个伟大节日。并在国庆日前后进行广泛深入的爱国主义的宣传教育"。其主要教育涵盖启发主人翁感觉、自力更生及反对美帝国主义等，如"将广泛地深入广大群众中进行宣传，着重启发人民群众的爱国观念及提高市民主人翁的感觉""着重深入各阶层人民群众中宣传中国人民一

---

① 《建国以来重要文献选编（1949—1965）》（第14册），中央文献出版社2011年版，第498页。

② 《团中央、全国青联和全国学联发出通知　纪念世界青年日与世界学生周　以加强国际主义和爱国主义教育为中心》，《人民日报》1950年10月30日第1版。

③ 《团中央和全国学联通知　纪念"一二·九"和"一二·一"发扬爱国主义精神随时响应祖国号召》，《人民日报》1950年11月28日第1版。

年来的成就与经验，使各界人民普遍认识'中国人民赶走了帝国主义以后，紧密团结在人民政府和共产党的周围，可以依靠自己力量，按照自己意志，克服困难，自力更生'的真理""继续展开反对美帝国主义侵略台湾、朝鲜运动和保卫世界和平签名运动，以争取完成全华东地区征集五千五百万人在和平宣言上签名的目标"①。

（二）抗美援朝运动中的青年爱国主义教育话语

1951年2月中央发布《关于进一步开展抗美援朝爱国运动的指示》，决定在全国普遍开展各阶层人民的抗美援朝运动、反对美国重新武装日本的运动、铲除匪特镇压反革命活动的运动，以与前线战争形成配合和呼应。"在各阶层人民，特别是在工农群众中，应广泛进行时事教育，开展蔑视、鄙视、仇视美国帝国主义与提高民族自信心自尊心的运动"，"务使全国每处每人"都受到爱国主义教育，以使全国人民"站在抗美援朝保家卫国的爱国立场上"②。在此背景下，中国共产党的青年爱国主义教育话语以巩固人民民主政权、反对美帝国主义侵略为主要内容，与国际工人运动、社会主义事业、意识形态斗争紧密地联系在了一起。引导中国青年将抗美援朝运动与社会主义革命斗争实践相结合，发起了签订爱国公约、捐赠生活用品、认购爱国公债、联名写信以及增加生产、厉行节约、支持中国人民志愿军的爱国增产节约运动，激起了人民群众的爱国热潮。

一是发起订立爱国公约，各界别青年结合自己的工作和生活实际拟定了公约内容。

爱国公约是人民群众在抗美援朝运动中创造出来的用以团结和教育自己的重要方法，其内容大致范围包括"拥护毛主席，拥护人民政府，拥护中国共产党，拥护人民解放军，拥护共同纲领""努力支援中国人民志愿军和朝鲜人民军，反抗美国侵略""反对美帝国主义，拥护解放台湾，肃清美国在华侵略势力""反对美国重新武装日本""协助政府肃清

---

① 《全国各省市各阶层人民　热烈准备欢庆国庆节　广泛进行爱国主义的宣传教育》，《人民日报》1950年9月29日第1版。

② 《中共中央文件选集（1949年10月—1966年5月）》（第5册），人民出版社2013年版，第93—96页。

特务，消灭反革命谣言""工人农民努力生产，职员努力服务，学生努力学习，商人努力城乡交流，服从政府经济政策，反对投机""爱护国家财产，保守国家机密"①。爱国公约使广大青年群众把反帝爱国的斗争意志和热情运用到各种实际工作中，"实际上把人民群众的个人的爱国活动和我们国家的总的政治斗争联结起来了"，成为"推动国家建设、引导群众进步、发挥群众爱国热情的最好形式"。通过订立和实行爱国公约，广大青年群众深化了对"每一个人自己的利益和国家的整体利益是互相密切结合在一起"②理念的认识。

二是在不同青年群体中分类开展不同形式的爱国主义运动。

在青年学生群体中，掀起了爱国主义的学习讨论和宣传的高潮。人民日报刊文《首都各大学和专科学校师生职工坚决反对美帝扩大侵略纷纷发表对时局意见爱国主义热潮澎湃》③提到在各大院校掀起的时事宣传和讨论热潮。如华北人民革命大学、华北工学院、北京大学、清华大学、师范大学、燕京大学、交通大学北京管理学院、辅仁大学等院校，通过系会、班会、学习小组的漫谈会和各种方式的座谈会，大部分同学和不少教授、职工都积极参加讨论，充满了痛恨美帝扩大侵略战争的情绪。在北京农业大学则有300多名同学在大礼堂参加时事学习小组举行的漫谈会。时事讨论同时也在墙报、大字报上热烈展开。北京大学"民主墙"上已容纳不下了，睡觉用的木床板也被抬出来作为临时的布告板。清华大学开辟了"时事走廊"，有着光荣斗争历史的"民主墙"也恢复了起来。各校娱乐活动也围绕着反对美帝扩大侵略的主题进行，北大剧艺社赶排自己创作的话剧《不屈服的汉城》，舞蹈组加紧排演以暴露美帝侵略暴行为主题的舞蹈活报剧，合唱团选择了《亚洲人民战歌》《反对侵略战争》等歌曲，广泛发动全校同学练习歌唱。④

---

① 《建国以来重要文献选编（1951）》（第2册），中央文献出版社2011年版，第26—27页。
② 中共北京市委党史研究室编：《北京市抗美援朝运动资料汇编》，知识出版社1993年版，第101、136、247页。
③ 《首都各大学和专科学校师生职工坚决反对美帝扩大侵略纷纷发表对时局意见爱国主义热潮澎湃》，《人民日报》1950年11月3日第1版。
④ 《首都各大学和专科学校师生职工坚决反对美帝扩大侵略纷纷发表对时局意见爱国主义热潮澎湃》，《人民日报》1950年11月3日第1版。

在青年工人群体中，兴起了以创造生产新纪录为主要内容的爱国主义劳动竞赛的高潮，极大提升了工人的主人翁意识和参与劳动生产的热情。1951年6月1日，中国人民抗美援朝总会号召："全国各界爱国同胞们，不分男女老少，都开展爱国的增加生产、增加收入的运动，用新增加的收入的一部或全部，购置飞机、大炮等武器，捐献给志愿军和解放军。"① 东北总工会号召东北全体职工、劳动模范、先进生产者及工会工作者，热烈响应第三机器厂赵国有车工部向全东北职工发起的革命友谊的生产竞赛，努力建设强大的国防力量与经济力量，反对美帝扩大侵略战争，保卫祖国安全。并称"反对美国强盗扩大侵略战争的劳动竞赛"是工人阶级爱国主义的崇高表现，"我们为反对美帝国主义侵略而掀起的爱国主义行动，将汇成无敌的力量，它会教训美国强盗：中国人民的意志是不容蔑视的，中国人民的利益是不容危害的，以工人阶级为领导、工农联盟为基础的中华人民共和国是神圣不可侵犯的"②。

在青年农民群体中，掀起缴纳爱国主义粮的热潮。《人民日报》的一则报道称，湘、鄂、赣三省农民"在缴粮中，各地农民发扬了爱国主义的精神，普遍地展开缴粮热潮"。其中，湖南省宁乡县奇观乡的农民，由于准备充分，两天内把公粮扫数入仓。该省南县五区三保农民，都用风车把谷子扇过三遍。平江县高义乡农民李元清，在送公粮入仓时，途中遇雨，为了防止公粮受潮，他把自己的衣服脱下来，盖在箩筐上，使公粮避免雨淋。③ 在另一则报道《发扬高度爱国主义精神，各地人民热烈缴纳公粮入库》中提到，马屯乡农民王敬臣五十多岁的母亲，连着碾了两夜米，争取先缴。她说："咱们缴的是保家卫国粮，一定要把米碾细簸干净。"此时将爱国主义教育融入具体的行动之中，以"缴纳公粮加强国家建设，准备迎击和消灭美国侵略者""反对美国强盗扩大侵略战争的劳动

---

① 刘守华：《为了"鲁迅号"飞机》，《北京晚报》2020年11月9日第22版。
② 《东北总工会号召全体职工响应赵国有车工部挑战开展爱国主义劳动竞赛》，《人民日报》1950年10月30日第3版。
③ 申元则、李藏珠：《农业劳模李顺达互助组向山西全省农民挑战发扬爱国主义精神，努力增产，支援我赴朝志愿部队》，《人民日报》1950年11月25日第2版。

竞赛"等为口号，充分调动各个群体爱国主义的积极性。①

对此，郭沫若曾评价道："一年来我国人民已经有80%受到了爱国主义教育。"② 美国学者莫里斯·迈斯纳则认为，抗美援朝运动成功地唤起了中国人民的爱国热情和对民众的教育。③ 可以说，抗美援朝中的爱国主义运动帮助青年人进一步认识了中国共产党和新生的中华人民共和国，并在此基础上建立起政治认同和情感认同，从而进一步巩固新生政权，提高了民族凝聚力和向心力。

（三）社会主义十年探索时期青年爱国主义教育话语

1956年社会主义改造胜利完成，调动一切积极因素建设社会主义，"努力把我国逐步建设成为一个具有现代农业、现代工业、现代国防和现代科学技术的社会主义强国"④，成为社会主义十年探索的历史主题，也成为青年爱国主义教育话语的时代主题。1958年中央《关于教育工作的指示》指出："教育必须为无产阶级服务，必须同生产劳动相结合。"⑤ 刘少奇同志向全国广大青年号召："作为党的助手和后备军……要努力学习马克思列宁主义，提高自己的共产主义的觉悟程度。"⑥ 以此为方向，青年爱国主义教育话语在社会主义教育活动、与社会主义建设结合、榜样教育等方式中得到进一步的推进。

1962—1965年，在全国范围内开展城乡社会主义教育活动，以期实现"爱国、爱社和爱家的观念在群众中统一起来，并普遍地养成勤俭办社和勤俭持家的风气"⑦。社会主义教育活动逐步拓展到学校、军队和企业等各领域，强调社会主义、集体主义和爱国主义相统一，强调国家的社会主义性质，增强广大干部群众的社会主义思想观念。

---

① 《发扬高度爱国主义精神，各地人民热烈缴纳公粮入库》，《人民日报》1950年12月17日第2版。
② 郭沫若：《伟大的抗美援朝运动》，《人民日报》1951年10月1日第3版。
③ 靳道亮：《建国初期抗美援朝运动研究综述》，《理论界》2007年第6期。
④ 《中共中央关于党的百年奋斗重大成就和历史经验的决议》，《人民日报》2021年11月17日第1版。
⑤ 《毛泽东文集与毛泽东思想》，人民出版社2002年版，第223页。
⑥ 《刘少奇选集》（下卷），人民出版社1985年版，第115页。
⑦ 《中共中央文件选集（1949年10月—1966年5月）》（第26册），人民出版社2013年版，第109页。

与此同时，广泛开展爱国主义榜样教育，推动青年爱国主义教育话语的行动转向。以石油工人王进喜、人民公仆焦裕禄、"草原英雄小姐妹"龙梅和玉荣等为代表的各行业先进模范学习雷锋是这一时期最具代表性的榜样教育活动。尤其是"向雷锋同志学习"活动，毛泽东同志等领导人题词倡导，广播、电视和报纸广泛宣传，团中央发出学习倡议，引导青年"自觉地服从祖国的需要，以人民利益为重"，做"永不生锈的螺丝钉"。"向雷锋同志学习"活动从军队扩展到各行各业，"我们是国家的主人，应该处处为国家着想""我要把我可爱的青春献给祖国"等《雷锋日记》名句成为许多青年的座右铭。

这一时期，面对全面社会主义建设的艰巨任务，党号召青年"把青春献给祖国""到最艰苦最需要的地方去"，鼓励青年在各条战线的生产劳动中建功立业。从20世纪50年代起，各行业青年突击队、青年生产队、青年志愿垦荒运动、青年节约队、青年扫盲队纷纷建立，团中央发起的"争做一个社会主义建设积极分子"和"为社会主义建设立功"活动全面展开，使青年成为"整个社会力量中的一部分最积极最有生气的力量"[1]。1954年1月，第一支青年突击队在北京成立，展现出高度的爱国热忱、强大的创造活力和高效的业绩，成为青年爱国主义实践活动的有益探索。党中央肯定青年突击队是"对青年工人进行共产主义教育的一种有效的组织形式和工作方法"[2]。在青年爱国主义教育话语的引导下，青年群众在政治参与、经济建设的实际行动中弘扬着爱国主义精神，为社会主义建设贡献力量。

纵观社会主义革命和建设时期中国共产党的青年爱国主义教育话语创新历程，我们发现，中国共产党运用群众爱国主义运动经验，结合国家建设任务探索青年爱国主义教育实践新形式，强调社会主义、集体主义和爱国主义相统一，以新中国国民公德教育为切入点，通过在青年群众运动中广泛开展马克思主义理论、新民主主义、社会主义、集体主义和国际主义教育，凝聚民心，聚合民力，增强了青年群众对新社会、新国家、新制度的认同。

---

[1] 树钦、张斌臣：《共青团员学习精要》，中国地质大学出版社1993年版，第47页。
[2] 胡献忠：《中国青年运动一百年（1919—2019）》，中国青年出版社2022年版，第303页。

三 转向社会主义现代化建设的青年爱国主义教育话语（1978—2012年）

党的十一届三中全会后，党和国家的工作重点转移到以经济建设为中心的社会主义现代化建设上来，青年爱国主义教育话语回应"建设有中国特色的社会主义"的任务要求，以爱国主义教育常态化作为抓手，以纲领性文件规范为统领，将爱国主义教育和弘扬民族精神结合起来，进一步拓展了话语的内容和形式。

（一）党的十一届三中全会以后中国共产党青年爱国主义教育话语

邓小平同志十分重视爱国主义在社会主义建设中的重要作用。他曾说，"我是中国人民的儿子，我深情地爱着我的祖国和人民"[1]。1978年4月，他在《在全国教育工作会议上的讲话》中指出，"把青少年培养成为忠于社会主义祖国、忠于无产阶级革命事业、忠于马克思列宁主义毛泽东思想的优秀人才"[2]。1980年，他再度强调爱国主义的重要性，指出，"必须发扬爱国主义精神，提高民族自尊心和民族自信心。否则我们就不可能建设社会主义，就会被种种资本主义势力所侵蚀腐化"。[3] 1982年9月1日，在党的十二大开幕词中他指出："中国人民有自己的民族自尊心和自豪感，以热爱祖国、贡献全部力量建设社会主义祖国为最大光荣，以损害社会主义祖国利益、尊严和荣誉为最大耻辱。"[4] 邓小平同志还明确强调，爱国与爱社会主义、爱党是相互统一的，"有人说不爱社会主义不等于不爱国，难道祖国是抽象的吗？不爱共产党领导的社会主义的新中国，爱什么呢？"[5] 在邓小平同志的领导下，这一时期党和国家开始系统地规划爱国主义教育，不断建立健全青年爱国主义教育的相关方法制度，推动青年爱国主义教育话语朝着规范化、专门化、长效化方向发展，引导广大青年弘扬民族精神，把爱国热情凝聚到建设中国特色社会主义事业上，做有理想、有道德、有文化、有纪律的社会主义公民，为实现

---

[1]《邓小平画传》，中央文献出版社2014年版，第748页。
[2]《邓小平文选》（第2卷），人民出版社1994年版，第106页。
[3]《邓小平文选》（第2卷），人民出版社1993年版，第369页。
[4]《邓小平文选》（第3卷），人民出版社1993年版，第3页。
[5]《邓小平文选》（第2卷），人民出版社1993年版，第392页。

四化、振兴中华而奋斗。

　　1980年《关于加强高等学校学生思想政治工作的意见》指出，高校"必须坚持又红又专的方向，使受教育者在德智体几方面都得到发展，成为社会主义觉悟的专门人才"①。1981年，党的十一届六中全会通过的《关于建国以来党的若干历史问题的决议》强调："要加强和改善思想政治工作，用马克思主义世界观和共产主义道德教育人民和青年……发扬祖国利益高于一切的爱国主义精神和为现代化建设贡献一切的艰苦创业精神。"② 1982年的宪法修改草案对新中国成立初期《共同纲领》的"五爱"要求作了修改，用爱社会主义代替了原先的爱护公共财物，使爱祖国和爱社会主义并列成为国民公德的基本要求，以最高法的形式将爱国主义列入公德教育的内容。总纲第二十四条规定："国家提倡爱祖国、爱人民、爱劳动、爱科学、爱社会主义的公德，在人民中进行爱国主义、集体主义和国际主义、共产主义的教育，进行辩证唯物主义和历史唯物主义的教育，反对资本主义的、封建主义的和其他的腐朽思想。"③ 1983年3月，中共中央专门成立了"五讲四美三热爱活动委员会"，并在1983—1984年连续两年向全国各地发布了《关于开展五讲四美活动的意见》，要求全国各地积极开展"五讲四美三热爱"活动，努力推进良好社会风尚的形成。在1983年发布的《一九八三年继续开展"五讲四美三热爱"活动的意见》中，提出"要从爱国主义和社会主义优越性的教育入手，进行共产主义理想、信念、道德的教育，进行职业教育、职业责任、职业纪律的教育，进行民主与法制的教育，进行正确的审美观念和社会主义生活方式的教育"④。1984年发布的《中央五讲四美三热爱活动委员会关于一九八四年五讲四美三热爱活动的意见》则要求，"结合各单位群众的思想实际，继续深入进行集体主义、爱国主义、社会主义、共产主义思想教育""应把继承、发扬爱国主义精神和革命传统，作为贯穿全年

---

　　① 《毛泽东选集》（第5卷），人民出版社1977年版，第363—402页。

　　② 中国共产党中央委员会编：《关于建国以来党的若干历史问题的决议》，人民出版社1981年版，第55页。

　　③ 《三中全会以来重要文献选编》（上），中央文献出版社2011年版，第192—193页。

　　④ 《一九八三年继续开展"五讲四美三热爱"活动的意见》，《中华人民共和国国务院公报》1983年第3期。

思想教育的重要内容"①。

1983年7月,中共中央宣传部首次颁布了以"爱国主义教育"为主题的专门性文件——《关于加强爱国主义宣传教育的意见》,提出"在我国社会主义现代化建设进程中,经常地进行和加强爱国主义的宣传教育,培养全体人民,特别是青年的爱国主义精神,提高他们的爱国主义觉悟,是建设以共产主义思想为核心的社会主义精神文明的一项重要任务,是宣传教育和思想政治工作的一项基本内容"②。文件指出,中国人民在不同历史阶段共同的爱国主义的基本内容和基本特点是,"不畏艰险,世代相承地开发祖国的自然资源,改造祖国的山山水水,不断丰富和发展中华民族的物质文化财富,为人类文明努力作出自己的贡献""反对民族的分裂和国家的分裂,维护各民族的联合、团结和祖国的统一。一旦发生分裂,各族人民和社会各方面的爱国力量就为尽快结束这种不幸的局面而进行坚持不懈的斗争""在外敌入侵面前,团结对外,奋起抵抗,直到彻底战胜侵略者,坚决维护祖国的主权和独立""同一切阻碍历史发展和社会进步的反动阶级、反动社会势力和反动制度进行英勇顽强的斗争,推动祖国朝着繁荣富强的方向前进"。而在社会主义现代化建设的新的历史时期,爱国主义的主要内容包括了"加紧社会主义现代化建设,争取实现包括台湾在内的祖国统一,反对霸权主义、维护世界和平"这三大内容。③

《关于加强爱国主义宣传教育的意见》对于爱国主义教育话语实践路径的要求表明,这一时期爱国主义教育逐渐摒弃了群众运动的方式,开始注重将爱国主义教育贯穿到日常教育之中。该意见提出,在教育话语的资源路径上,要"以祖国新貌和建设成就,英雄人物、先进集体的模范事迹,社会主义建设的成功经验,祖国的壮丽河山与名胜古迹,重大的历史事件和著名的历史人物,历代杰出的文艺家及其作品,历代杰出的科学家及其贡献,历代文物,各民族人民对祖国的历史贡献,侨居国

---

① 《中央五讲四美三热爱活动委员会关于一九八四年五讲四美三热爱活动的意见》,《中华人民共和国国务院公报》1984年第3期。

② 刘英杰:《中国教育大事典(1949—1990)》,浙江教育出版社1993年版,第1434页。

③ 《关于加强爱国主义宣传教育的意见(1983年7月2日)》,光明日报出版社1983年版,第8—9页。

外的爱国者和世界各国的著名爱国者"为主。① 在教育话语的方法路径上，要注重理论与实践相结合，各门课程都要开展爱国主义教育。其中，政治理论课、思想品德课以爱国主义教育和共产主义教育为中心内容，自然科学课程注重宣传科学技术上的贡献，音乐、美术课注重培养学生的爱国情操。同时要通过组织开展主题班会、歌咏演讲比赛、参观红色教育基地等形式多样的活动，开展爱国主义教育，激励学生为建设社会主义国家而努力。1983年8月24日，教育部发布了《关于学习贯彻〈关于加强爱国主义宣传教育的意见〉的通知》，强调"要使我国各族人民从儿童时代起，就把'祖国母亲'铭刻在自己的头脑中，把热爱祖国、热爱党、热爱社会主义三者融为一体""各级各类学校都要坚持从爱国主义教育入手，以提高学生的爱国主义觉悟为起点，引导他们把自己的命运和祖国的命运联系起来，树立祖国利益高于一切的思想，把爱国主义的觉悟和感情，变为奋发图强、为建设祖国、保卫祖国做好准备的实际行动；并在此基础上引导他们逐步树立共产主义的理想、信念"②。1985年，中共中央发布《关于改革学校思想品德和政治理论课程教学的通知》，对青少年各学段的课程教学作出规定，帮助青年树立爱国主义思想观念，"认清和履行我国青年一代的崇高责任"③。以这一系列文件精神为指导，中国共产党广泛地开展青年爱国主义教育话语实践，极大激发了青年政治上的高度认同和参与改革开放的爱国热情。

20世纪80年代中后期，随着经济体制改革的深入，我国经济社会产生了急剧的变化，资产阶级自由化思想乘虚而入，加上东欧剧变、苏联解体，社会主义事业发展受到严重挫折，意识形态教育也有所淡化。1986年，针对我国经济社会生活中一度出现的"崇洋媚外""全盘西化"的思想倾向，以及爱国主义教育被削弱、淡化的社会现象，党的十二届六中全会通过的《中共中央关于社会主义精神文明建设指导方针的决议》

---

① 《关于加强爱国主义宣传教育的意见（1983年7月2日）》，光明日报出版社1983年版，第11—16页。

② 《加强和改进青年思想政治教育重要文献选编》，中国人民大学出版社2008年版，第31—32页。

③ 何东昌：《中华人民共和国重要教育文献（1949—1997）》，海南出版社1998年版，第2302页。

（以下简称《决议》）再一次明确了新形势下我国社会主义道德建设的基本要求，即"爱祖国、爱人民、爱劳动、爱科学、爱社会主义"，提出要"有力地抵制资本主义和封建主义的腐朽思想，防止种种迷失方向的危险，振奋起全国各族人民的巨大热情和创造精神，用几代人的努力建设起社会主义现代化强国"①。《决议》规定，现阶段的共同理想就是"建设有中国特色的社会主义，把我国建设成为高度文明、高度民主的社会主义现代化国家""为了实现这个共同理想，一切有利于建设四化、振兴中华、统一祖国的积极思想和精神，一切有利于民族团结、社会进步、人民幸福的积极思想和精神，一切用诚实劳动争取美好生活的积极思想和精神，都应当加以尊重、保护和发扬"②。1988年12月中央发布《中共中央关于加强和改革中小学德育工作的通知》，将爱国主义教育放在德育工作的突出位置，强调要使学生"从小就了解中华民族的光辉历史和革命传统，了解百多年来中华民族的深重灾难和共产党领导人民进行的反帝反封建的英勇斗争，了解我们现在从事的社会主义现代化建设是中国历史上最伟大的事业，以培育他们的民族自尊心、自信心、自豪感和自强不息的奋斗精神，树立祖国利益高于一切的观念，憎恶一切丧失国格的行为"。同时，该文件还提出"要把爱国主义教育同热爱中国共产党、热爱社会主义的教育联系起来，使学生逐步懂得党是领导全国各族人民实现四化、振兴中华大业的核心力量，社会主义制度是建设现代化中国的根本保证"③。

（二）党的十三届四中全会以后中国共产党青年爱国主义教育话语

1989年6月邓小平同志于《在接见首都戒严部队军以上干部时的讲话》中深刻指出："十年最大的失误是教育，这里我主要是讲思想政治教育，不单纯是对学校、青年学生，是泛指对人民的教育。对于艰苦创业，对于中国是个什么样的国家，将要变成一个什么样的国家，这种教育都

---

① 《中共中央关于社会主义精神文明建设指导方针的决议》，人民出版社1986年版，第11页。

② 《中共中央关于社会主义精神文明建设指导方针的决议》，人民出版社1986年版，第11页。

③ 《中共中央关于改革和加强中小学德育工作的通知（1988年12月25日）》，《中华人民共和国国务院公报》1988年第28期。

很少，这是我们很大的失误。"①

此后，从中央到各地方、各部门、各行业，各级党组织采取一系列重要措施，全面地加强党的思想政治教育工作，强化爱国主义教育。1990年5月3日，江泽民同志在首都青年纪念五四报告会上作题为《爱国主义和我国知识分子的使命》的报告，强调"在当代中国，爱国主义和社会主义本质上是统一的"。因为"社会主义制度的确立，巩固和发展了新民主主义革命的成果，为我国社会生产力发展和社会进步提供了可靠的保证和光明的前景，集中体现着国家、民族、人民的根本利益"，所以"只有社会主义能够救中国，只有社会主义能够发展中国"。他还提出，爱国主义和人民民主即社会主义民主本质上也是统一的，"在共产党领导下，人民当家作主，建设和管理自己的国家，这是社会主义民主的核心内容。维护和发展社会主义民主，是爱国主义的重要体现"。爱国主义在现阶段，"主要表现为献身于建设和保卫社会主义现代化事业，献身于促进祖国统一事业"，全国人民特别是广大青年要"认真学习和了解祖国的历史尤其是近代以来的历史"，而且"要体现在实际行动中""勇于同破坏国家统一、损害民族团结、危害社会主义事业的行为进行坚决斗争""自觉地与社会主义现代化建设事业同呼吸、共命运""在自己的岗位上努力学习，辛勤工作，促进安定团结，促进建设和改革"。②

1994年8月23日，中共中央印发《爱国主义教育实施纲要》（以下简称《纲要》），《纲要》对爱国主义教育的教育原则、教育内容、教育重点、教育方法作出了具体而全面的要求，成为开展青年爱国主义教育的纲领性文件。文件强调，从历史到现实，从物质文明到精神文明，从自然风光到物产资源，社会生活的各个领域都蕴藏着极为丰富的进行爱国主义教育的瑰宝。要善于运用国情资料，并注意挖掘和利用各种宝贵的教育资源，不断丰富爱国主义教育的内容。爱国主义教育内容具体包括中华民族悠久历史的教育、中华民族优秀传统文化教育、党的基本路线和社会主义现代化建设成就的教育、中国国情的教育、社会主义民主

---

① 《邓小平文选》（第3卷），人民出版社1993年版，第306页。
② 《江泽民文选》（第1卷），人民出版社2006年版，第226页。

和法制教育、国防教育和国家安全教育、民族团结教育、"和平统一、一国两制"方针的教育等方面。《纲要》明确规定,"爱国主义教育的重点是青少年""学校、部队、乡村、街道、机关和企事业单位,尤其共青团、少先队等组织,都要把培养广大青少年的爱国主义感情,提高他们的爱国主义觉悟,引导他们树立正确的理想、信念和人生观、价值观作为思想政治教育的重要内容"。在方法上,则从爱国主义教育基地建设、社会氛围建设、礼仪建设、先进典型建设等方面就如何开展爱国主义教育话语建设进行了安排和部署。① 《纲要》提出,"要把爱国主义教育贯穿到幼儿园直至大学的教学、育人全过程中去,特别要发挥好课堂教学主渠道的作用"。要求全国各学校制订爱国主义教育分科计划,推动爱国主义教育融入思政课教学,把中国近现代史、国情教育等爱国主义教育内容分解贯穿到政文史地等重点学科和其他相关学科的课堂教学中,使爱国主义教育"形成贯穿小、中、大学各教育阶段,由浅入深的稳定的教育序列"。

《爱国主义教育实施纲要》颁布以后,中共中央随即发出《关于进一步加强和改进学校德育工作的若干意见》(1994年8月31日),提出要"深入持久地进行爱国主义、集体主义和社会主义思想教育……要以中国近现代史和国情教育为依托……把增强民族团结,维护祖国统一,列为学校爱国主义教育的重要内容"。文件第一次清晰地部署要求小、中、大学各阶段爱国主义教育的贯通,形成"由浅入深的稳定的教育序列"。其中,"高等学校和高中阶段要开设时事政策课或讲座,以国内外形势及党和国家重大方针政策为主要内容,对学生进行生动、现实的国情教育""中小学都要有自己特色的进行爱家乡、爱祖国教育的基地和乡土教材"。②

与这两个文件配套,一系列专门的制度文件出台,明确了向全国中小学推荐百首爱国主义歌曲、百种爱国主义教育图书、百个爱国主义教育基地等举措,以及各种主题类爱国主义教育活动,进一步丰富和规范

---

① 《爱国主义教育实施纲要》,《人民日报》1994年9月6日第3版。
② 中共中央文献研究室编:《十五大以来重要文献选编》(上),人民出版社2000年版,第761页。

了青年爱国主义教育话语的制度体系。如1996年10月，民政部等多部门联合发布了《关于命名和向全国中小学推荐百个爱国主义教育基地的通知》①，提出了百个"全国中小学爱国主义教育基地"名单，涉及历史文物古迹、革命传统教育和社会主义现代化建设成就等，要求全国爱国主义教育示范基地利用入学、成人宣誓等有特殊意义的日子开展活动，以青年喜闻乐见的形式扩大宣传，逐步形成以示范基地为骨干、各级各类基地共同发展的青年爱国主义教育校外课堂建设格局。在此之前，《关于充分运用文物进行爱国主义和革命传统教育的通知》（1991年8月）、《关于运用优秀影视片在全国中小学开展爱国主义教育的通知》（1993年9月）等制度已经出台，要求运用多种教育方法，保证教育活动"精心设计、周密组织，力求富有吸引力和感染力"②。其中，《关于运用优秀影视片在全国中小学开展爱国主义教育》指出，"优秀的爱国主义影视片蕴藏着丰富的思想、艺术内涵，具有形象、直观、生动、可信、感染力强的特点"，电影教育活动"也是促使中小学生了解历史、认识国情；开阔视野、提高审美观；弘扬民族文化优良传统、激发爱国主义情感和志向；逐步树立正确的理想、信念和价值观的一个重要途径"。文件列出了供小学生观看的爱国主义教育系列片目必看片16部，选看片34部；供中学生观看的爱国主义教育系列片目必看片18部，选看片32部。分为抗击帝国主义侵略、革命传统与社会主义教育、人物传记、锦绣中华与灿烂文化等类别。③

这一时期，中央还充分利用香港、澳门回归契机部署开展爱国主义教育工作，分别发布了《关于以1997年我国政府恢复对香港行使主权为题对中小学生深入进行爱国主义教育的通知》和《关于以我国政府恢复对澳门行使主权为主题在大中小学生中深入开展爱国主义教育活动的通知》，明确各级教育行政部门和学校要对广大中小学生进行一次深入的爱国主义教育、中国近现代史及国情教育，使他们通过

---

① 王怀安等：《中华人民共和国法律全书》，吉林人民出版社1997年版，第2252页。
② 《运用文物进行爱国主义和革命传统教育》，《人民日报》1991年9月15日第4版。
③ 中央宣传部、国家教委等：《关于运用优秀影视片在全国中小学开展爱国主义教育》，《思想政治课教学》1993年第2期。

"了解香港被割让的历史和半殖民地、半封建的旧中国由于政治、经济、军事极端落后，饱受外国列强欺侮的历史"，懂得落后就要挨打的道理，树立奋发图强的志向，从而深刻理解"中国共产党领导全国人民推翻帝国主义、封建主义和官僚资本主义的压迫，建立新中国的伟大意义"。①

（三）党的十六大以后中国共产党青年爱国主义教育话语

从党的十六大到党的十八大，随着改革开放和经济全球化的深入，以及世界格局变化和国际利益矛盾冲突加剧，2009 年胡锦涛同志强调，"爱国主义最鲜明的主题就是不断发展中国特色社会主义，在改革开放中加快推进社会主义现代化，全面建设小康社会"。② 中国共产党青年爱国主义教育话语以此为依据，不断加强对中国特色社会主义的理论自信教育，加强对民族精神的弘扬，进入了新的发展阶段。

针对经济全球化加速发展，"民族国家消亡论""爱国主义过时论"等错误观念兴起，这一时期的青年爱国主义教育话语开始关注民族精神、民族尊严等议题。2001 年 9 月，中共中央印发的《公民道德建设实施纲要》强调指出，"爱祖国、爱人民、爱劳动、爱科学、爱社会主义"是公民道德建设的基本要求，要"把这些基本要求与具体道德规范融为一体""引导人们发扬爱国主义精神，提高民族自尊心、自信心和自豪感，以热爱祖国、报效人民为最大光荣，以损害祖国利益、民族尊严为最大耻辱，提倡学习科学知识、科学思想、科学精神、科学方法，艰苦创业、勤奋工作，反对封建迷信、好逸恶劳，积极投身于建设有中国特色社会主义的伟大事业"③。2002 年起，党作出弘扬以爱国主义为核心的民族精神的重要部署，党的十六大报告将我国的民族精神概括为"以爱国主义为核心的团结统一、爱好和平、勤劳勇敢、自强不息的伟大民族精神"，指出，"面对世界范围各种思想文化的相互激荡，必须把弘扬和培育民族精

---

① 《教育部办公厅关于以我国政府恢复对澳门行使主权为主题，在大中小学生中深入开展爱国主义教育活动的通知》，《教育部政报》1998 年第 6 期。

② 《胡锦涛在同中国农业大学师生代表座谈时的重要讲话》，人民出版社 2009 年版，第 132 页。

③ 中共中央宣传部宣传教育局编：《新时代公民道德建设实施纲要》，学习出版社 2019 年版，第 5 页。

神作为文化建设极为重要的任务，纳入国民教育全过程，纳入精神文明建设全过程，使全体人民始终保持昂扬向上的精神状态"①。2004年10月，中共中央、国务院印发《关于进一步加强和改进青年思想政治教育的意见》，强调以爱国主义教育为重点，深入进行弘扬和培育民族精神教育。要把民族精神教育与以改革创新为核心的时代精神教育结合起来，引导青年在中国特色社会主义事业的伟大实践中，在时代和社会的发展进步中汲取营养，培养爱国情怀、改革精神和创新能力，始终保持艰苦奋斗的作风和昂扬向上的精神状态。② 2006年3月，胡锦涛同志在参加全国政协十届四次会议民盟、民进界委员联组讨论时，将爱国主义纳入"践行社会主义荣辱观"的范畴，强调"以热爱祖国、报效人民为最大光荣，以损害祖国利益、民族尊严为最大耻辱"。2006年10月党的十六届六中全会通过的《中共中央关于构建社会主义和谐社会若干重大问题的决定》强调，社会主义核心价值体系的基本内容由"马克思主义指导思想，中国特色社会主义共同理想，以爱国主义为核心的民族精神和以改革创新为核心的时代精神，社会主义荣辱观"构成，要坚持"用民族精神和时代精神凝聚力量、激发活力，倡导爱国主义、集体主义、社会主义思想，加强理想信念教育，加强国情和形势政策教育，不断增强对中国共产党领导、社会主义制度、改革开放事业、全面建设小康社会目标的信念和信心"。③ 至此，爱国主义开始成为民族精神的核心，成为社会主义核心价值体系的重要组成部分。

面向青年群体，爱国主义教育话语更加强调与青年人的奋斗联系起来。2008年5月3日，胡锦涛同志考察北京大学时勉励学生"珍惜宝贵时光，努力把自己造就成国家和人民需要的优秀人才"④。2011年10月9日，胡锦涛同志在纪念共青团成立九十周年大会上指出，"爱国主义是伟大民族精神的集中体现，是五四精神的核心内容，只有弘扬爱国主义精神，广大青年才能激发出经久不息的奋斗热情，中国青年运动才能获得

---

① 《十六大报告辅导读本》，人民出版社2002年版，第34—35页。

② 中共中央、国务院：《关于进一步加强和改进青年思想政治教育的意见》，《人民日报》2004年10月15日第1期。

③ 《十六大以来重要文献选编》（下），人民出版社2006年版，第5页。

④ 樊如钧、鞠鹏：《胡锦涛总书记考察北京大学》，《下一代》2008年第5期。

源源不断的精神力量"①。在讲话中，胡锦涛同志再度阐明了爱国主义精神的时代内涵，即"不断发展中国特色社会主义，在改革开放中加快推进社会主义现代化，全面建设小康社会，把中华民族伟大复兴的宏伟蓝图变为美好现实"。提出开展爱国主义教育的目的，"就是要振奋民族精神，增强民族凝聚力，树立民族自尊心和自豪感，用爱国主义精神铸造青年灵魂，把广大青年的爱国热情引导和凝聚到建设有中国特色社会主义伟大事业上来，引导和凝聚到为祖国的统一、繁荣和富强作贡献上来"。他还特别强调"要把爱国主义教育融入课堂教学全过程"②，融入社会实践全过程，融入校园文化建设全过程，融入学校管理全过程，"努力坚持爱国之情、报国之志与效国之行的统一"。③

纵观改革开放和社会主义现代化建设新时期中国共产党青年爱国主义教育话语创新历程，我们发现，这一时期面对东欧剧变、苏联解体，世界社会主义发展遭受严重挫折，经济全球化的负面影响，中国共产党强调在社会主义市场经济条件下进行爱国主义教育的重要性和紧迫性，坚持爱国主义与爱中国共产党、爱国主义与爱中国特色社会主义相统一的原则，从民族精神的视角提出爱国主义教育，要求爱国主义教育以党的基本路线，中国近现代史教育、国情教育，中华优秀传统文化、民族团结、祖国统一，社会主义核心价值体系为主要内容，推动了青年爱国主义教育话语的进一步发展，增强了青年群众对中国特色社会主义道路、对中国共产党的认同，凝聚起社会主义现代化事业的民心和民力。

党的十八大后，中国特色社会主义进入新时代。面对百年未有之大变局，为实现"两个一百年"奋斗目标和中华民族伟大复兴，中国共产党青年爱国主义教育话语又有了更加丰富的理论与实践。具体内容将在本书第二、第三、第四章中予以讨论。

---

① 《在纪念中国共产主义青年团成立90周年大会上的讲话》，《人民日报》2012年5月5日第1版。
② 《在纪念中国共产主义青年团成立90周年大会上的讲话》，《人民日报》2012年5月5日第1版。
③ 《在纪念中国共产主义青年团成立90周年大会上的讲话》，《人民日报》2012年5月5日第1版。

四 中国共产党青年爱国主义教育话语创新的历史经验

中国共产党在进行青年爱国主义教育话语创新的过程中，不断回应新的时代主题，以时代为引擎、以"两个结合"为方法、以实践为动力，积累了许多可供吸收和借鉴的历史经验，成为引领新时代青年爱国主义教育话语实践的重要遵循。

（一）以时代为引擎，引领青年爱国主义教育话语创新

一个时代有一个时代的主题和课题，一代青年有一代青年的使命和担当。聆听时代之声、回应时代之问、破解时代之题，是青年爱国主义教育话语创新的重要引擎。恩格斯指出："每一个时代的理论思维，包括我们这个时代的理论思维，都是一种历史的产物。"[①] 历史场域作为历史事件发生的时空环境，是构成话语叙事的重要基础。中国共产党始终应时代之变迁、立时代之潮头，围绕不同阶段的时代特征，随着叙事场景变迁、党和国家中心任务转变，对青年爱国主义教育话语作出时代性构建。近代中国社会的主要矛盾是帝国主义和中华民族的矛盾、封建主义和人民大众的矛盾，革命与战争构成了这一时期党的青年爱国主义教育话语的宏大场域，中国共产党构建了以实现民族独立和人民解放为主旨要求的青年爱国主义教育话语。新中国成立后，我国开始由新民主主义社会逐步过渡为社会主义社会，社会主义革命与建设成为这一时期青年爱国主义教育话语的叙事场景和时代主题，我们党着力构建起以建设社会主义新中国为主旨要求的青年爱国主义教育话语。改革开放以后，我国开始全面转向改革开放，深入开展中国特色社会主义和社会主义现代化建设构成了这一时期党的青年爱国主义教育话语的宏大场域，中国共产党构建起以推进社会主义现代化建设为主旨要求的青年爱国主义教育话语。党的十八大以来，中国特色社会主义进入新时代，统筹实现中华民族伟大复兴的战略全局和世界百年未有之大变局两个大局成为这一时期叙事场景，我们党构建起以实现"两个一百年"奋斗目标和中华民族伟大复兴为主旨要求的青年爱国主义教育话语。百年来，中国共产党始终准确把握各个时代的社会主要矛盾，深刻把握爱国主义历史叙事场景

[①] 《马克思恩格斯文集》（第9卷），人民出版社2009年版，第436页。

的时代性，不断根据所处的历史方位调整青年爱国主义教育话语的主题、内容和方式，因时而进、因势而新，推动了青年爱国主义教育话语的创新发展。

（二）以"两个结合"为方法，推动青年爱国主义教育话语创新

我们党青年爱国主义教育话语一直坚持以马克思主义爱国主义为魂脉，用马克思主义的世界观和方法论构建起科学的青年爱国主义教育话语，以中华优秀传统文化中的爱国主义为根脉，不断汲取其中的民族立场和民族精神资源，并在中国特色爱国主义教育实践中不断深化和丰富其内涵与形式。也就是说，中国共产党青年爱国主义教育话语继承和发展了马克思主义的爱国主义思想和中国优秀传统爱国主义思想。具体来看，中华文明中蕴含的家国天下的爱国视野、大一统的护国情怀、忠孝仁义的爱国情操，同马克思主义爱国主义所主张的支持民族独立与民族解放的思想、民族问题与阶级斗争相联系的思想、爱国主义与国际主义辩证统一的思想，具有高度的契合性。中国共产党把马克思主义爱国主义思想精髓同中华优秀传统爱国主义精神文化贯通起来、同具体实际中的中国人民爱国主义价值观念融通起来，赋予了青年爱国主义教育话语以鲜明的时代特色：在新民主主义革命时期，中国共产党运用马克思主义的分析方法探索中国革命道路，调适阶级与民族之间的张力，凸显"中华民族"话语在抗日战争时期的表达，逐步形成具有鲜明中国特色的青年爱国主义教育话语；社会主义革命和建设时期，中国共产党探索社会主义建设道路，形成了青年爱国主义教育话语爱国、爱党、爱社会主义相统一的基本原则；改革开放和社会主义现代化建设新时期，中国共产党紧紧围绕社会主义现代化建设、中国特色社会主义建设，从民族精神的视角深化青年爱国主义教育，形成了新的中国共产党青年爱国主义教育话语。

（三）以实践为动力，促进青年爱国主义教育话语创新

在革命、建设、改革的不同历史时期，面对不同时期影响青年思想变化的新情况新问题，青年爱国主义教育话语总是把青年看作推动社会前进最活跃的力量，始终坚持强化自觉和能动的突出特质，正确把握青年特点、发挥青年优势、服务青年发展，引导青年做起而行之、行胜于言的忠诚爱国者。不同时期的青年思想具有不同特征，承担着不同的历

史责任，青年爱国主义教育话语在内容、方法和载体等方面也有所区别。新民主主义革命时期，紧紧围绕着"救国"事业需要，青年爱国主义教育话语强调开展马克思主义理论教育和文化政治教育，着力提升青年对"救国"的思想觉悟。社会主义革命和建设时期，青年爱国主义教育话语强调开展理论教育，促进青年与工农群众紧密结合，引导青年将个人理想之"小我"融入共产主义远大理想和中国特色社会主义共同理想的"大我"之中，全面提高青年的思想道德品质和自觉参与"兴国"建设事业的思想觉悟和本领本事。改革开放和社会主义现代化建设新时期，青年爱国主义教育话语强调从制度引领、丰富内容、创新载体等方面构建完善的实践体系，努力增强青年的国家荣誉感、责任感，增强青年自觉参与"富国"建设事业的思想觉悟。以各个时期爱国实践为动力，依据不同历史时期爱国主义教育的"特殊性"，党的青年爱国主义教育话语不断与时俱进、向前发展。

第二章

"百年大变局"下青年爱国主义教育话语的创新场域

话语本身是"一个社会互动的过程",是话语活动的人工产品与社会互动中的剩余物。[①] 这决定了话语的言说受到场域的限制,其诉求指向常折射着政治、经济、文化等多种变量在空间中的关联与博弈,如社会层次上的阶级关系,法律关系、教育关系,各类分类系统、各种规范和各种习俗等。布迪厄的场域观提出,"一个场域可以被定义为在各种位置之间存在的客观关系的一个网络或一个构型",可以体现为"在某一个社会空间之中,由特定的行动者相互关系网络所表现的各种社会力量和因素的综合体"[②]。深入分析爱国主义教育话语的政治、经济、外交、安全、科技语境领域,剖析场境中的冲突、竞赛、创造等各类因素,才能更好地理解青年爱国主义教育话语所面临的机遇和挑战。

第一节 风险的世界:世界格局之变与青年爱国主义教育话语

当代中国话语作为一种交际交往的文化实践,无时无刻不处于文化间的互依、互动、互嵌关系之中,也无时无刻不处于竞争、压迫、抵抗、合作等复杂关系之中。习近平总书记指出:"当今世界正在经历百年未有

[①] Ron Scollon, *Mediated Discourse*, New York: Addison Wese ley Longman Inc, 1998.
[②] [法]皮埃尔·布迪厄、[美]华康德:《实践与反思——反思社会学导引》,李猛、李康译,中央编译出版社1998年版,第133—134页。

之大变局。这场变局不限于一时一事、一国一域，而是深刻而宏阔的时代之变。"[1] 当前世界建立起来的以西方大国霸权为主导的话语秩序作为一种长期的、持久的不对称、不平等秩序，给青年爱国主义教育话语言说带来了不可忽视的挑战。与此同时，世界百年未有之大变局影响范围广、影响程度深、影响力度大，其在意识形态领域的交叉投射与集中反映，也为新时代爱国主义教育话语带来了新的机遇与新的挑战。

一 国际格局和力量对比加速演变

百年未有之大变局，世界经济结构与秩序正在经历裂变，国家间政治经济对抗性增强、"身份政治"回潮、全球化的前半程走到十字路口，是青年爱国主义教育话语的宏观场域。

一是西方霸权体系日渐式微，西方发展模式出现危机，出现"东升西降"和"南升北降"的趋势。冷战以来，全球治理秩序是以西方国家尤是以美国为首主导的，然而现有市场的枯竭和权力再分配导致原有秩序的瓦解。西方国家在处理物质与精神、经济与社会、资本与劳动、市场与国家、效率与民主之间出现失衡，西方民主模式呈现新的困窘，其文化价值的吸引力也逐步地下降，新自由主义在"拉美陷阱"、1997年亚洲金融危机以及2008年国际金融危机的爆发、新冠疫情等事件之下逐步失去魅力。在西亚北非乱局、乌克兰危机等事件中，西方国家惯用的"颜色革命"战略也逐渐失效，使西方民主和人权也不再具有普适性的色彩。与此同时，一批发展中国家依托新的产业革命和发展机遇崛起，对原有的世界政治格局形成冲击。尤其是中国，在实现经济跨越式发展之后，一跃成为世界第二大经济体，成为国际上第二大投资国、第一大货物进出口国，对世界经济增长的贡献率持续保持在30%以上。从经济上看，1978年中国GDP为美国GDP的9%，到2023年这一比例已经上升到72%。一般而言，国家之间竞争激烈化的程度与两者的差距有关，差距越小则竞争越激烈，中国与美国差距的缩小引发了中美竞争由"隐性"变为"显性"，由"局部"走向"全域"的变化，博弈已经成为中美关

---

[1]《坚定信心勇毅前行 共创后疫情时代美好世界》，《人民日报》2022年1月18日第2版。

系的主要表现。美国纠集一些西方国家在新疆、香港、台海、南海等问题上干涉中国内政，捏造事实，抹黑中国，并对中国恣意进行制裁。从文化上看，随着中国越来越成为世界舞台的中心，中国的政治文化模式、"一带一路"等文化影响力正呈同步上升态势，推动着世界百年未有之大变局"东升西降"的纵深发展。美国《新闻周刊》前总编辑法里德·扎卡利亚提出，我们正进入"后美国世界"，人类近代史面临"第三次重大的权力转移"。各国经济实力的变化，以及力量比和能力比的变化，也使现有的全球治理越来越不允许以某些霸权国家单方面利益为轴心。在这一变局之下，中国作为全球治理体系中正在崛起的一股重要政治力量，如何以一套科学合理的话语体系叙述自身的国家观和世界观，用恰当的话语来阐述自己的文化优势，辨明"中国事业"的正当性，解构西方政治和文化的话语樊篱，打破西方的文化霸权，凝聚全民的爱国主义力量，仍然是一个需要重视的关键领域。

二是随着逆全球化的加速发展，身份政治已成为当今世界政治图景中的普遍现象。20世纪80年代开始，在自由贸易与开放市场的浪潮下，全球化的发展从经济出发，不仅出现了相应的地区性、国际性的经济实体，而且全球化文化、生活方式、价值理念等也在实现着跨国式的碰撞、冲突和融合。各国产业在这一背景下形成了高度联结的局面，全球化快速地向前发展。国际金融危机爆发尤其是新冠疫情以后，逆全球化倾向开始出现，民粹主义的发展更加助推了这一进程。这一方面表现为贸易保护主义以各种形式在全球蔓延，一些西方国家保守主义力量泛起，强化国家对于经济全球化的干预和管制，利用权力限制、企业和资本的全球自由流动，使自由贸易理念出现边缘化，资源的全球化配置进程放缓；另一方面表现为部分国家一味地将经济持续性结构性低迷问题归因于外部因素，从而推动移民去全球化、投资去全球化等热潮。主要大国回归保守主义和国家主义立场，对于参与国际发展合作、全球经贸合作的热情和意愿在减退。在逆全球化的影响下，民族主义与民粹主义浪潮兴起，且相互借力。其中，民族主义者以保护本国经济安全为名义加大舆论造势，推动逆全球化的思潮在本国发展，民粹主义者以中下层民众为主，因新自由主义的完全市场化带来的被剥夺感，主张挑战既有秩序，反对本国的建制派及精英，斥责他们损害本国民众利益的行为。民族主义与民粹主义均带有"身份政治"色彩，逆全球化与之相互激发、互为因果，在全球范围内有愈演愈烈之势。在全球政治极化和身份政治的大背景下，人们爱国主义的情感、民族主义的情绪更为高涨，各民族、各国家间的文化壁垒也越来越深，对青年爱国主义教育话语提出了新的要求。

二　安全问题前所未有地凸显

从全球来看，冲突、新冠疫情和气候变化等多重危机交织，不确定的风险因素、全球性的风险日益变得不可控，全球社会充满了不确定性、挑战性和高风险。人类社会的可持续发展受到了严重的挑战和掣肘，"我们处于一个时而遭受偶然变故和随机事件影响的世界上，这是物质世界、生物世界和人类历史共有的命运"①。如在气候变化的大背景下，气候风险不断加剧，极端天气气候事件高频率出发，全球变暖正在加剧，因大气、水文循环系统的变化导致的极端事件变得更为常见。气候危机、环境污染和生物多样性丧失之间的复杂关联性，可能会引起连锁性的反应。新冠疫情的影响，使人类陷入一场前所未有的危机，带来全球需求萎靡、经济停滞，全球产业链与供应链遭受重创、全球化受阻。欧美地区出现失业率飙升、制造业停滞、消费下滑等危机，同时也引发多项公共卫生危机。俄乌冲突扰乱了全球供应链，使全球食品、能源和化肥市场的价格成本不断攀升，全球的生活成本危机升级。全球94个国家、16亿人正在面临粮食危机，或是能源危机，或是金融危机。《2022年世界粮食安全和营养状况》报告提示，亚洲和非洲面临严重饥饿风险人数创下历史新高，2021年全球受饥饿影响的人数比2020年增加约4600万，已达8.28亿。新冠疫情的暴发使饥饿人数累计增加1.50亿，将近31亿人口无力负担健康膳食，使2015年起原本比较稳定的世界饥饿人口比例急剧上升，2021年升至9.8%。此外，恐怖主义问题、公共卫生问题、全球数字网络冲突问题、核安全问题、粮食安全问题、人口问题、难民问题也使全球安全问题更加复杂化。在全球各国家和地区相互依存度日益增强的背景下，全球危机所引发的可能不仅是局部地区或单个社会运行系统的崩溃，

---

①　[法]埃德加·莫兰：《整体性思维：人类及世界》，陈一壮译，中国人民大学出版社2020年版，第52页。

甚至可能导致人类生命所赖以生存的地球家园的全面崩溃。

随着世界百年未有之大变局加速演进，政治、经济、文化等方面的竞争，以及以安全为原点延伸而来的溢出效应，可能引发意识形态的全面对抗。意识形态作为一种手段将成为政治、经济、文化竞争的重要依托和重要凭借。社会主义所展示出来的硬实力、引领力和塑造力正在表征出明显的优势，社会主义与资本主义的进攻与防守、封锁与反封锁、争夺与反争夺、颠覆与反颠覆、演变与反演变、渗透与反渗透、冲突与互鉴的较量将更为长期、更为复杂。与此同时，面对世界百年未有之大变局，全球进步势力、保守势力、中间势力，温和派、狂热派、疏离派等各种势力和思潮交汇交锋碰撞，人类社会陷入前所未有的撕裂状态，民族主义、民粹主义和极端势力合流，保守主义、单边主义、孤立主义等逆全球化思潮蔓延。对于青年群体来说，全球危机不确定性深刻地影响着青年群体的价值抉择，基于血缘系谱的民族认同和宗教信仰认同，也可能成为"分散"爱国主义的力量，从而制造出青年群体的多元化认同形成，形成认同结构的区隔、夹杂与对立。如何在东西方话语较量之中把握这一全球话语秩序的转折机会，加强全球危机的话语应对，不断强化青年爱国主义教育话语体系应对各类话语压力甚至话语危机的能力，引导青年科学研判、回应动态复杂国家关系和社会思潮，是青年爱国主义教育话语面临的重大挑战，也是一个重要的机遇。

三 在伟大斗争中创新青年爱国主义教育话语

当前，世界百年未有之大变局加速演进，世界之变、时代之变、历史之变正以前所未有的方式展开，世界进入新的动荡变革期。面对国际战略格局的调整和大国竞争的加剧，中国所面临的国家风险在内涵和外延上比历史上任何时期都要丰富。同时，以中国式现代化全面推进中华民族伟大复兴的发展任务与遇到的难题在极短的时间内叠加在一起。习近平总书记说过："各种敌对势力绝不会让我们顺顺利利实现中华民族伟大复兴，这就是为什么我们要郑重提醒全党必须准备进行具有许多新的历史特点的伟大斗争的一个原因。这场斗争既包括硬实力的斗争，也包括软实力的较量。"① 而在党的二十大报告中,"安全"成为热点词汇,出现 91 次,创下历年之最。报告不仅总结了新时代国家安全工作的历史成就和伟大变革,分析了当前在安全工作上存在的不足与困难,而且用专门的篇幅对国家安全工作进行安排,凸显出国家安全工作在安邦定国、维护人民根本利益方面的重要作用和地位。正如习近平总书记所指出:"主权原则不仅体现在各国主权和领土完整不容侵犯、内政不容干涉,还应该体现在各国自主选择社会制度和发展道路的权利应当得到维护,体现在各国推动经济社会发展、改善人民生活的实践应当受到尊重。"② "必须坚持国家利益至上,以人民安全为宗旨,以政治安全为根本,统筹外部安全和内部安全、国土安全和国民安全、传统安全和非传统安全、自身安全和共同安全,完善国家安全制度体系,加强国家安全能力建设,坚决维护国家主权、安全、发展利益。"③

在新的历史条件下的伟大斗争之中,国民尤其是青年国民对国家的政治忠诚至关重要。"国民是否确立对国家的政治忠诚,是建构国家认同的重要因素;而国家能否确保国民对国家的忠诚,则直接影响到国家的安全。"④ 只有人民在认知上对共同政治屋顶形成一致性认同,才能形成维护国家安全并促进国家发展的行动自觉,形成为建设国家凝聚力、向心力奠定社会心理基础,凝聚国家对内保持稳定、对外获得尊严和主权的基础性力量。正如塞缪尔·亨廷顿所强调的,"只有当人们认为自己同属一国时"⑤,国家才能稳定存在。

国民对国家的政治忠诚,在一定程度上取决于话语的表述秩序。Fair Cloughn 指出:"话语秩序的表达和重新表达是领导权争夺的关键之一。"⑥ 青年爱国主义教育话语的创新,是一种话语秩序的巩固、重述和新生,既关涉意识形态竞争的重点和关键,也是回应百年未有之大变局、助力

---

① 习近平:《论党的宣传思想工作》,中央文献出版社 2020 年版,第 120 页。
② 《习近平谈治国理政》(第 2 卷),外文出版社 2017 年版,第 523 页。
③ 习近平:《决胜全面建成小康社会 夺取新时代中国特色社会主义伟大胜利——在中国共产党第十九次全国代表大会上的报告》,人民出版社 2017 年版,第 16—17 页。
④ 左高山:《政治忠诚与国家认同》,《马克思主义与现实》2010 年第 2 期。
⑤ [美] 塞缪尔·亨廷顿:《我们是谁? 美国国家特性面临的挑战》,程克雄译,新华出版社 2005 年版,第 90 页。
⑥ Fair Cloughn, *Discourse and Social Change*, Cambridge: Polity Press, 1993.

新的历史条件下的伟大斗争的根本需要。当前，中华民族整体利益不断遭遇西方势力遏制的现实，唤醒了青年的国家忧患意识，激起了青年与国家民族同呼吸、共命运的思想自觉和立志新征程、奋进新时代的行动自觉，全体民众迸发出更加团结强劲的民族凝聚力，为青年爱国主义教育提供了良好的社会心理环境。未来需要以爱国主义教育话语为引领，引导青年群体同散布和实施分裂祖国的言行作坚决斗争，增强维护国家统一和国家主权安全的意识，团结一切可以团结的力量，调动一切积极因素，在新时代伟大斗争的历练中奋力推动中华民族伟大复兴中国梦的实现。因此，在当今世界多元思潮激荡、文化价值交锋的现实情况下，应当更加注重爱国主义教育话语在国家政治秩序、民族秩序和社会秩序整合中的重要作用，使全国民众尤其是作为祖国和民族未来的青年群体形成对国家历史、制度、道路、意识形态的稳定认同，在思想上政治上行动上达成团结和统一。

第二节　平视的世界：国家势位之变与青年爱国主义教育话语

　　用不同的视角观察世界是人类认知世界的一个基本特性。一般而言，一个国家的国民受本国历史文化、国家间总体发展格局影响，也会形成特定的观察外部世界的视角，借以评价外在对象、想象自身定位。行动主体看待外部世界的方式和"视角"不同，得出的结论可能完全不同。这种视角具体可分为俯视、平视、仰视三种。

一　"平视世界"增添了青年爱国主义教育话语的底气

　　在有关视角的影响因素中，国家的实力、本土文化经验与生命体验等因素对国民心态的影响尤为重要。人们的心态与视角往往会因为民族国家在国际关系格局中的变化、因为全球化交往经验而发生变化。在近代中国，受到鸦片战争后中国积贫积弱的国情的影响，中国人民对于西方世界采取仰视的视角，在这个世界中难以实现轻松的平视。西方政府、媒体和民众则基于经济社会的先行发展，形成了"文明人"的优越感；同时由于其宗教价值观中施教理念的影响，他们往往在国际话语空间中持"居高临下"的道德说教姿态，要与他人分享并强迫接受自认为"有价值"的东西。与此相对应，也就形成了长期以来东低西高的话语秩序——西方国家把控着对文明的主导权、定义权与制定权；东方国家则被视为尚未施以"文明"开化的野蛮国家、边缘国家。正是利用这样一套话语秩序，西方对东方施行着从管理到法律、外交，再到商业、文化等全领域的"普遍化"霸权强制系统，搭建起一个符合西方资本主义利益需求及文明标准的完全文化霸权体系。受此影响，在过去很长一段时间里，中国人的自我认同感是摇摆不定的，看待自我的心态也长期处在失衡之中。

"百年大变局"重塑了我国意识形态的"时"和"势"，中国共产党领导中国人民迎来从站起来、富起来到强起来的伟大飞跃，中国的国际地位和国际影响力与过去有着天翻地覆的变化。来自美国、俄罗斯、英国、巴西、西班牙、法国等国家的民众，也开始认为中国已进入或者正在进入世界一流强国的行列。可以说，随着中国国力的强盛和国际地位的提升，中国人民的民族自信心、民族自豪感随之上升。在国力衰弱时期产生的仰视、仰慕发达国家的心态逐渐淡化，取而代之的是体现民族自尊的平视心态，人们日益有了"平视世界"的实力和底气。习近平总书记曾说道："70后、80后、90后、00后，他们走出去看世界之前，中国已经可以平视这个世界了，也不像我们当年那么'土'了。"[1] 以此为根基，新时代人们的民族自信心不断增强，民族凝聚力和社会聚合力进一步得到激发，青年爱国主义教育话语也有了理直气壮的言说底气。

二 "平视世界"增加了青年爱国主义教育话语的资本

"平视世界"同样给爱国主义教育话语带来了话语资本，随着世界格局发生巨大变化，中国道路、中国理论、中国制度、中国文化的优越性得到越来越丰富具体的事实确证，青年爱国主义教育话语的能力支持和资源支持体系得到进一步增强。

一是"平视世界"加强了爱国主义教育话语的议程设置能力。受到长期文化霸权的影响，国家现代化、民族主义、社会主义等话语生长于

---

[1] 《平视世界有自信 奋斗实干赢未来》，《中国青年报》2023年3月9日第1版。

国际社会的历史土壤之中。"平视世界",我国需要基于国家自身发展的历程重新编码这些话语,全面加强爱国主义教育话语的议题设置能力,选择中国所特有的议题传统和议题形式来言说爱国主义教育话语,彰显中国特色爱国主义的内涵意蕴和价值原则。在新时代,我们积极发展以传统为底蕴的中国特色爱国主义教育话语的言说能力。一方面,积极继承中华优秀传统中的爱国主义教育话语,在其基础上广泛吸收借鉴外来的爱国主义教育话语经验,使爱国主义教育话语形成了符合中国文化价值和中国现实需要的议题,展现出中国话语独有的创新力和吸引力;另一方面,我们在应对重大突发事件、重大国际关切问题方面,塑造出能充分展现我国优势和特色的国家形象话语,通过及时发声、主动发声及快速发声,第一时间传播事实、表达观点,旗帜鲜明地提出中国立场和主张,积极引导国际舆论,体现主动把握中国议程的现实水平和能力。一个更加明朗的趋势是,随着"一带一路"、中国梦、"人类命运共同体"等概念的诠释与传播,"具有中国特色、中国风格、中国气派的语言形式和叙事框架"[①] 成为一个为国际社会所接受、所认可、所应用的话语实践框架,为国际社会的话语交流架构起一种话语的实践典范,为我们有效回应未来人类社会发展的价值和道德需要,提升话语的实际引导力奠定了良好的基础。

二是"平视世界"增加了爱国主义教育话语的资源资本。人们具体现实生活中所感受到国家能力、国家前途、国家骄傲,纷繁复杂的国际局势、中国特色社会主义的伟大实践和中国的快速崛起,蕴含着诸多爱国主义教育的生动素材,有助于加深青年对中国式现代化道路、中国特色社会主义制度和人类文明新形态的认知程度,加深对不同道路、理论、制度、文化和文明形态等较量的现状认识,多维度振奋青年的爱国情感。比如在经济方面,中国成为世界第二大经济体,对世界经济增长的贡献率持续保持在30%左右,顺利实现了全面建成小康社会的目标,完成了消除绝对贫困的艰巨任务。中国的发展奇迹是激发中国人民族自豪的物质基础,为爱国主义教育增添了更为厚实的话语资本。又如"中国之治"

[①] 王岩:《新时代我国主流意识形态话语权的建构路径》,《马克思主义研究》2018年第7期。

与"西方之乱"的鲜明对比,中国在一些重大工程技术如载人航天、载人深潜、高铁、港珠澳大桥等方面的突破,大国重器、大国担当、大国制造、大国工程都为爱国主义教育话语提供了生动鲜活的素材和资本。再如国家发展历史中重要的时间节点,新中国成立70周年、中国共产党成立100周年、改革开放40周年、五四运动100周年、中国共青团建团100周年等,都蕴含着无数生动的故事、鲜活的人物、伟大的精神,为爱国主义教育话语叙事夯实了资源基础。

三 "平视世界"激活了青年爱国主义教育话语的理性

改革开放以后,中国不少精英向往西方文明,渴望中国全面融入西方文明体系,将西方价值观视为符合未来社会发展方向的普世价值观。当前,在信息充分开放的背景之下,中国人拥有比历史上任何时候都要多、都要便捷的传播渠道和消息源,能够更加清晰地了解外部世界,能够更加直观地感受到"中兴西衰"的历史图景和"东升西降"的历史大势。尤其是随着中国人更多地走出国门,直观感受到了中国与其他国家的比较优势。《新时代的中国青年》白皮书提到,青年走出去看世界的需求得到更好满足,逐渐从"只在家门口转转"转变为"哪里都能去逛逛",见识阅历更加广博[①]。

随着视角的打开,西方现代化的迷思也逐步破解。西方整体走向衰落,陷入体制性困局,以及西方文明中心论的破产,解绑了"现代文明=西方文明"的主观臆断,打破了西方现代化发展的迷思。这时,中国人不再满足于做西方意识形态的"应声筒",而是产生了高度的自信与从容,能够平视这个世界。这意味着中国的年轻一代对国家的认识可以实现从"感性认知"转向"理性实践",能够以更加理性、更加自信的心态接纳善意批评,以更坚定的姿态回应攻击抹黑,以更加客观的态度应对百年未有之大变局。更为关键的是,能够在对中国发展的纵向对比和中国与世界的横向比较中、在中国和世界的关系上更加精准地给中国定位。青年主体认知实现从"生动直观"到"理性思维"的转变,为青年爱国主义教育话语的言说带来了新的机遇——青年爱国主义教育话语应

[①] 尹婕:《中国旅游洋溢青春活力》,《人民日报·海外版》2022年5月6日第12版。

当着力于通过运用科学的思维方法多维度考察把握国家、民族的价值实质,进一步促进话语受体对本土文明、对本国社会制度的肯定和认同。

第三节 圈层的世界：文化迭代之变与青年爱国主义教育话语

我国在现代化进程加速、时空压缩更明显的背景下,社会结构、利益格局、社会思潮、社会心理错综复杂且持续分化,新媒体以传播速度快、互动性强、覆盖面广、内容丰富、满足个性化需求等特点渗透到青年人的学习生活中,给青年爱国主义教育话语带来了新的挑战。

一 碎片文化：青年爱国主义教育话语接受的不完整性

网络化、日常化的话语空间发展,使信息获取零成本和快捷化,以"在场感"满足青年的交往和心理需求。同时,由于信息传播的碎片化,也容易导致受教育者对相关信息接收、认知和理解的碎片化、流动化,使国家认同产生碎片化、流动化认同的新形式,增加了青年爱国主义教育的难度。

一方面,碎片化传播载体导致爱国主义的碎片化认同。大数据时代,信息的发布与流转因传播载体的迷你化和分散化变得更加立体多维,这种传播方式摆脱了交往的时空束缚,也打破了青年人的工作、生活、学习之间的界限,使信息可以随时插入其中。而且,大数据时代人们的阅读方式发生了根本性变化,广大信息接收者更倾向简短化、碎片化的阅读,在信息超载和高速流动的状态下,为吸引民众的"眼球"和注意力,形成了"微言微语"且快速更迭的信息,导致青年人碎片化的认知心理和认知习惯,给爱国主义教育话语的传播带来了新的挑战。一是使爱国主义教育话语的传播失去了预设整体性、系统性和同质性。传统爱国主义教育话语往往以"家国""责任""担当"等大框架、大结构叙事来切入话题,逻辑链条长,叙事空间相对完整严密。当前的爱国主义教育话语即以碎片化的方式进行,虽然切入更容易快捷,但是本身的逻辑力量不足,效果更加趋于短、平、快。二是对信息进行筛选过滤与网络技术的信息推荐机制,使受教育者容易失去整体认知与把握系统性信息的能力。碎片化的传播适于轻松快乐、情绪化、博人眼球的叙事话语，造成了青年群体乐于接纳快捷、戏谑、短暂、愉悦性的叙事模式的文化消费习惯。由此，青年一代容易减少对国家和社会重要事件的关注，减弱对深层次问题的深度思考与判断，使人们对爱国主义的认识容易停留在感性化认知的层面及碎片化认知的状态。

另一方面，流动化传播内容导致爱国主义的流动性认同。齐格蒙特·鲍曼认为"流动性"是现代性事物的基本特质，当今社会正在快速地转向"流动"的现代性。[①] 无论是资本、组织、技术，还是符号、权力都处于流动中，人们的生活、生产方式也开始转向"流动"。后现代认同理论的持有者拉克劳与墨菲也认为，认同的主体是"不确定的、漂浮的、流动的"，并不是单一的或固定的形式[②]。流动性认同表现在，人们的认知世界缺乏明晰结构和任何逻辑，缺失一致性和方向感，可能对一些基本价值的认识产生质疑。而无所不在、极具渗透性的文化媒体，也意味着人们很少像一砖一瓦地建造一座房子那样，有耐心地建构自己的认同，从而导致认同的对象和认同本身的随意性和流动性倾向。在当前多元交往路径和多元媒体作用下，受教育者可以更宽泛地建构他们所处的环境或社会，甚至通过他们独特的个人信念、政见、理想、喜好等建构他们的社会环境。主体与主体间、群体内部与群体间的关系，在自由多元、虚拟流动的社会互动之下，不断地经历着解构与重构的过程，每个群体、每个主体的主体性均不断地被定义、被再造，身份认同、国家认同也不再像传统社会那样缺少变化，而是呈现一种流动性和自反性的特征。

二 信息"投喂"：青年爱国主义教育话语接受的不稳定性

"算法即权力"，权力的执行必然引发"信息茧房"等伦理困境。"信息茧房"是由美国学者凯斯·R. 桑斯坦提出的，意指"我们只听我们选择的东西和愉悦我们的东西"[③]，即个体容易被自己喜好的信息闭目

---

① ［英］齐格蒙特·鲍曼：《流动的现代性》，欧阳景根译，上海三联书店2002年版，第141—203页。

② 杨植迪：《拉克劳与墨菲的认同政治思想及其局限》，《国外社会科学》2019年第2期。

③ ［美］凯斯·R. 桑斯坦：《信息乌托邦——众人如何产生知识》，毕竞悦译，法律出版社2008年版，第7—8页。

塞听，在大数据的精准推送下"作茧自缚"。信息平台以"流量为王"的目标导向，充分利用用户历史数据，分析用户需求，并以算法推荐的形式逐步让用户产生信息依赖，从而增加浏览量并扩大收益。建立在受教育者特定思想、学习、生活以及思维方式偏好基础上的信息投放，以大量同质化信息、重复投放信息、屏蔽其他信息等方式，使受教育者易于固守在与其自身喜好相匹配的"信息茧房"中。因信息分层而分化聚集的各式"圈层"，则对青年人的爱国认知产生重要的影响，易导致青年精神世界的狭窄化和认知偏差、认知判断的非理性化、诉求表达的情绪化等问题。

一是易出现精神世界的狭窄化和认知偏差。青年人往往以自我兴趣偏好择取外界信息，算法推荐技术以此习得人们的偏好，并实现信息的精准推送。"只看想看的""不愿意看的选择不看"不知不觉成为青年习以为常的信息接受模式，个人主观体验上的愉悦与看似"自由"的初步选择隔绝了接受其他信息的可能性，使青年人信息的获取更加单一化和同质化。这不仅阻隔了他们与"圈层"以外的交流沟通，也阻隔了他们与新思想和新观点的接触，使其囿于自我舒适圈和封闭的社交链条，成为缺乏深度思考能力、缺乏意识认知能动性和价值判断独立性的"单向度的人"。更加值得注意的是，算法总是无限满足用户的偏好，使用户与算法之间形成相互规训的关系，最终会使用户沿着个人信息偏好，形成更加稳固的"信息圈层"和"信息茧房"。从群体的角度来看，也是如此。群体的"信息茧房"过分重视成员的原有共识，将使群体的日常交流偏向共同知识，主动或被动地形成了各个小群体，进而丧失了接触异见与未知的可能性。因此，倒向共同知识的群体对外则形成了"茧房壁垒"，影响着青年爱国主义教育话语对多元化圈层的渗透。

二是易产生认知判断的非理性化和诉求表达的情绪化。新时代中国公民应当具备大国心态，既忠诚于国家，又具有人类情怀。而同质化的"信息茧房"因为信息的偏狭，容易导致信息表达的情绪化和极化，使青年人极易模糊个体理性判断，用标签代替思考，势必难以建立起整体的、系统的逻辑抽象思维。其典型者如对社会精英、对资本等的政治偏见，对现实世界认识的失真，极易导致社会黏性丧失和社会群体撕裂，引发社会整体价值观离散，或走向造反、寻仇、积怨的网络民粹主义。凯斯·桑斯坦曾指出，处在"信息茧房"中的人不会全面详细地考虑事情，其成员往往会受到集体氛围的影响和浸染，他们先入为主的价值观念与行为方式等已逐渐根深蒂固①。通过"信息茧房"聚合的群体也会因为相似偏好、相同立场、类似观点形成的"回音室"，强化个体的固有观点，并且不断给予"正反馈"放大群体盲思，仿佛群体内只存在一种声音，导致群体极化现象。因此，如何在信息"投喂"的大环境下，培育青年人理性、开放、进取的爱国心态，仍是一个具有挑战的课题。

三 圈层依赖：青年爱国主义教育话语接受的不确定性

马歇尔·范阿尔泰提出"网络巴尔干化"的概念，即网络圈层体现出很强的组内同质、组间异质特征，圈层成员只会选择自己偏爱的领域并只会与意趣相投的人交流②。也就是说，网络社交圈层成员由于兴趣爱好、行为模式和价值取向的相似性，通过认异、求同、聚类三个环节自发地互相吸引、聚集，重新确立了个体身份定位并找到了志同道合者，形成一种新型的基于网络平台的亲密关系。

一是圈层化栖居。价值多元时代，受现实社会中性别、文化和社会规范的制约，在场交往造就了个体孤独与需求压抑，青年人迫切希望能够在有效倾诉中疏解压力、收获慰藉，希冀情感交流与价值认同，于是在网络中寻找与自己"三观"相同的人，融入同辈，开启社会化过程。五花八门的圈子（如二次元圈、古风圈、电竞圈、同人文圈等）"因价值观而聚合，以兴趣点而分众"，年轻人在不同的社交平台上栖居，确认追求自我的内核本质，形成不同圈群的独特风格、主题及"行话"表达方式。如青年网络聚集较多的"虎扑""豆瓣""知乎""微博"等网络平台，就分别表现了不尽相同的话语风格。"当'人以群分'后，群内成员间的信任往往高于群外。"网络圈群互相验证的准入门槛、共创的部落方言生发出现实交往中难以获得的自我认同，极大地巩固了彼此的归属依赖，塑造了圈层的共性认知。此外，圈层内部的高强度互动与持续性交

---

① 张铨洲：《"入世与出世"：青年群体网络"圈层化"的困与策》，《中国青年研究》2022年第3期。

② 王嘉、吕君怡：《"圈层化"下的青年网络爱国主义》，《探索与争鸣》2021年第3期。

往也不断推动同质性、服从性及封闭性的增强，放大"回音室效应"发生的可能性，从而助推其边界的持续固化与"内壁加厚"。

二是话语圈层化引发复杂的衍生分化。很大部分圈群成员对自己的预设是"传统的边缘人群""内卷的逃逸分子"，个体从公领域退至私领域，并专注个人事务，越发沉溺于舆论与情绪主导的虚拟网络圈群，以趣缘为基底的关系形式正取代着地缘、业缘，成为建构青年群体交往形式的主要力量，并塑造着多元化圈层的生成基底。各个趣缘圈子在互动、冲突、联盟、分化中展现出复杂的关系结构，关注于不同主题的"微博超话""豆瓣小组"等互动社群，将整体化的社会网络分割为以不同节点为核心的分散式布局，制造了一个平等但也扁平的社会舆论场。圈群内社交网络关系的窄化，引起不同圈群之间的通约性减少，造成社会交往的断裂区隔，在很大程度上解构了原有的社会结构与交往关系，造成一种信息隔离的复杂分化。与此同时，在点对面网状交流模式中，信息发布者可能有自己的意向受众，但由于传播者众多，最终的实际受众无从探知，信息交流也呈现范围变广但是不确定性增强的趋势。概言之，圈层社会下的互动和传播形态增强了信息传播和接受的不可预知性，致使青年对爱国主义教育话语的接受具有显著的不确定性，给青年爱国主义教育话语带来了新的挑战。

第四节　流动的世界：技术发展之变与青年爱国主义教育话语

世界经济新旧动能转换，移动互联网、人工智能、云计算、大数据等新一代信息技术给青年爱国主义教育话语带来了一场影响深远的科技革命和产业革命。新一代智能技术推动了数字化的迭代与升级，重塑了青年爱国主义教育的思维模式、发展模式与未来前景，特别是数字全息技术、ChatGPT技术、虚拟现实技术等，为构建一个虚实共生的全息数字世界提供了平台。可以说，新一代智能技术重塑了青年爱国主义教育的信息环境、社会环境甚至文化环境，深刻改变了爱国主义教育话语的实践场域与实践样貌，为青年爱国主义教育话语带来了新的话语生产端口、新的话语交互场域、新的话语社会资本。

一　新的话语生产端口

当前，身份政治方兴未艾。身份政治实践从个体性生活体验出发，"要求人们主动建构对自身特殊身份的认同，结成特定的身份群体，要求社会承认其特殊的身份权利，并为此开展群体性行动。由其建构的群体身份，反过来又会影响乃至限制他们的社会认同。这些群体中的人的社会诉求和政治立场，往往受其狭隘的身份（认同）所局限"[①]。卡斯特就曾认为，"没有一种身份是本质性的""认同是人们意义与经验的来源"，"也是由行动者经由个别化的过程而建构的"[②]。由此可见，身份政治与国家认同并不是一致的，身份政治作为一种认同政治，不注重对国家、民族宏观层面的认同，而是将重心放在对某一特定群体的认同上。虚拟端口的开启使身份认同更加复杂，事实上数据世界为身份政治提供了更多的条件和可能。

与现实群体结群基础相比，数据世界身份与现实身份既有重合性，也有分化性。国家、社会、民众在网络数字空间中进行的活动越来越多，"这个由计算机、卫星、缆线、各中心终端连接而成的网络，将政治、军事、商贸、金融、交通等各行各业，政府、非政府组织、企业与个人等各类主体相连接，由此成为当今世界、主权国家赖以正常运转的'神经系统'"[③]。可以说，网络数字空间正在成为主权国家除传统意义上领土、领水、领海、领空之外的一个空间，这个空间尚未得到明确的界定，与传统的"疆域"并不相关。加上由于数据世界中的群体结群成本低，群体主体身份不断被定义和再造，在数据空间的身份远不再像传统社会那样稳固。可以说，穿梭于混合现实的人随时并存着真身、具身、数字化身和变动不居的主体分身，身份更具复杂性、模糊性、不确定性。当个体既作为现实中的存在，又作为数字空间的存在，就会产生如何安排双重身份次序和层级的困惑，如果无法有效整合双重身份，就会游离于两

[①] 吴理财：《身份政治：意蕴及批评》，《云南大学学报》（社会科学版）2022年第6期。

[②] ［西］曼纽尔·卡斯特：《认同的力量》，曹荣湘译，社会科学文献出版社2006年版，第2、3、5页。

[③] 洪鼎芝：《信息时代：正在变革的世界》，世界知识出版社2015年版，第54页。

种身份之间，身份认知变得模糊、混沌甚至陷入"无身份"的境况。身份与认同直接关联，无论是身份认知的对立还是身份认知的无序，都会阻碍个体国家认同的形成。因此，解决未来数字空间中的身份之惑，成为青年爱国主义教育话语需要解决的难题。

二 新的话语交互场域

一方面，新一代信息技术带来更广大的交互场域。人工智能、元宇宙等技术作为话语传播介体，融入爱国主义教育话语场景的建构，在虚拟与现实、历史与现实多维时空发生持存、积累、沉淀和再生，延伸了爱国主义教育的"话语场"。可以说，新一代信息技术彻底解决了信息的自由流动问题，消除了社会交往的物理距离，正在实现人脑延伸和意识再造，人与机器、人与人在整体智能层面上的平等、无障碍的沟通已经不成为问题。比如 ChatGPT 是聊天机器人程序，能够通过学习和理解人类的语言进行对话，其对上下文的理解和互动能力已经与自然人不相上下，而且理解力、逻辑性更强。又如融合了虚拟现实、增强现实等沉浸技术的元宇宙，正在开创一个相对独立的文明体系，能够为人们提供一种与真实生活空间完全类似的沉浸式虚拟体验。在元宇宙中，人们不再局限于居住环境的地理和物理空间，而是朝向更加广阔的虚拟空间延伸。不断延伸的交往世界为爱国主义教育话语创造了全新的叙事空间，拓展了人们社会关系的虚拟场域，大幅提升了社会互动的复杂性和多样性。更加可能的展望是，数字交往也建构出不断迭代的"数字人"，数字生命的数据交往将是一种全新的交互场域，人的现实行为和虚拟行为逐步混同，并被数字交往的逻辑"语法化"，将为爱国主义教育话语带来新的挑战、新的课题。

另一方面，新一代的信息技术带来更加流动的交互场域。美国学者曼纽尔·卡斯特认为，"人—移动终端—人"的间接互动方式与实质社群中"人—人"的直接互动方式不同，传播的去中心化与受众的碎片化使依赖受众端的虚拟社群关系表现出流动多变、随聚随散的组织特征[①]。数

---

① ［西］曼纽尔·卡斯特：《网络社会的崛起》，夏铸九译，社会科学文献出版社 2001 年版，第 105 页。

据世界的底层技术逻辑，即去掉了中心交换节点，形成各个节点相对独立、相互连接的非线性网络，这其实是一种高度流动性的交互场域。正如卡斯特所指出的，网络社会的"流动性"在社交媒介中体现得更明显。如元宇宙可以复制现实身份，并能使交往主体在身份上实现无限制流动和跨越。元宇宙中个体在虚拟空间中不断切换主体身份寻找自我效能感，同时交往人身处多个社会群体之中，能够实现每天在元宇宙空间中的自由流动、随时进退，实现对不同交往关系的重组。建立在虚拟空间的数据社交关系使主体可以不再局限于物质空间和现实身份，能够轻松地进行虚拟关系与虚拟身份的空间组合或空间转移。彭特兰提出"想法流动"的概念，正是流动交互所带来的必然结果。在想法流动的场域内，更需要进一步建设"话语共识域"，以坚固的观念共识抵御"想法的流动"，从而使爱国主义教育话语能够真正介入受教育者的思想和行为实践，化为青年人稳固的爱国思想和报国行为。

三 新的话语社会资本

社会的网络构成在关系与关系结构中流动着社会资本。福山在《大断裂：人类本性与社会秩序的重建》中将社会资本定义为一套为某一群体成员所共享的，并能使其形成合作的非正式的价值和规范。社会信任作为一种社会资本，是交换与交流的媒介，能够充当"润滑剂"，有效降低道德风险和交易成本，成为促进关系建立的重要因素，帮助集体和组织的运转更加有效，能够使一个复杂社会中的不同群体得以真正团结在一起，这是爱国主义教育话语生根生效的社会基础。爱国主义教育工作对受教育者的影响往往是"无形"的。越是"无形"的，越需要注重爱国主义教育的言说者与接受者之间的社会资本培育，从一种真实的、融洽的社会关系中，从由隐形资源所构成的"情感资本"中，开展爱国主义教育言说。

由于人际交往的形式和场域向新的数据空间拓展，正在生成新形式的社会资本——数字社会资本。数字社会资本融于网络数据载体之内，具有承载、交流、整合、创造、激活等功能，促进主体社会实践卓有成效开展的资源总和。它不仅是一种生产要素，也是一种社会实践载体、思维方式、行为模式和能量源泉。"要创建社会资本，首先要培养人与人之间的信任，而交往是产生信任的前提。"[1] 在当代社会，人们在激烈的社会竞争情境之下容易对现实关系充满警惕性，关于自由、陪伴、信任、分享、合作的精神需求往往无法得到满足。数字技术的进化填补了这一缺陷，数字技术以其深度学习的能力和绝对"忠诚"的陪伴，为人们提供了分享和聚集的不间断性场域，建构了一个可供情感慰藉的网络空间，满足在现实社会无法实现的精神需求。在这样的网络空间里，志同道合的人可以跨越现实社会中的时空距离、阶层距离、性别距离和信仰距离等，快速产生基于相互认同的连接，使人际信任网络和数据社会资本得以建立，为青年爱国主义教育话语带来了新的有利场域。当然，从另一方面来说，数字社会资本的大量出现，也会使社会关系变得更加复杂，从而导致数字群体的多维化发展，公共对话因群体隔阂而变得愈加困难，社会共识更加难以形成。

---

[1] 冉文伟：《社会资本理论对高校思想政治教育的启示》，《理论月刊》2007年第8期。

第三章

"百年大变局"下青年爱国主义教育话语的创新现状

面对世界百年未有之大变局、中国特色社会主义进入新时代，中国青年爱国主义教育出现了新概念、新范畴、新符号、新话题，出现了新主体、新方略、新目的，出现了新媒介、新渠道等，进而形成了话语的新要素、新机制、新体系，呈现从单一到多元的蓬勃发展的总体特征。更具体地看，当前中国青年爱国主义教育话语存在官方话语、民间话语及融合话语等基本类型，本章将从理论叙事、主流叙事、破圈叙事、融合叙事四个层面探讨当前青年爱国主义教育话语创新的现状。其中，党和国家文件中青年爱国主义教育官方话语是爱国主义教育话语的"理论叙事"，为"百年大变局"下青年爱国主义教育提供了"话语框架"的结构性功能；官方青年爱国主义教育话语实践是青年爱国主义教育的"主流叙事"，具有一定的体系性和权威性；民间话语是与官方话语相对的、来自青年群众自己的爱国主义教育话语"破圈叙事"，青年人爱国主义教育的自我表达是青年爱国主义教育话语实践中最活跃、最多元、最流动的部分，充满了鲜活性和创新性；官方话语与民间话语的相互交融成就了青年爱国主义教育话语的"融合叙事"，体现了"百年大变局"下不同话语主体和话语载体的主动对接以求创新的趋势，为新时代话语创新提供了新的可能。

第一节 "百年大变局"下青年爱国主义教育话语的理论叙事创新

"理论叙事"是指党和国家文件中的爱国主义教育话语。爱国主义教育的理论叙事对"百年大变局"下"什么是爱国主义""为什么要弘扬爱国主义""怎样弘扬爱国主义"等基本问题进行了回答，为青年爱国主义教育话语提供了"话语框架"。本福特和斯诺认为"框架"就是"一种解释性图式""它通过有选择地对客体、情势、时间、经验和行为序列进行强调和编码，简化和凝聚'外部世界'，并由此引导个体去'定位、感知、识别和确认'发生在他们生活空间和这个世界的各种事件"。[①] 话语框架十分重要，它直接影响到认知的图式，决定着价值的方向。爱国主义教育的理论叙事在青年爱国主义教育话语的总体图谱里，就体现了一种"话语框架"的功能，通过对新时代爱国主义教育定位、主题、本质、落脚点、新视野、重点、保障等结构性元素的设置，党和国家掌握了青年爱国主义教育话语的编码规则，指导着青年爱国主义教育的话语实践。

一 定位：爱国主义是民族精神的核心

习近平总书记在 2012 年 11 月 29 日参观《复兴之路》展览时讲道，"近代以后，中华民族遭受的苦难之重、付出的牺牲之大，在世界历史上都是罕见的。但是，中国人民从不屈服，不断奋起抗争，终于掌握了自己的命运，开始了建设自己国家的伟大进程，充分展示了以爱国主义为核心的伟大民族精神"[②]。2013 年 3 月 17 日，习近平总书记在第十二届全国人民代表大会第一次会议上指出："实现中国梦必须弘扬中国精神。这就是以爱国主义为核心的民族精神，以改革创新为核心的时代精神。这种精神是凝心聚力的兴国之魂、强国之魂。爱国主义始终是把中华民族

[①] 玛利亚·邦德等：《意识形态变迁与中共的合法性：以官方话语框架为视角》，《国外理论动态》2013 年第 8 期。

[②] 习近平：《论中国共产党历史》，中央文献出版社 2021 年版，第 1—2 页。

坚强团结在一起的精神力量，改革创新始终是鞭策我们在改革开放中与时俱进的精神力量。"① 此后，在纪念中国人民抗日战争暨世界反法西斯战争胜利69周年座谈会、纪念五四运动100周年大会上的讲话中，习近平总书记再次强调："爱国主义是我们民族精神的核心。"② 爱国主义是民族精神的核心，因为爱国主义是中华民族精神形成的内在机理、贯穿中华民族精神历史的始终，也是推动中华民族精神发展的强大动力。

首先，中华民族精神的形成是以爱国主义为内在机理的。中华民族由汉族与历史上的匈奴、鲜卑、羯、氐、羌等多个民族融合而成，并在历史长河中不断进行文化整合，成为一个生命力强大的有机整体。中华文化之所以能够吸纳众多风格不一、价值多元的文化元素，锻造出中华民族的整体精神，有赖于爱国主义在其中的重要黏合作用。正是在爱国主义的引导下，各民族逐步认识到中华民族是一个你中有我、我中有你的整体，提升了对中华民族的自发认同和情感依赖，锻造出中华民族共同的精神体系。在这一过程中，爱国主义文化在发展中积极吸收有益于中华民族整体性发展的优秀文化，同时对不利于中华民族整体性发展的文化观念进行筛查汰洗，形成了有利于国家和民族长远发展的文化体系。有了爱国主义文化作基石，中华民族在历史上虽然历经动荡与分裂，中华文化虽然不断遭受打击和破坏，但最终以顽强的文化韧性延绵数千年，形成了共有的民族意识、民族文化、民族性格、民族价值观等，使中华民族不断焕发出强大的凝聚力。

其次，爱国主义始终贯穿中华民族精神的历史脉络。习近平总书记指出："历史深刻表明，爱国主义自古以来就流淌在中华民族血脉之中，去不掉，打不破，灭不了，是中国人民和中华民族维护民族独立和民族尊严的强大精神动力，只要高举爱国主义的伟大旗帜，中国人民和中华民族就能在改造中国、改造世界的拼搏中迸发出排山倒海的历史伟力！"③ 自中华民族开始繁衍生息，爱国主义便如同一条红线贯穿各个

---

① 《在第十二届全国人民代表大会第一次会议上的讲话》，《人民日报》2013年3月18日第1版。
② 《在纪念五四运动100周年大会上的讲话》，《人民日报》2019年5月1日第2版。
③ 《在纪念五四运动100周年大会上的讲话》，《人民日报》2019年5月1日第2版。

时代的价值追求、思想主题与精神传统之中。先秦时期，爱国主义作为一种朴素形态，表现为人们对原乡土地的眷恋之情、对地域共同体的归属意识和对家国的爱护与守卫意志。封建社会时期，爱国主义着眼于如何治国安邦，如何除患祛弊，如何反对分裂，如何反抗民族压迫，展现出一种革旧布新、胸怀天下、维护统一和抗击外敌的爱国精神。随着古典爱国主义向近代爱国主义转型，面对近代社会，爱国主义以反抗帝国主义和封建主义、官僚资本主义，保卫国家主权为主线，体现出一种救亡图存、抵御外侮的卫国精神和革命精神。中华民族最终走向民族独立、实现民族解放，是以爱国主义为核心的伟大民族精神的胜利。

最后，爱国主义是推动中华民族精神发展的强大动力。2015年12月习近平总书记指出："伟大的事业需要伟大的精神。实现中华民族伟大复兴的中国梦，是当代中国爱国主义的鲜明主题。要大力弘扬伟大爱国主义精神，大力弘扬以改革创新为核心的时代精神，为实现中华民族伟大复兴的中国梦提供共同精神支柱和强大精神动力。"[1] 2020年9月3日在纪念中国人民抗日战争暨世界反法西斯战争胜利75周年座谈会上，习近平总书记指出："爱国主义是激励中国人民维护民族独立和民族尊严、在历史洪流中奋勇向前的强大精神动力，是驱动中华民族这艘航船乘风破浪、奋勇前行的强劲引擎，是引领中国人民和中华民族迸发排山倒海的历史伟力、战胜前进道路上一切艰难险阻的壮丽旗帜！"[2] 爱国主义所体现的为家为国无私奉献的精神境界，始终是中华民族精神不断发展的内在力量。当前，爱国主义为新时代中国特色社会主义事业发展提供了强大的精神动力，能够凝聚奋斗的力量，使全体人民心往一处想、劲往一处使，生长出吃苦耐劳、敬业奉献的实干精神和锐意进取、奋勇争先的拼搏精神，形成无坚不摧的强大力量，驱动中华民族精神向前发展。

---

[1]《大力弘扬伟大爱国主义精神　为实现中国梦提供精神支柱》，《人民日报》2015年12月31日第1版。

[2]《在纪念中国人民抗日战争暨世界反法西斯战争胜利75周年座谈会上的讲话》，《人民日报》2020年9月4日第2版。

二 主题：实现中华民族伟大复兴

爱国主义教育话语主题是建立在人们对国家发展及其阶段性主题的总体把握基础之上的。国家发展的主题和任务牵引着爱国主义教育话语的流动方向，构成了爱国主义教育话语的主题。爱国主义教育话语的实效，也取决于爱国主义教育话语能否与国家发展的阶段性主题形成对应，能否凝聚起全体国民的力量，解决党和国家在当前发展阶段所面对的主要任务。

习近平总书记指出："一百年来，中国共产党团结带领中国人民进行的一切奋斗、一切牺牲、一切创造，归结起来就是一个主题：实现中华民族伟大复兴。"[①] 中华民族伟大复兴是近代以来中国人民的奋斗目标，因中华民族伟大复兴在不同发展时期表现出不同的任务内容，成为爱国主义教育主题变化的重要依据。新民主主义革命时期，尤其是中华民族危在旦夕之时，爱国主义教育的主题就是反抗侵略，推翻"三座大山"，救国于危亡之中，成立新中国。社会主义革命和建设时期，中华民族面临改变一穷二白的国家面貌的重要任务，爱国主义的主题就是发动全体国民积极投入社会主义建设，为民族复兴奠定社会主义的经济基础、根本的政治前提以及制度体系基础。改革开放和社会主义现代化建设时期，爱国主义教育主题通过动员人民在党的领导下积极开创、发展和捍卫中国特色社会主义事业，推进改革开放，建构民族复兴所需要的坚强体制保证和强劲发展动力。中国特色社会主义进入新时代，中华民族迎来了从站起来、富起来到强起来的伟大飞跃，新目标、新任务和新要求赋予了爱国主义新内涵。党的二十大报告明确指出，"中国共产党的中心任务就是团结带领全国各族人民全面建成社会主义现代化强国、实现第二个百年奋斗目标"，强调"以中国式现代化全面推进中华民族伟大复兴"[②]。当前，"我们比历史上任何时期都更接近中华民族伟大复兴的目标，比历

---

① 习近平：《在庆祝中国共产党成立100周年大会上的讲话》，人民出版社2021年版，第3页。

② 《高举中国特色社会主义伟大旗帜　为全面建设社会主义现代化国家而团结奋斗——在中国共产党第二十次全国代表大会上的报告》，《人民日报》2022年10月26日第1版。

史上任何时期都更有信心、有能力实现这个目标"。① 新时代新征程，通过大力弘扬伟大爱国主义精神，大力弘扬以改革创新为核心的时代精神，以中国式现代化全面推进中华民族伟大复兴，将国家、民族和个人的奋斗力量统合起来，为实现中华民族伟大复兴的中国梦提供精神支柱和精神动力。

三 本质：坚持爱党爱国爱社会主义相统一

爱国主义是一个政治范畴，无论是在社会主义国家还是在资本主义国家，爱国主义都具有政治特性。因此，新时代爱国主义教育并非普遍意义上基于地缘、血缘与文化认同的爱国主义，而是在此基础上对国家、对中国共产党、对中国特色社会主义的热爱与认同的爱国主义。这体现为全体国民对党和国家的政治制度安排、政策决议等的合法性、科学性、有效性认同，对执政党的执政理念、政治信仰、意识形态、价值推崇的自觉认同、归属、服从与效忠等。爱党爱国爱社会主义在这里展现出一致性。早在1961年，《中华人民共和国教育部直属高等学校暂行工作条例（草案）》就指出，要培养"具有爱国主义和国际主义精神，具有共产主义道德品质，拥护共产党的领导，拥护社会主义，愿为社会主义事业服务、为人民服务"的青年。② 同年发布的《中共中央关于在农村进行社会主义教育的指示》也提出要"不断地用社会主义的思想教育农民，不断地提高农民群众的政治觉悟和爱国热情"，"向农民宣传社会主义、集体主义和爱国主义"。③ 1983年，《关于加强爱国主义宣传教育的意见》用历史事实阐述了"只有社会主义能够救中国"这一命题，提出在当时爱国主义就是要体现在"献身于建设和保卫社会主义现代化事业，献身于促进祖国统一事业"等方面。④ 改革开放深入发展时期，面对社会主义

---

① 《承前启后继往开来继续朝着中华民族伟大复兴目标奋勇前进》，《人民日报》2012年11月30日第1版。

② 《中华人民共和国教育部直属高等学校暂行工作条例（草案）》，北京，1961年，第2页。

③ 《建国以来重要文献选编（1961年）》（第14册），中央文献出版社2011年版，第766、770页。

④ 《江泽民文选》（第1卷），人民出版社2006年版，第121页。

市场经济和经济全球化浪潮，如何看待爱国主义与爱社会主义、爱中国共产党之间的关系，更是一个事关中国特色社会主义事业发展前景的重要问题。为此，江泽民同志指出："在当代中国，爱国主义和社会主义本质上是统一的。"① 1994年，《纲要》明确提出"爱国主义与社会主义本质上是一致"的清晰命题。进入中国特色社会主义新时代，中华人民共和国、中国共产党、中国特色社会主义更加紧密发展成一个命运与共的整体。习近平总书记将爱国和爱党、爱社会主义的高度统一视为爱国主义的本质，在2018年9月10日全国教育大会上明确指出，"只有坚持爱国和爱党爱社会主义相统一，爱国主义才是鲜活的、真实的，这是当代中国爱国主义精神最重要的体现。要教育引导学生热爱和拥护中国共产党，立志听党话、跟党走，立志扎根人民、奉献国家"②。2019年颁布的《新时代爱国主义教育实施纲要》则在"总体要求"中开宗明义，提出坚持爱党爱国爱社会主义相统一，把"爱党"置于"爱国""爱社会主义"之前。

坚持爱党爱国爱社会主义相统一，是因为"新中国是中国共产党领导的社会主义国家，祖国的命运与党的命运、社会主义的命运密不可分"③。我国宪法明确规定："中华人民共和国是工人阶级领导的、以工农联盟为基础的人民民主专政的社会主义国家。社会主义制度是中华人民共和国的根本制度。中国共产党领导是中国特色社会主义最本质的特征。"④ 坚持爱国与爱党、爱社会主义高度统一，要求我们在爱国主义教育中将坚持党的领导放首位，引导青年深刻认识到坚持党的领导、坚持走中国特色社会主义道路是实现国家富强的根本保障和必由之路。习近平总书记在2016年11月11日纪念孙中山先生诞辰150周年大会上指出："爱国主义是具体的、现实的。在当代中国，弘扬爱国主义就必须深刻认识到，中国共产党领导和中国社会主义制度必须长期坚持，不可动摇；中国共产党领导中国人民开辟的中国特色社会主义必须长期坚持，

---

① 《江泽民文选》（第1卷），人民出版社2006年版，第121页。
② 习近平：《论党的宣传思想工作》，中央文献出版社2020年版，第178页。
③ 《新时代爱国主义教育实施纲要》，人民出版社2019年版，第2页。
④ 《中华人民共和国常用法律大全》，法律出版社2019年版，第3页。

不可动摇；中国共产党和中国人民扎根中国大地、借鉴人类文明优秀成果、独立自主实现国家发展的大政方针必须长期坚持，不可动摇。"① 这三个"不可动摇"，阐明了爱国主义教育坚持爱国与爱党、爱社会主义相统一的本质要求。首先，"中国共产党领导和中国社会主义制度"不可动摇。中国是中国共产党领导的社会主义中国，社会主义集中代表着、体现着、实现着国家、民族和人民的根本利益，只有坚持中国共产党的领导和中国社会主义制度，才是"实现国家富强的根本保障和必由之路"②。其次，"中国共产党领导中国人民开辟的中国特色社会主义"不可动摇。中国特色社会主义制度所具有的显著优势，是国家富强的根本保障，决定了我国爱国主义的性质和方向指引。我们提倡的爱国主义，就是将坚持和发展中国特色社会主义作为爱国主义教育的核心任务，"以坚定的信念、真挚的情感把新时代中国特色社会主义一以贯之进行下去"。③ 就是坚持中国特色社会主义制度的独有优势，将国家、民族和人民的根本利益放在第一位，为祖国的独立和富强、为人民的解放和幸福贡献力量。最后，"中国共产党和中国人民扎根中国大地、借鉴人类文明优秀成果、独立自主实现国家发展的大政方针"不可动摇。中华文明是世界上唯一没有中断并持续发展的古老文明，这是中国共产党和中国人民坚持扎根中国大地、独立自主发展的基点和底气。正是立足中国实践，坚持中国的事情由中国人民自己作主，我们才坚定不移地走出一条属于中国自己的康庄大道，实现了从站起来、富起来到强起来的伟大飞跃。青年爱国主义教育就是要增强青年群体的道路自信、理论自信、制度自信、文化自信，教育青年人坚持把国家和民族发展放在自己力量的基点上，扎根本国土壤，同时兼收并蓄，在不忘本来中吸收外来，"坚定不移沿着中国特色社会主义道路守护好、建设好我们伟大的国家"。④

---

① 习近平：《在纪念孙中山先生诞辰150周年大会上的讲话》，人民出版社2016年版，第6页。
② 《新时代爱国主义教育实施纲要》，人民出版社2019年版，第3页。
③ 《新时代爱国主义教育实施纲要》，人民出版社2019年版，第2—3页。
④ 《在纪念孙中山先生诞辰150周年大会上的讲话》，《人民日报》2016年11月12日第2版。

四 落脚点：维护祖国统一和民族团结

国家统一和民族团结，是中华民族的根本利益所在，也是弘扬爱国主义精神的重要着力点和落脚点。习近平总书记指出："要教育引导全国各族人民像爱护自己的眼睛一样珍惜民族团结，维护全国各族人民大团结的政治局面，不断增强对伟大祖国、中华民族、中华文化、中国共产党、中国特色社会主义的认同，坚决维护国家主权、安全、发展利益，旗帜鲜明反对分裂国家图谋、破坏民族团结的言行，筑牢国家统一、民族团结、社会稳定的铜墙铁壁。"[1]

一方面，维护国家主权和领土完整，坚定中国统一，是全体中华儿女的愿望，也是中华民族伟大复兴、国家繁荣昌盛不可或缺的历史前提和根本保证，是我国的根本利益所在。处于半殖民地半封建社会的中国，国家一盘散沙，危在旦夕，人民流离失所。直到新中国成立，国家发展和人民生活环境安定下来，才有了随之而来的大繁荣大发展。面对"台独""港独""疆独""藏独"等分裂反动势力，面对不断挑战我国主权统一、领土完整的事件，青年爱国主义教育话语通过把握中华民族伟大复兴的时与势，始终着眼于增强反"独"促统力量的信心和勇气，提升矢志追求国家统一的精气神，凝聚起了坚定推进国家完全统一的意志、决心和磅礴伟力。

另一方面，铸牢中华民族共同体意识，解决好民族问题、促进民族团结，事关边疆的巩固、国家的长治久安、中华民族的繁荣昌盛。中华民族共同体意识是国家统一之基、民族团结之本、精神力量之魂。铸牢中华民族共同体意识和爱国主义教育内容契合、目标一致。新民主主义革命时期，中国共产党推动各族人民凝聚成抗日民族统一战线，加速了中华民族共同体从自在向自觉认同演变的历史进程。新中国成立后，开展民族识别、确认民族成份，消除历史遗留的民族歧视，建立起平等团结、友爱互助的社会主义新型民族关系。改革开放后，通过在少数民族地区深入开展爱国主义教育和民族团结进步教育，弘扬社会主义核心价

---

[1] 《大力弘扬伟大爱国主义精神　为实现中国梦提供精神支柱》，《人民日报》2015年12月31日第1版。

值观,大力弘扬以爱国主义为核心的民族精神,进一步深化了中华民族共同体意识。党的十八大以来,以习近平同志为核心的党中央提出了铸牢中华民族共同体意识这一重大原创性论断,将其确立为新时代党的民族工作和民族地区各项工作的主线,成为引领新时代党的民族工作和民族地区各项工作高质量发展的旗帜和灵魂。习近平总书记2015年9月在会见基层民族团结优秀代表时强调,"各民族同胞要手足相亲、守望相助,共同维护民族团结、国家统一。大家要行动起来,一起做交流、培养、融洽感情的工作,努力创造各族群众共居、共学、共事、共乐的社会条件,增强各族群众对伟大祖国、中华民族、中华文化、中国共产党、中国特色社会主义的认同,向着伟大理想去奋斗"①。2019年出台的《关于全面深入持久开展民族团结进步创建工作铸牢中华民族共同体意识的意见》提出,要"引导各族人民牢固树立休戚与共、荣辱与共、生死与共、命运与共的共同体理念"②。历史告诉我们,民族分裂只会导致社会动荡、国家衰败、民不聊生,唯有维护多民族国家的统一,团结起来反抗帝国主义者的侵略,社会才能稳定发展、人民才能安居乐业。爱国主义精神是中华民族精神的核心,是把中华民族坚强团结在一起的强大精神力量。青年爱国主义教育话语要成为鼓舞中华民族团结一致的奋斗旗帜,坚定不移地巩固和发展平等团结互助和谐的社会主义民族关系,铸牢中华民族共同体意识,推动各族青年群众坚定对伟大祖国、中华民族、中华文化、中国共产党、中国特色社会主义的高度认同,引导各族青年群众自觉把国家的安全、荣誉和利益放在高于一切的位置,把爱国情、强国志、报国行自觉融入坚持和发展中国特色社会主义事业、实现中华民族伟大复兴的奋斗。

五 新视野:坚持爱国主义与胸怀天下有机融合

当今世界全球化的大趋势与逆全球化的大潮流交织交融,在此背景下国家主权的维护、国家安全的保卫显得尤为重要。爱国主义教育话语

---

① 《中华民族一家亲同心共筑中国梦》,《人民日报》2015年10月1日第1版。
② 《以铸牢中华民族共同体意识为主线 推动新时代党的民族工作高质量发展》,《人民日报》2021年8月29日第1版。

首先要立足中华民族之维护，注重维护我国国家发展的独立性。通过引导人们始终立足中国和中华民族发展的根本利益和奋斗目标，先"国家"之忧而忧，做好应对危害我国主权、安全、发展利益，我国核心利益和重大原则，我国人民根本利益各类风险挑战的理论准备和实践准备。与此同时，爱国主义教育话语要处理好立足中国与面向世界的辩证关系，从本国利益出发，置于构建人类文明新形态、人类命运共同体的全球视野中予以考量，超越狭隘的民族主义。习近平总书记指出："中国的命运与世界的命运紧密相关。我们要把弘扬爱国主义精神与扩大对外开放结合进来，尊重各国的历史特点、文化传统，尊重各国人民选择的发展道路，善于从不同文明中寻求智慧、汲取营养，增强中华文明生机活力。我们要积极倡导求同存异、交流互鉴，促进不同国度、不同文明相互借鉴、共同进步，共同推动人类文明发展进步。"[1] 中国问题的解决离不开世界问题的解决，中国梦的实现离不开稳定的国际秩序与和平的国际环境。坚持爱国主义与胸怀天下有机融合，就是要把秉持中国立场和兼具国际视野统一起来，拓展世界眼光，展现负责任大国担当，借鉴吸收人类一切优秀文明成果，提升我国爱国主义教育话语的国际影响力、感召力、塑造力。以马克思主义的国际主义视野构建起来的人类命运共同体赋予了爱国主义教育全新的时代视野，使爱国主义具有了将中国的发展与世界的发展紧密相连、中国人民利益与世界人民利益紧密结合的新视野，具有了将民族国家的发展与全人类进步相统一的人类情怀。这要求我们在爱国主义教育话语的建设之中，对人类前途命运报以深切的关注，大力弘扬全人类共同价值，深刻洞察人类发展进步潮流，共同培育全球发展新动能，为解决人类面临的共同问题作出贡献。要求我们"以文明交流超越文明隔阂、文明互鉴超越文明冲突、文明共存超越文明优越"[2]，在尊重世界文明多样性的过程中实现美人之美、美美与共的共同发展，构建人类命运共同体，书写人类文明新形态。

---

[1] 《大力弘扬伟大爱国主义精神　为实现中国梦提供精神支柱》，《人民日报》2015年12月31日第1版。

[2] 习近平：《决胜全面建成小康社会　夺取新时代中国特色社会主义伟大胜利——在中国共产党第十九次全国代表大会上的报告》，人民出版社2017年版，第15页。

六 重点：青少年爱国主义教育

青年被寄托着传承民族精神、实现民族复兴的期望。青年时期也是爱国主义意识形成、发展和成熟的重要阶段，青少年爱国主义教育一直被视为爱国主义教育的重中之重。面向新时代青年，习近平总书记反复强调青年"爱国"情怀的重要性。2015年12月，习近平总书记在中共中央政治局第二十九次集体学习时强调，要结合社会主义核心价值观的弘扬和践行，"在广大青少年中开展深入、持久、生动的爱国主义宣传教育，让爱国主义精神在广大青少年心中牢牢扎根，让广大青少年培养爱国之情、砥砺强国之志、实践报国之行，让爱国主义精神代代相传、发扬光大"[①]。2018年5月2日，习近平总书记在北京大学举行师生座谈会时对青年学生谈道，"气节也好，人格也好，爱国是第一位的"，提出我们作为中华儿女"要了解中华民族历史，秉承中华文化基因，有民族自豪感和文化自信心"，在行动上"要时时想到国家，处处想到人民，做到'利于国者爱之，害于国者恶之'"[②]。2019年4月30日，习近平总书记在纪念五四运动100周年大会上又对新时代中国青年提出要求，要求青年"听党话、跟党走，胸怀忧国忧民之心、爱国爱民之情，不断奉献祖国、奉献人民，以一生的真情投入、一辈子的顽强奋斗体现爱国主义情怀，让爱国主义的伟大旗帜始终在心中高高飘扬！"[③] 2021年4月19日，习近平总书记在清华大学考察时再次对当代中国青年发声，他说，"当代中国青年"是与新时代同向同行、共同前进的一代，"生逢盛世，肩负重任"。在新时代的背景之下，"广大青年要爱国爱民，从党史学习中激发信仰、获得启发、汲取力量，不断坚定'四个自信'，不断增强做中国人的志气、骨气、底气，树立为祖国为人民永久奋斗、赤诚奉献的坚定理想"[④]。

面对教书育人的主体队伍，习近平总书记则强调厚植青年学生爱国

[①]《大力弘扬伟大爱国主义精神　为实现中国梦提供精神支柱》，《人民日报》2015年12月31日第1版。

[②]《习近平在北京大学师生座谈会上的讲话》，《人民日报》2018年5月3日第4版。

[③] 习近平：《论中国共产党历史》，中央文献出版社2021年版，第244页。

[④]《坚持中国特色世界一流大学建设目标方向　为服务国家富强民族复兴人民幸福贡献力量》，《光明日报》2021年1月20日第1版。

主义情怀是教师队伍的重要责任与担当。2018年9月10日，习近平总书记在全国教育大会上，面向所有的教育工作者提出张伯苓三问，即1935年中华民族危急存亡之际著名教育家张伯苓在南开大学开学典礼上问的三个问题："你是中国人吗？你爱中国吗？你愿意中国好吗？"振奋了师生爱国斗志。他强调这三个问题对于培养德智体美劳全面发展的社会主义建设者和接班人的重要意义，提出："这三个问题是历史之问，更是时代之问、未来之问，我们要一代一代问下去、答下去！"① 2019年3月18日，习近平总书记主持召开学校思想政治理论课教师座谈会时对思政课教师提出：办好思政课，"就是要开展马克思主义理论教育，用新时代中国特色社会主义思想铸魂育人，引导学生增强中国特色社会主义道路自信、理论自信、制度自信、文化自信，厚植爱国主义情怀，把爱国情、强国志、报国行自觉融入坚持和发展中国特色社会主义、建设社会主义现代化强国、实现中华民族伟大复兴的奋斗之中"②。

习近平总书记尤为强调抓好少数民族的青年群体爱国主义教育的重要性，在2014年9月28日中央民族工作会议上，习近平总书记指出："要抓好爱国主义教育这一课，把爱我中华的种子埋入每个孩子的心灵深处，让社会主义核心价值观在祖国下一代的心田中生根发芽。"③ 2019年9月27日，他在全国民族团结进步表彰大会上再次强调："要把加强青少年的爱国主义教育摆在更加突出的位置，把爱我中华的种子埋入每个孩子的心灵深处。"④

七 保障：坚持以法治方式推进爱国主义教育

《中华人民共和国爱国主义教育法》于2024年1月1日起施行，这是我国历史上第一部关于爱国主义教育的法律。颁布实施爱国主义教育法，就是把我们党推进爱国主义教育的实践经验通过立法的形式固定下来，把爱国主义要求上升为国家意志，以法治方式推动和保障新时代爱

---

① 习近平：《论党的宣传思想工作》，中央文献出版社2020年版，第380页。
② 习近平：《思政课是落实立德树人根本任务的关键课程》，《求是》2020年第17期。
③ 《习近平关于青少年和共青团工作论述摘编》，中央文献出版社2017年版，第21页。
④ 《在全国民族团结进步表彰大会上的重要讲话》，《人民日报》2019年9月28日第2版。

国主义教育。通过法治方式推进爱国主义教育是宪法精神的体现，也是世界各主要国家的通行惯例。《中华人民共和国宪法》规定："国家倡导社会主义核心价值观，提倡爱祖国、爱人民、爱劳动、爱科学、爱社会主义的公德，在人民中进行爱国主义、集体主义和国际主义、共产主义的教育。"① 从1990年制定实施《中华人民共和国国旗法》，到党的十八大以来出台的《中华人民共和国国歌法》《中华人民共和国英雄烈士保护法》等法律，都与爱国主义教育直接相关。依据宪法制定爱国主义教育法，形成以宪法为核心的爱国主义教育法律体系，既是完善以宪法为核心的中国特色社会主义法律体系的必然要求，更是弘扬爱国主义精神、以法治力量汇聚全面建设社会主义现代化国家精神力量、为实现中华民族伟大复兴而团结奋斗的必然要求。

爱国主义教育法分为总则、职责任务、实施措施、支持保障、附则，共5章40条，对爱国主义教育的目的和内容、主体和对象、形式和载体、支持和保障等作出了明确规定，为推进爱国主义教育提供了最具权威性的法律依循。爱国主义教育法规定了爱国主义教育的领导体制和机制，明确爱国主义教育坚持中国共产党的领导，健全统一领导、齐抓共管、各方参与、共同推进的工作格局。强调爱国主义教育是面向全体人民的教育，同时根据不同社会群体的特点，为国家机关、群团组织、学校、家庭、企业事业单位、社会团体等开展爱国主义教育，提出了明确的任务要求。在爱国主义教育应遵循的原则上，着眼凝心聚魂，重在建设、以立为本，既强调思想引领、文化涵育、教育引导，又强调实践养成、融入日常、注重实效。规定了丰富的爱国主义教育内容，涵盖思想政治、历史文化、国家象征和标志、壮美河山和历史文化遗产、宪法法律、国家统一和民族团结、国家安全和国防、英烈和模范人物事迹及体现的民族精神、时代精神等各个方面。提出充分利用各类资源和各种形式开展爱国主义教育，包括利用红色资源、文物古迹、爱国主义教育基地和各类文化场馆等各类资源，通过功勋荣誉表彰奖励和各种纪念庆祝、民俗文化活动，通过升挂国旗、奏唱国歌、宪法宣誓等仪式礼仪，通过文艺作品、新闻媒体和信息网络各种平台载体，等等。明确爱国主义教育主

---

① 《中华人民共和国宪法》，人民出版社2018年版，第17—18页。

管部门对爱国主义教育工作的指导、监督和统筹协调职责，同时规定了教育、文化和旅游、新闻出版、广播电视、电影、网信、文物等部门的工作职责，并规定了支持爱国主义教育有效开展的保障措施。爱国主义教育法的颁布，对于规范推进青年爱国主义教育话语叙事、充分发挥爱国主义教育话语在凝聚人心方面的作用，具有十分重大而深远的意义。

第二节 "百年大变局"下青年爱国主义教育话语的主流叙事创新

作为一种身份认同，国家认同是一个动态的过程，也是一个建构的过程。它包括身份的建构、维持、防御与改变等环节，受到多种心理需要的支配。Vignoles曾将身份认同的动机归纳为六种。一是自尊动机，为获得对自我价值的积极评价，人们往往会努力与外群体进行区分，从而保持或增强他们的自尊。二是效能动机，人们有着能力感和自我控制感的需要，即我们作为"主体"和"行动者"，在我们自己的国家里，可以得到控制自己权利和义务的能力。三是连续动机，即自我有获得过去、现在和未来身份联系的需要，能够知道自身的身份从何处来、向何处去，能够在整个民族的历史、现实、未来中形成关联，在过去、当下和未来中窥见自我的连续性。四是意义动机，人们往往需要寻找自身存在的价值，只有价值能够赋予行动以超越物理背景的意义，是社会成员为其行动的目的所做的象征的确认，是对国家赋予我们怎样的意义等问题的回应。五是归属动机，指人们有与他人建立、维持积极关系的渴望，有归属于某一集体或群体的需要，能够满足人们的安全感和归属感。六是独特动机，指人们有感到自己有别于他人的需要，即能够受到平等和尊重，保留其独特性不受到威胁，满足其独特贡献与平等价值，在此基础上再达成包容性的共识。青年爱国主义教育话语的主流叙事作为官方爱国主义教育话语的实践，在内容上严格遵循爱国主义教育理论话语的要求，在形式上从形象塑造、价值满足、情感托举、梦想引领、榜样示范等多方面开展话语言说，充分回应人们在自尊动机、效能动机、连续动机、意义动机、独特动机、归属动机方面的需要，影响着青年人，致力于青年爱国主义精神观念的塑造和培育。

一 "我了解中国":时空边界中国家形象的话语建构

身份归属对我们每个人而言,都是一种至关重要的资源。只有确认自己的国族身份,形成对国家的归属意识,个体的归属动机、连续性动机才能得到满足。青年爱国主义教育话语的主流叙事,从时间和空间两个维度来建构青年个体对"我国"的认知建构,对国民身份的确证与归属。在纵向时间轴上,青年爱国主义教育话语依靠历史共识、民族文化、风俗风尚等方面作用于人们的文化心理层面,塑造青年民众属于同一民族共同体、同一国家共同体、同一命运共同体、同一政治共同体的牢固想象。在横向空间轴上,青年爱国主义教育话语借助地理空间这一物理因素作用于人们的群体边界认知,通过确定国家统一的地域边界、统一的地理主体,促进青年民众形成对同一地域、同一地理、同一家园的情感归属。正如法国社会学家莫里斯·哈布瓦赫所说,"每一个集体记忆,都需要得到在时空被界定的群体的支持"[①]。通过时间和空间两个维度,从建构历史认同、文化认同、领土认同、制度认同与社会结构认同等基本要素出发,通过回答"我们是谁""我们从何而来""谁属于我们""谁不属于我们"等问题,在"我"与"他"、"我"与"我们"构建的坐标系中,形成"我"与"他"、"我们"与"他们"的斥异,"我"到"我们"的归属认知,形成自我身份的定格与自我身份的认同。

(一)时间上对"我国"的历史认知和话语建构

"国家象征不仅代表着作为普遍概念的'国家',还是与国家相关的知识、价值、历史和记忆的凝聚。"[②] 其中,历史尤为重要。现代国家本是一个历史文化的共同体,正是历史文献、祖先、神话等悠久的历史元素将国家的过去和未来串联起来,使他们认识到自己与同胞一直共享着共同的血缘纽带、共同的历史命运、共同的文化信念,赋予了国民同属一体的想象。如斯图亚特·霍尔所指出:"文化身份既是'存在',又是

[①] [法]莫里斯·哈布瓦赫:《论集体记忆》,毕然、郭金华译,上海人民出版社2002年版,第335页。

[②] David A. Bute,"National Symbols as Agents of Psychological and Social Change",*Political Psychology*,Vol. 30,No. 5,2009,pp. 779–804.

'变化'的问题，它既属于过去同样也属于未来……与一切有历史事物一样，它们也经历了不断的变化。"① 阿克塞尔·霍耐特则说："只有当社会一体化从社会成员那里得到文化习惯的支持，而文化习惯又与他们互相交往的方式紧密相关，政治共同体的社会一体化才能取得成功。"② 基于过往时空经历累积下建构起来的集体记忆，以及"范畴化"的过程，是青年爱国主义教育话语不可或缺的建构资源。

一是塑造共同的记忆。钱穆先生论述说，"欲其国民对国家有深厚之爱情，必先使其国民对国家以往历史有深厚的认识。欲其国民对国家当前有真实之改进，必先使其国民对国家既往历史有真实之了解"③。托克维尔在谈及爱国心时说道："有一种爱国心，主要来自那种把人心同其出生地联系起来的直觉的、无私的和难以界说的情感。这种本能的爱国心混杂着很多成分，其中既有对古老习惯的爱好，又有对祖先的尊敬和对过去的留恋。……他们喜爱在祖国享有的安宁，遵守在祖国养成的温和习惯，依恋浮现在脑海中的回忆，甚至觉得生活于服从之中有一种欣慰。"④ 国家认同的形成，国民身份的建构，有赖于回溯历史源头，通过历史记忆和历史资源来建构。由过去的经验、当下的情境和对未来的预期组成生命编织体，能够使人们知觉到国家共同体的过去、当下以及未来的密切联系，从而加深对国家共同体的认同感，唤起为国家共同体发展而奋斗之志。

从这个意义上看，"集体记忆"作为"一个特定社会群体成员共享往事的过程和结果"⑤，是爱国主义精神生成的重要前提。哈布瓦赫认为，"我们都会发现自己是某个群体的一员，而且，我们在这个群体中的位置并不取决于个人的情感，而是由在我们之前就已经存在"。人们对保存记忆的反复重现确立了人们的连续性身份，没有记忆的人将很难构建起自

---

① 罗钢、刘象愚：《文化研究读本》，中国社会科学出版社2000年版，第209—213页。
② ［德］阿克塞尔·霍耐特：《为承认而斗争》，胡继华译，上海人民出版社2005年版，第64页。
③ 钱穆：《国史大纲》，商务印书馆2010年版，第2页。
④ ［法］托克维尔：《论美国的民主》（上卷），董果良译，商务印书馆1988年版，第268页。
⑤ ［法］莫里斯·哈布瓦赫：《论集体记忆》，毕然、郭金华译，上海人民出版社2002年版，第40、97页。

己的身份意识。国家语境下的集体记忆,能够帮助个体找到国家归属并形成国民身份认同,与国家历史建立起记忆框架,形成与国家的情感联系,促进爱国主义精神生成。习近平总书记指出,要"认清当代中国所处的历史方位,增强历史自觉,把苦难辉煌的过去、日新月异的现在、光明宏大的未来贯通起来,在乱云飞渡中把牢正确方向,在风险挑战面前砥砺胆识,激发为实现中华民族伟大复兴而奋斗的信心和动力,风雨无阻,坚毅前行,开创属于我们这一代人的历史伟业"。① 这种把苦难辉煌的过去、日新月异的现在、光明宏大的未来贯通起来的理念,彰显了集体记忆对于爱国主义建构的重要性。

集体记忆的建构是政治力量和社会力量合力建构的结果,通过选择性地形塑群体记忆,培植国民对国家历史与现实的关联感和认同感,促进爱国主义的精神共识。如青年爱国主义教育的仪式叙事便是应用集体记忆的一种方式。改革开放40周年、新中国成立70周年、中国共产党成立100周年庆典,着重呈现国家过去的"历史叙事"与当前的"成就叙事",包括国家的奋斗史和成就展示,在政治、经济、文化、科学技术等领域取得的辉煌成绩,展示其"诸如经济发展、善治以及低水平腐败或者体育比赛中的成绩等方面的成就""重新发现往昔时代的英雄主义、先祖文明的荣耀,还有他们伟大的民族英雄的光辉事迹"。② 青年爱国主义教育的仪式叙事通过声音、行为等形成承载历史文化的象征符号体系,勾画革命、改革、建设的国家记忆,营造国家民族成员"在场"感,使分散的个体获得社会化记忆并联结或黏结起来,构建起人们对过去与当下的理解以及对未来的设想。同时,它以一种行为操演与程式化的社会实践活动方式唤醒、书写、定位以及规范集体记忆,强化了共同体的共存感、延续感和一体感。这个记忆形成过程被德国学者扬·阿斯曼称为"记忆黏结",它"以建立文化上的连接和整合为目的"③,达到促进集体内部共享身份和观念的效果。

---

① 习近平:《在党史学习教育动员大会上的讲话(2021年2月20日)》,《求是》2021年第7期。
② [英]安东尼·D. 史密斯:《民族认同》,王娟译,译林出版社2018年版,第159页。
③ [德]扬·阿斯曼:《宗教与文化记忆》,黄亚平译,商务印书馆2018年版,第13页。

二是形成连续性想象。安德森曾将"民族"定义为一个"想象的政治共同体",因为民族作为一个庞大的群体,这个共同体的成员大多分散且没有个人联系,"即使是最小的民族的成员,也不可能认识他们大多数的同胞,和他们相遇,或者甚至听说过他们"。但是,他们通过各种媒介"想像"出一种把他们联系在一起的整体,"他们相互联络的意象却活在每一位成员的心中"。① 民族共同体有着明晰的边界,"因为即使是最大的民族,就算他们或许涵盖了十亿个活生生的人,他们的边界,纵然是可变的,也还是有限的"。② 即使实际生活中存在不平等和剥削关系,民族仍然被想象成一个消除了阶层区分的上下融合的存在。

在国家的教育体系中,历史课的设置、四史教育体系的设置为青年人提供了历史想象空间。历史的学习使青年人得以了解民族国家的过去,与自己素未谋面的古人建立起一种文化心理联系,使人们感悟到现代社会中的观念、文明、习俗与历史事件、历史人物、历史场域之间的继承性关联;得以察觉自身与其他子群的文化关联,"我群"和"他群"同属于文化共同体的文化事实,从而生发出对国家共同体的实体感知。更重要的是,借由历史学习可以搭建起沟通过去、现在和未来的桥梁,建构起人们对于"我群"的形象认知,联结起个体与民族国家休戚与共的存续感,从而筑牢爱国护国的情愫。如中国共产党历史的叙事,可以让青年人更加深入地了解中国共产党成立以来的重大事件、重要会议、重要文件、重要人物,理解党的光荣传统、宝贵经验和伟大成就,了解中国共产党发展的主题、主线和本质。国史的叙事,能够让青年人了解改革开放的成功经验,中国道路的成功之处,复兴之路的奋进历程,对中国为什么能、中国道路为什么能、中国共产党为什么能等一系列问题能够找到破解答案。中华文明发展史的叙事,能够让青年人了解中华民族作为一个民族实体从自在走向自觉的历史进程,了解我国各族人民齐心协力、共同经历的奋斗史、苦难史,树立休戚与共、荣辱与共的共同体理

---

① [美]本尼迪克特·安德森:《想象的共同体——民族主义的起源与散布》,吴叡人译,上海人民出版社2011年版,第6页。

② [美]本尼迪克特·安德森:《想象的共同体——民族主义的起源与散布》,吴叡人译,上海世纪出版集团2011年版,第6页。

念，涵育青年民众热爱祖国、热爱中华民族的家国情怀。正如德罗伊森所言："每个集体在他们的过去中，同时找到了对自我的解释和意识——这是所有成员的共同财富，这财富越巨大，集体的概念就越稳固和深入人心。将民族作为一个集体的想象，有赖于对一种可以回溯到时间深处的连续性的想象。"[1] 由于集体记忆具有储存文化与知识的功能，个体可以通过民族和国家文化知识的储存获取关于自身的整体性和独特性的认识，明晰国家身份归属，唤醒、固化并传承"我们的"共同感与一体感，铸牢国家意识。更加重要的是，历史文化记忆的不断积累与传承，实际上已经内化为人们的一种认知模式、思维方式和生存范式，全方位地塑造人们的认知、理解和认同，最终形成属于文明体所独有的"我们"属性，为这一文明体所共有共享。

三是打造连续性符号。国家认同是在时间连续性中生成的，它以一系列的历史文化符号为中介形成集体记忆的联结，达成一种时间序列中的动态性认同。这些国家历史文化象征符号在文化活动中被反复提及、重现与塑造，在文化交往中被不断证实、培育和传递，受教育者对本民族的"文化—心理"归属感得到强化，属于民族国家的价值观念、心理素质、情感体验就慢慢地培育积淀起来了。以中共中央宣传部公布第十六届精神文明建设"五个一工程"获奖项目为例。电视节目《典籍里的中国》选取了《尚书》《论语》《道德经》等优秀中华文化典籍作为文化符号，讲述中华优秀典籍在五千年历史长河中源起、流转，以此展现光辉灿烂中华文明。无论是《传习录》中的王阳明，《楚辞》中的屈原，《道德经》中的老子，还是《徐霞客游记》中的徐霞客，《茶经》里的"茶圣"陆羽，《说文解字》里的"字圣"许慎，《千金要方》里的"药王"孙思邈，这些中华优秀传统文化中的人物符号都承载了中国人的文化理念和价值观念，富含着中华文化意蕴，展现出中华文化的独有魅力。电视纪录片《如果国宝会说话》以一件件国宝作为文化符号，向观众展现了蕴藏在文物之中的中华文明历史和精彩故事。河南卫视推出的《中国节日系列节目 2021 季》包括《当潮不让你好牛》《元宵奇妙夜》《清

---

[1] ［德］扬·阿斯曼：《文化记忆——早起高级文化中的文字、回忆和政治身份》，金寿福、黄晓晨译，北京大学出版社 2015 年版，第 164 页。

明时节奇妙游》《端午奇妙游》《七夕奇妙游》《中秋奇妙游》《重阳奇妙游》等节目，复活了"上元灯会""洛神赋"等经典场景和意象。如《2022中秋奇妙游》重现上古神话传说的女子独舞《嫦娥奔月》；《水调歌头明月几时有》提炼出相思、疗愈、团圆、逐梦四个展示中秋意蕴和情感的关键词，用五千年文明史中某一历程、某一文化片段来展现其魅力，蕴含着中国精神、中国审美和中国价值观。还有如"中华儿女""龙的传人""炎黄子孙"等文字符号，承载厚重的历史意蕴，不仅印证了中华民族的、共同的历史起源，而且基于历史想象之上形成了中华民族共同体的真实存在且共存共生的内在意蕴。我们每个人都归属于特定的文化传统，是文化的栖居，典籍、文物、传统节日、文字等连续性符号中所展现出的民族国家，是一个拥有共同语言、文化、风俗和记忆的历史共同体，给予民族国家一员以一种原初的真实感，使其能够获得一份真实性的肯认和集体属性的认同。

（二）空间上对"我国"的边界认知和话语建构

如果说爱国主义教育的历史叙事为人们提供的是时间的连续感和基于时间的想象，那么爱国主义教育的地理叙事提供的则是一种空间想象和附着于空间之上的情感联系。"人民爱其土地之心，即今日之所谓爱国心。"[①] 爱国主义教育主流叙事着眼于解决青年人的国家归属感问题，首先在青年人心中建立起了国与国之间的界限感。通过以地理感知为起点，以地理想象为途径，建构起以自然地理为对象的中国。这里的"中国地理""中国边界"既是物理空间意义上的，也是心理象征意义上的，具有鲜明的政治功能。有学者提出，"国家拥有明晰的和得到国际社会认可的边界，是在其边界线内居民存在明确的政治认同的政治—领土单位体"[②]。也就是说，国家的边界界定了何为国家的领土，而国家领土是国家和人民的立足点、生活场所和生产基地，是国家对内构建社会秩序、对外发展国际交往的物质基础。国家领土不仅可以保障人们开展生产与生活，

---

① ［法］厄内斯特·勒南：《民族是什么?》，袁剑译，江苏人民出版社2012年版，第137—152页。

② 彭斌：《理解国家认同——关于国家认同的构成要素、困境与实现机制的思考》，《社会科学战线》2018年第7期。

也是文化边界、价值边界确立的依据,是国家成员形成国家归属感、国家认同的重要前提、重要载体,是国家主权投射的重要对象。同时,人们在国家地理疆域这一特定的地理空间内,进行生活、生产,在这片土地上生发家园情怀,并从相应的地域情感认同扩展开来,形成国家情感认同的观念。因此,有关国土的表达总是与情感有关,既有在土地、疆域中勾画国民美好生活,赋予深沉的情感体验的美好依赖之情,也有"不容侵犯""神圣不可分割""寸土不让"的维护之情,更有"丧权辱国""国破家亡"的愤怒与焦虑之情。

爱国主义教育主流叙事在叙述国家形象时,总是以一定的土地、疆域作为空间载体抒发情感。比如,"五个一"工程获奖歌曲《春风十万里》以春风为视角拂过祖国辽阔的土地,描述祖国的希望:"一声布谷啼春风十万里,枝头桃花红 陌上杨柳绿。这方才播种那边又开犁,燕子飞来了衔来满嘴泥。""放眼望天地 春风十万里,南国山青青 北疆水碧绿。"另一首获奖歌曲《面朝东方》以"东方"为意象,歌颂辽阔、富庶、欣欣向荣的祖国是一个安稳、美丽的所在——"我将面朝东方,心中想你安稳如常,飞花一季赢得百年留香","我将面朝东方,无数锋芒,无限风光"。还有如歌曲《好儿好女好家园》,大力赞美中华大家园,"山那边,水那边,生我养我大河山""你我同行在路上,好儿好女好家园,男儿有志山河变,女儿有梦天地宽""万众同心创伟业,好儿好女好家园",唱出了人们建设国家、热爱国家的热情与激情。歌曲《和祖国在一起》以"春雨秋露"为意象歌唱祖国的美好画卷,"我来时冰封雪舞不远处春雨秋露,麦浪的金与天空的蓝看不够连绵画图""和祖国在一起黄河源起啊,长江逶迤你的生日,祝福在笑容里和祖国在一起平凡如我啊,非凡是你,为了你我要做更好的自己"。歌曲《灯火里的中国》以"灯光"为线索,展现了一个青春婀娜、胸怀辽阔的中国意象,歌词中唱道,"都市的街巷已灯影婆娑,社区暖暖流淌的欢乐。远山的村落火苗闪烁,渐渐明亮小康的思索。湾区的船帆从灯塔掠过,海桥彩虹直抵心窝。广场烟火在节日诉说,星空升腾时代的巍峨",让人们充满温情与向往。这些歌曲通过"东方""黄河""麦浪""长江"等地理文化符号表征祖国,通过都市、社区、村落、湾区、海桥、广场等日常生活场景表达祖国,建构出一幅欣欣向荣的家国图景,展示了"祖国是人类幸福的首要与先决条件"① 这一朴素的道理。又如，纪录片《航拍中国》在俯瞰中国中立体展示中国大地，展现中国东南西北中不同的地形地貌、气候环境、自然生态、历史人文及社会形态，从一些熟悉景观的陌生化呈现中挖掘中国大地的潜在美，展现出一个"美丽"的中国形象。纪录片《舌尖上的中国》撩起属于中国的特殊味觉记忆，让爱国主义以"有滋有味"的话语呈现，形成了深入生活、充满烟火气息的爱国主义教育话语。不仅是这些，山川林海、衣裳美食等"中国之器"，精神文化、历史民俗、社会制度等"中国之道"，都是爱国主义教育话语的叙事对象。哈布瓦赫在《论集体记忆》中提示了记忆物质客体的重要性，他指出，若一个群体被一分为二，只要记忆的物质客体存在，一些留在老地方的成员将仍与这个物质客体保持联系；其他人虽然离开熟悉的地点，但仍保存着关于这个物质客体的意象。尽管远离熟悉地点的成员不再直接参与到这些地方转变的过程之中，但他们还是希望与这些地方保持某种联系②。通过记忆的物质客体的呈现，爱国主义教育话语牵动了"成员"对于旧地的记忆，构筑起富有情感的温暖而博大的"中国"意象。这些意象，如"美丽的祖国""温馨的祖国""奋进的祖国""英雄的祖国""强大的祖国"等，对外构筑起强大的政治屋顶，对内营造出温馨的幸福家园，提供给我们每个人归属的场域和安全的庇护，使个人身份得到空间化的建构，并在所建构的空间中形成依恋与彼此认同。

如前所述，地理维度的爱国主义教育话语还有一个重要的功能，即在固化人们头脑中的边界意识，使人们形成本国与他国的"边界感"，以促进国家认同。"边界是一种物理界限，它在民族认同的生产和再生产空间中是最突出的象征""一切民族主义运动都或明或暗地提出的首要问题是，作为一个民族，它的领土到何处为止；它的界限是什么，或者说，在大多数情况下，这些界限应当是什么，应当以什么标准来划定"③。爱

---

① ［美］毛里齐奥·维罗里：《关于爱国：论爱国主义与民族主义》，潘亚玲译，上海人民出版社2016年版，第25页。

② 吴一凡：《爱国主义精神的记忆建构——读莫里斯·哈布瓦赫〈论集体记忆〉有感》，《思想政治课教学》2023年第9期。

③ ［西］胡安·诺格：《民族主义与领土》，徐鹤林、朱伦译，中央民族大学出版社2009年版，第31页。

国主义教育的地理叙事有着鲜明的政治指向，往往会突出"我者空间"的核心地位，防止"它者空间"的僭越。如关于南海的叙事，首先在地理主权意义上，"南海岛礁的主权不可分割"与"固有领土"逐步在叙事中形成意义关联，并体现出稳定的话语逻辑和叙事惯性。受此话语影响的国民会认为，只要是中国的国土，即便是荒芜无用，也是不可或缺的组成部分，不可拱手让人。其次在地理历史的叙事上，将南海称为"祖宗海"。南海博物馆"南海人文历史陈列"通过展览汉代到当下的各种典籍记载与实物遗存，包括作为中国经略南海历史证明的600年前的渔民手抄《更路簿》等，展示了南海归属中国这一事实。南海区域的历史叙述通过展示南海与祖国的紧密联系，为边界归属带来了更清晰的定义。

当然，爱国主义教育叙事中的空间并不是一味封闭的。比如，歌曲《千年之约》还原千年之前东西交通贸易和文化交往的盛景，着重想要表达21世纪中国提出共建"一带一路"命运共同体的美好愿景。其中唱道，"以海为沙，请长风手绘千变万化，我想登高一望，这天地的图画""一场阔别，让白云化为千年冰雪清清泉水，汇成世间一轮新月，你心我心合而为一""我放声高歌，你的到来，千年之约""翩翩起舞，丝绸衣带倾我心，到沧海，从今大漠再不是阻碍，以海为沙，请长风手绘千变万化"。这里的空间已经放大到了世界图景之中，着眼于"一带一路"的国际高度，将爱国主义置于构建人类文明新形态的世界视野中加以延展。

二 "我属于中国"：价值赋予中国家认同的话语强化

作为个体的"我"不可能完全孤立地存在，而总是处于不同的"我们"当中。严格来讲，世界上没有一个不存在于"我们"之中的"个体"。诚如麦金太尔所言："每个个体都在相互连接的社会关系中继承了某个独特的位置，没有这个位置，他就什么都不是，或者至多是一个陌生人或者被放逐者。"[1] 亨利·塔菲尔的"社会身份认同"理念也注意到个体归属某个社会群体的知识，认为"个体认识到他属于特定的社会群

---

[1] ［美］A. 麦金太尔：《追寻美德：伦理理论研究》，宋继杰译，译林出版社2003年版，第42页。

体,同时也认识到作为群体成员带给他的情感和价值意义"①。也就是说,作为某一群体的成员,群体对于成员来说有其特殊的价值和意义。从本质上看,在人的理性有限和资源匮乏的条件下,人类社会需要国家这种强制性的力量来建构秩序,为人们有序生活提供保障,解决归属问题。青年爱国主义教育话语的言说,必然要回答国家对于青年民众的价值所在,如何满足青年的政治地位需求、自尊需求等问题。当前的青年爱国主义教育主流话语主要从三个方面展开:一是基于对国家治理成果的认可,在物质生活以及精神生活上实现获得感和满足感;二是基于对革命英烈、先进人物等功勋的崇敬,这是国家权威的合法性来源之一;三是基于他者的区分,形成对国家的归属感以及主人翁意识。

(一)基于治理成果形成的认同

从本质上讲,只有国家的社会结构与秩序符合大多数民众的利益,符合长远发展利益需求,才可能获得普遍的认同。人们对国家的认同,主要是因为国家满足了人们的公共需求,为其提供了幸福生活所需的安全与福利。维罗里在谈论爱国主义时说道,"我们欠她的,所以我们对国家有道德义务"②。因此,国家治理的成果展示十分重要,治理有效与否影响到国家治理的合法性,治理成功会对国家认同建构提供支持,治理失败则会对国家认同建构产生消极影响。在这个意义上,关于国家治理成效、国家治理成果的"优越性"的叙事构成了爱国主义教育"国家叙事"的核心内容,是培养青年人国家认同的重要话语资源。正如《新时代爱国主义教育实施纲要》所强调的,要"用党领导人民进行伟大社会革命的成果说话,用改革开放以来社会主义现代化建设的伟大成就说话,用新时代坚持和发展中国特色社会主义的生动实践说话,用中国特色社会主义制度的优势说话,在历史与现实、国际与国内的对比中,引导人们深刻认识中国共产党为什么'能'、马克思主义为什么'行'、中国特色社会主义为什么'好',牢记红色政权是从哪里来的、新中国是怎么建

---

① Tajfel H, *Different Iation Between Social Groups: Studies in the Social Psychology of Inter Group Relations*, London: Academic Press, 1978, pp. 1–3.

② [美]毛里齐奥·维罗里:《关于爱国:论爱国主义与民族主义》,潘亚玲译,上海人民出版社2016年版,第8页。

立起来的,倍加珍惜我们党开创的中国特色社会主义,不断增强道路自信、理论自信、制度自信、文化自信"①。

现实成就往往是与过去比较而言的,青年爱国主义教育主流叙事往往应用过去历史的创伤表达、"过去"积贫积弱的事实,来反衬出当下中国越来越快的发展步伐、烘托当下治理成就的卓越,用对比的方式展开教育。习近平总书记在庆祝中华人民共和国成立70周年大会上提出:"70年前的今天,毛泽东同志在这里向世界庄严宣告了中华人民共和国的成立,中国人民从此站起来了。这一伟大事件,彻底改变了近代以后100多年中国积贫积弱、受人欺凌的悲惨命运,中华民族走上了实现伟大复兴的壮阔道路。"② "70年来,全国各族人民同心同德、艰苦奋斗,取得了令世界刮目相看的伟大成就。今天,社会主义中国巍然屹立在世界东方,没有任何力量能够撼动我们伟大祖国的地位,没有任何力量能够阻挡中国人民和中华民族的前进步伐。"③ 这些话语都是将近代的屈辱史作为出发点,观测今日中国的成就与辉煌。此外,以中华人民共和国成立70周年庆典为例。在庆典中,群众游行分为"建国创业""改革开放""伟大复兴"三大篇章。第一篇章"建国创业",分为"开天辟地""浴血奋战""建国伟业""当家作主""艰苦奋斗"5个方阵;第二篇章"改革开放",分为"关键抉择""希望田野""春潮滚滚""与时俱进""一国两制""跨越世纪""科学发展""众志成城""圆梦奥运"9个方阵;第三篇章"伟大复兴",由"创新驱动""区域协调""乡村振兴""民主法治""民族团结""凝心铸魂""中华文化""立德树人""体育强国""脱贫攻坚""美好生活""绿水青山""人类命运共同体""从严治党""不忘初心"等18个方阵组成。这三大篇章清晰地告诉人们,正是中国共产党带领中国人民创立了"建国创业",改变了近代以后100多年中国积贫积弱、受人欺凌的局面,实现了人民当家作主,在"艰苦奋斗"的伟大拼搏中迎来"站起来"的伟大篇章。正是改革开放这一"关

---

① 《新时代爱国主义教育实施纲要》,《人民日报》2019年11月13日第6版。
② 习近平:《在庆祝中华人民共和国成立70周年大会上的讲话》,《人民日报》2019年10月2日第2版。
③ 《天安门广场举行盛大阅兵仪式和群众游行》,《人民日报》2019年10月2日第1版。

键抉择",开启了农村改革的"希望田野",将改革的种子播撒到全中国各个领域,引发"春潮滚滚",一片欣欣向荣。在"与时俱进""一国两制"的实践中,中国"跨越世纪",以"科学发展"为理念指导,中国人民"众志成城"抗击各类风险挑战,迎来了从"站起来"到"富起来"的伟大跨越。而中华民族走向"伟大复兴"之际,紧紧围绕经济、政治、文化、社会、生态、外交、党建等各方面推进一系列变革性实践,实现一系列突破性进展,取得一系列标志性成果,人民群众的获得感、幸福感、安全感不断增强。"过去—现在""历史—现实"的类比空间中给予爱国主义教育主流话语更强大的说服力,使人们更加坚定了对党和国家的信心和信念,凝聚起强大的爱国主义共识。

　　电视剧《我们走在大路上》以新中国成立 70 年来社会主义革命、建设、改革取得的辉煌成就和宝贵经验作为主线,以多个历史的高光时刻串起新中国成立以后古老神州的巨大变迁。从天安门城楼上新中国成立的庄严宣告,到人民在土地改革中第一次成为土地的主人;从召开第一届全国人民代表大会、通过《中华人民共和国宪法》,到"一桥飞架南北,天堑变通途"的实现;从原子弹和氢弹爆炸、第一颗人造卫星技术的突破,到中华人民共和国在第 26 届联合国大会上恢复一切合法权利的决议,真实呈现亿万人民在社会主义道路上不懈奋斗,推动国家在攻坚克难中屹立世界东方,取得骄人的成就。电视纪录片《必由之路》,着眼于改革开放 40 年历程,通过呈现一个个风云激荡的感人故事,如小岗村18 个村民为了吃饱饭秘密在大包干协议上捺红手印的故事,实践是检验真理的标准大讨论的故事,江机床厂开创国企第一次在《人民日报》刊登了产品广告的故事,袁庚在深圳蛇口开辟经济特区的故事,2000 多万下岗职工再就业的故事,温州全中国第一个领取执照的个体户章华妹的故事等,深刻揭示改革开放是决定中国命运的关键一着,也是决定实现"两个一百年"奋斗目标、实现中华民族伟大复兴的关键一着的客观道理。这样的叙事展现的历史画卷和现实进程,不仅是中国共产党带领人民历经千辛万苦、付出各种代价、接力探索取得的伟大成就,塑造着大国崛起的辉煌业绩,也是亿万人民群众在中国共产党的领导下,以历史创造者的身份、国家主人翁的角色,不懈探索改变国家和民族命运的道路实践、改变中国历史和世界历史的伟大进程。每个人在新时代的历史坐标中既是参与者，也是创造者和受益者。这使人们更加珍惜与祖国同频共振、与历史和时代同向同行的重要机遇，进一步增强了国家认同感和集体归属感。

（二）基于英雄和功勋形成的认同

英雄叙事是一种重要的方式，青年爱国主义教育话语通过讲述英雄在克服困难的历程中升腾起的浓厚家国意识，来修正和引导社会价值观指向，从而实现与政治话语的"意义共契"。

取材于抗美援朝战争的《长津湖》成功塑造了英勇杀敌保家卫国的英雄群像，讲述了英雄的志愿军在极寒恶劣的天气之下，奋勇杀敌，冲出一条血路，为长津湖战役作出了突出贡献的感人故事，凸显了中国人民志愿军"有我无敌"的大无畏英雄气概，保家卫国、视死如归、同敌人血战到底的爱国主义情怀。影片中，面临再起的战火，战地指挥员伍千里在归家与报国之间毅然选择了后者，其弟伍万里也与哥哥一同奔赴战场；狙击手平河总是沉默寡言，在战场中却始终奔赴在第一线，为友军的安全及战争的胜利奉献自我；生活精致且谋略十足的指导员梅生，面对国家安危之时，从温情惬意的家庭生活中走出来，狂蹬自行车十余小时回归部队；老排长于烈火中开车拖走信号弹奋力冲入敌军壮烈牺牲；伍氏兄弟说出"这一仗我们不打，我们的下一代就要打"的豪言壮语，前赴后继奔往战争前线。战场上，美帝国主义飞机炸毁的我军交通线，敌军飞机、坦克、大炮的猛烈攻击，零下四十摄氏度的冰天雪地，以伍千里、伍万里、雷公等为代表的中国人民志愿军战士依靠单薄的棉衣、冰冷的炒面和冻土豆，扛着简单的装备，穿梭在长津湖战场的前沿。他们直面生死，在这个人类最本质的问题面前，体现出英勇顽强、热血豪情、视死如归、百折不挠的英雄气概。尤其是战士们牺牲后仍保持着战斗姿态的"冰雕连"场景，给人强烈的情感震撼，让青年人深受洗礼。

电视剧《觉醒年代》展现从新文化运动、五四运动到中国共产党建立这段波澜壮阔的历史画卷，再现了在新文化运动时期中国的先进分子和一群热血青年追求真理、燃烧理想的激情岁月。李大钊和陈独秀在饿殍遍野、黄云惨布的天津卫对着同胞宣誓建党："为了他们能够拥有人的权利、人的快乐、人的尊严！"李大钊说："我们自己的国家，我们自己不爱，谁爱?!"鲁迅说："愿中国青年都摆脱冷气，只是向上走，不必听自暴自弃者流的话。能做事的做事，能发声的发声。有一分热，发一分光。就令萤火一般，也可以在黑暗里发一点光，不必等候炬火。此后如竟没有炬火，我便是唯一的光。"青年毛泽东说，"遍地哀鸿满城血，无非一念救苍生"。其中，为国赴难的英雄形象令青年人尤为动容，以陈延年、陈乔年为代表的青年人为实现救亡图存寻找出路，以民族独立、人民解放为己任，为国家、为民族、为人民奔走呼号，最后抛头颅洒热血，走向牺牲，引起了当代青年的共鸣。故事以热血、青春与死亡教育了当代青年人要在与历史同向同行中担当历史使命，将小我融入大我之中，将自己的人生目标同国家的前途命运紧紧联系在一起，与国家、民族共奋进、同发展。

取材于也门撤侨真实事件的《红海行动》，讲述了中国海军8人小组在奉命执行撤侨任务中不幸遭遇伏击，发生人员伤亡，最后粉碎叛军武装首领的惊天阴谋的故事，展现出中国军人的对国家、对人民的赤胆忠诚，以及大公无私的国际主义精神。

图书《望道：〈共产党宣言〉首部中文全译本的前世今生》以报告文学手法以翻译《共产党宣言》这条主线，刻画以陈望道为代表的一大批20世纪初知识分子、仁人志士群像，真实而细腻地展现了陈望道将个人抉择置于时代洪流之中，对革命的上下求索、对信仰的不懈追求的艰辛历程。

除了荡气回肠的场景，日常生活中同样有着奋斗的英雄。习近平总书记指出："中华民族是崇尚英雄、成就英雄、英雄辈出的民族，和平年代同样需要英雄情怀。"[1] 和平时代的英雄情怀，在新时代以脱贫攻坚为主题的电视剧中表现尤多。电视剧《江山如此多娇》以精准扶贫战略思想首倡地湖南为"取材地"，讲述了"扶贫二代"濮泉生放弃"好前途"，深入贫困村碗米溪村，一边"扶贫先扶志"，在惩治懒汉的同时又激发群众脱贫攻坚的内生动力，一边"输血变造血"，建立桑蚕基地、茶叶合作社等产业，解决发展难题，逐步去掉了碗米溪村的"穷根"和"穷帽"。电视剧《山海情》讲述了西海固的人民和干部自20世纪90年代以来响应国家号召完成易地搬迁的故事。其中基层干部马得福从农校

---

[1]《习近平春节前夕赴江西看望慰问广大干部群众》，《人民日报》2016年2月4日第1版。

毕业，学成之后回到家乡涌泉村里。从苦口婆心地劝返"逃跑"的吊庄户，到帮助村民完成"吊庄移民"工作，再到费尽周折软磨硬泡帮助移民村通电，最后利用东西协作扶贫政策带领村民共同走上了致富的康庄大道。这些剧作聚焦于脱贫攻坚精英的奉献精神，当他们面对个人利益与集体利益的冲突时，往往选择牺牲自身的安逸生活，投身艰辛的脱贫事业之中，展现出一种舍小家为大家的家国情怀。这一类爱国主义教育主流叙事以英雄为载体，凸显英雄的"主体品格"、命运冲突以及价值准则，激发青年民众强烈的家国责任感，激励着他们爱党爱国、建功立业的积极性和创造力，产生了鲜明的引领示范效应。

（三）基于"他者"形成的自我认同

认同感的形成，源于自我和他者的区分。正是通过这种自我和他者比较和区分，主体展示出异于他者的自我特性，确立起自我的身份认知和归属认同。这一过程通常包括塑造他者、构建自尊与威胁、挑起冲突等。爱国主义教育的主流话语往往将国家认同的建构设置在"自我"与"他者"的抗争之中，使青年民众在对国与国之间冲突认识中建构起热爱祖国、维护本国利益的充足依据。

拉康用"镜像理论"中两种"凝视"的存在进行他者和自我的关系分析。前一种"凝视"是"我"在看，是主体对他者的凝视。主体通过对"他者"的想象和解读，通过归纳、定义、评判"他者"，来树立自我的形象。后一种是"我可能被他者看"，也就是主体感受到他者的"凝视"，从而不断地追问自我，在追问中产生自我意识，形成自我形象。这种自我建构的过程，是在"他者""凝视"预设下的被动建构，主体的"我"也即表现为对象的"我"，与作为对象的"我"合二为一。从这一理论可以看出，主体身份的自我认知本质上是一种关系建构的产物，是控制与被控制、支配与被支配的关系活动带来的结果。国民身份的建构同样如此：对"我们"身份的确认源自对"我们"的外围——"他们"的确认。"他们"作为竞争者，甚至敌对者，与"我们"的相对性划定了国家存在的边界，并给国家自身带来了压力，"我们"在这种压力下感受到了集体性焦虑，从而促成内部的统一和团结。这一过程中，对"他们"的敌对与对"我们"的建构几乎是同步的。这一点无论是在历史上还是在现实中，都可以得到验证。

从历史上看，作为侵略者的"他们"形象，是国际矛盾和冲突的发起者，是作为"中华民族苦难缔造者"的对立面而存在。这为"我们"主权、利益的捍卫提供了当然合法性，也为"我们"意识的觉醒、"我们"内在团结的加强提供了强劲的动力源泉。电影《百团大战》再现了百团大战的历史场景。日本为进一步封锁中国，一方面切断中国西南方面的国际交通运输线，另一方面推行"以铁路为柱，公路为链，碉堡为锁"的"囚笼政策"，以达到分裂中国内部、逼迫中国投降的目的，让观众切实感受到了日本侵略者的阴险、狡诈和恶行，以及日本侵略给中国人民带来的悲惨与苦难。而作为"我们"的中国共产党领导的八路军、新四军，以战士们的英勇、拼搏与顽强对日本的侵略发起抵抗，其胜利极大加强了"我们"的胜利信心，促进了中国人民的内部团结。电影《捍卫者》描写侵华日军为了达成"三个月灭亡中国"的计划，对上海战略要地宝山进行了惨无人道的侵略，而姚子青带领600将士誓死坚守孤城，在宝山城保卫七天七夜。影片以他的战地日记为引言，分为七个篇章叙事，讲述每一天的战况，直到最后第七天因敌众我寡，全营阵亡，姚子青壮烈牺牲。当人们面对侵略的"他们"，在与"他们"的抗争关系中，小的"我"就会被投射到大的"我们"中，更加强化了"我们"一致的心理诉求和"排外"标准，"我们"与"他们"的边界往往更加清晰，身份归属更加明确。更为重要的是，因为历史的创伤记忆，"我们"得以跨时空凝聚起"想象的共同体"，生发出更加团结更加紧密的共同体意识和共同体行为。

从现实来看，在当下复杂的国际形势之下，国际矛盾和冲突日益频繁，现实中的"他们"与历史上的"他们"形成了连接，共同以对立面存在。在中美贸易争端等诸多事件中，爱国主义教育主流话语叙事能够合理地运用"他者"资源，调动青年民众的爱国主义情绪，促进"我们"的整体团结。如在"新疆棉"一事的叙事中，针对H&M、阿迪达斯、耐克等品牌污蔑新疆棉花是通过所谓"强迫劳动"采摘来的、宣布禁用新疆棉的言行，外交部表示，所谓新疆存在"强迫劳动"，是美国等极少数国家的极少数反华分子炮制的谎言，目的是搞乱新疆、遏制中国，认为美国最需要做的是实事求是地反省自身人权严重问题。美方挖空心思地抹黑打压，反而让洁白质优的新疆棉花被更多的消费者认识，更加供不应求，进一步成为新疆农产品的重要名片。外交部还引用"笑死，无效抹黑，反向推广""谁妄想欺负中国必将碰得头破血流"等价值鲜明、表达时尚的话语，亮明我方的态度，引发青年民众的共鸣。面对现实中一些国家对于中国的刻意诋毁抹黑，当代青年在"他者"的语境中激活了对共同民族利益、共同国民身份、共同历史使命的觉知。一时间，青年明星纷纷与辱华品牌解约，青年民众之中也掀起抵制辱华品牌的热潮。

三 "我热爱中国"：情感动员中爱国主义的话语升华

个体对于国家的感知，既包括理性认识部分，也包括感性部分。与基于知识概念和逻辑思维的理性认识不同，感性部分是以情感和主观体验为基础的。马克思认为，"人作为对象化的感性的存在物，是一种受动的存在物；因为它感到自己是受动的，所以，是一个有激情的存在物。激情、热情是人追求自己对象的本质力量"[①]。爱国主义的感性部分是主体对祖国的情感态度和道德意识的统合体，由关于国家的稳定信念、忠诚感、归属感、荣辱感综合构成，具有能动性、自觉性、积极性的主体性结构以及无意识性、条件反射式的情感特质。其中，民族自豪感和民族屈辱感是不可或缺的部分。这对应了爱国主义教育话语主流叙事的两个部分——以"辉煌记忆"激发人们的骄傲和自豪的感情，使人们对民族、对国家的未来充满信心，激发起复兴中华民族的使命感和责任感；以"悲伤记忆"激起人们耻辱的感情，使人们生发知耻而后勇的决心，以及为国家、为民族献身的勇气。

（一）爱国主义"自豪"情感的正向话语激励

自豪作为一种情感，即"感到光荣"。爱国主义自豪感作为一种对祖国、对民族在历史文化、传统精神、价值取向、现实状况、未来发展方面体现出的优势，予以充分认同并引以为荣的心理体验，是引发爱国主义的重要因素，也是帮助个体从关注狭小自我中解脱出来融入伟大事业的重要引擎。爱国自豪感主要来自国家的优越性叙事。国家认同建构的三种"国家叙事"（同质性叙事、差异性叙事、优越性叙事）之中，优越

---

① ［德］卡尔·马克思：《1844年经济学哲学手稿》，人民出版社2014年版，第104页。

性叙事是产生国家自豪感的重要来源,也是爱国主义教育主流话语叙事的重要方面。

政治庆典是激发自豪情感重要的话语方式。政治庆典程式化的形象表演、声音话语、行为动作、象征符号等符号信息将人们吸引到一起,烘托形成一个强大的"感染域",使受众主体得以获得观念的升华与荣耀的认同。中华人民共和国成立以来重要庆典的举行地——天安门广场,宏伟壮观,坐落在国家首都的中轴线上,是伟大祖国强盛有力的象征。在新中国成立70周年的仪式上,天安门广场承载了70组彩车的展现,10万群众的欢快游行,36个方阵的主题展示,"伟大的中国人民万岁""伟大的中国共产党万岁""伟大的中华人民共和国万岁"等标语在天安门广场呈现,展现了大国实力、大国气象、大国精神,让观者不自觉受到感染。正如涂尔干所言:"正是在仪典中,他们重新锻造了自己的精神本性。"[①] 仪典使受教育者在共享信息的情境中获得一种"共同身份"的意识形塑,通过特定时空的价值凝聚形塑出一种"集体"归属意识的生产。尤其是在巨大的成就展示面前,国家发展的优越性在仪式的展演之下能够使受教育者升华出一种集体自豪感,加强自身与集体、与国家的联结,个体也似乎获得了一种自我身份确证的正义力量,以及一种因集体主义而生成的精神统一律。

电影《流浪地球》以科幻片的形式讲述了一个体现中国文化优势的故事,影片坚守中华文明立场,以人类团结协作和责任担当的精神内涵展现出中国价值的优越性。应对太阳急速衰老膨胀,地球留在太阳系无法栖居的困境,中国方面提出的"流浪地球"的计划,拟在地球表面建造上万座发动机和转向发动机,推动地球离开太阳系。随着流浪地球计划的展开,中西文化价值的优劣较量也逐步呈现:西方个人英雄主义无法引领时代,"没有人的文明,毫无意义",回归"人的尺度",以热爱生命、热爱家园、热爱人类为感情基调的中国文化脱颖而出,成为人类未来的担当。以精良的科幻制作展现的一场中国国产尖端装备、中国科技和中国制造的盛宴,同样充分激发了人们的自豪情感。

[①] [法]爱弥尔·涂尔干:《宗教生活的基本形式》,渠敬东等译,商务印书馆2011年版,第495页。

(二) 爱国主义"耻辱"情感的逆向话语激励

法国思想家赫南指出："在人们的共同记忆中，灾难与伤痛比享乐或是光荣更重要，也更有价值，因为它更能紧密结合民众，唤起患难与共的情感，进而使人民凝聚成为一个坚实的共同体。"① 马克思说："耻辱本身已经是一种革命……耻辱就是一种内向的愤怒。如果整个国家真正感到了耻辱，那它就会像一只蜷伏下来的狮子，准备向前扑去。"② 民族屈辱感是激发爱国主义情感的重要来源。青年爱国主义教育主流话语叙事善于以历史创伤记忆为引证话语，引发人们强烈的民族耻辱感，促使人们反思民族灾难的根源，增强爱国的情感和振兴祖国的责任感。

我国设立了三个国家公祭日，分别是9月3日中国人民抗日战争胜利纪念日、9月30日烈士纪念日、12月13日南京大屠杀死难者国家公祭日。国家公祭日的设立和纪念话语可帮助青年深刻认知国家民族的过去、现在和未来，保存和传承国家民族集体记忆，充分体会中华民族遭受的苦难和创造的辉煌，激发起复兴国家的崇高使命感。如在国家公祭仪式上，凌厉的警报声响彻城市上空，表达对30余万遇难同胞的深切缅怀哀悼，更是表达对段灾难历史的深刻反思或是警醒。还有南京大屠杀幸存者以及部分去世幸存者家属来到侵华日军南京大屠杀遇难同胞纪念馆内的遇难者名单墙前，为逝去的亲人送上鲜花，青年人来到侵华日军南京大屠杀遇难同胞纪念馆留下哀思，国人自觉地传承历史记忆，化作民族复兴的不竭动力。一部中国近现代史既是中华民族的苦难史，也是屈辱史，中国在帝国主义侵华战争之下，生灵涂炭、赤地千里的悲惨情形，对于青年群众来说有着丰富的感染力和说服力。习近平总书记在2015年9月3日纪念中国人民抗日战争暨世界反法西斯战争胜利70周年大会上讲道："中国人民抗日战争和世界反法西斯战争，是正义和邪恶、光明和黑暗、进步和反动的大决战""面对侵略者，中华儿女不屈不挠、浴血奋战，彻底打败了日本军国主义侵略者，捍卫了中华民族5000多年发展的文明成果，捍卫了人类和平事业，铸就了战争史上的

---

① 吴玉军：《论国家认同的基本内涵》，《中国特色社会主义研究》2018年第1期。
② 《马克思恩格斯全集》（第1卷），人民出版社1956年版，第407页。

奇观、中华民族的壮举。"① 2021年孙春兰在南京大屠杀死难者国家公祭仪式上的讲话中指出，"为了反抗日本军国主义的野蛮侵略，挽救民族危亡，中国共产党率先高举武装抗日旗帜，广泛开展抗日救亡运动，推动建立抗日民族统一战线，坚持全面抗战路线，支撑起中华民族救亡图存的希望，成为全民族抗战的中流砥柱！经过14年艰苦卓绝的斗争，中国人民以3500多万人伤亡的沉重代价打败了日本侵略者，孕育了伟大的抗战精神，取得了中国人民抗日战争的伟大胜利，也为世界反法西斯战争胜利作出了重大贡献。从此，再也没有侵略者可以在中国的土地上横行肆虐，中华民族迎来了从近代以来陷入深重危机到走向伟大复兴的历史转折"②。国家公祭日、烈士纪念日的设立通过祭祀被侵华日军屠杀的死难同胞，在抗日战争中为中国的解放事业英勇献身的英烈，不断地重建记忆，唤醒曾经的国耻、创伤记忆，让共同的哀痛、悲伤、难过情绪体验将所有的成员团结在一起，使个体对集体的归属感和认同感进一步加深，同时唤起了人们居安思危的紧迫感和责任感，勿忘国耻、圆梦中华的使命感。

四 "我梦想中国"：愿景勾画中民族复兴的话语激励

青年爱国主义教育话语的叙事离不开对国家所取得成就的展示与赞美，离不开对国家曾经经历的伤痛的回顾与警示，也离不开对国家美好未来的想象。有关未来的叙事是青年爱国主义教育主流叙事的一个极为重要的组成部分。青年爱国主义教育的"未来"叙事在于探索和预测国家发展的趋势、动向、前景，畅想国家未来的蓝图，表达相关的承诺与期许。虽然是面向未来，它指向的却是"现在"，通过未来叙事赋予青年民众以方向感，动员青年民众投身到创建未来、实现美好蓝图的集体行动中。其中最为典型的是"中国梦"的梦想叙事。

（一）梦想的集体叙事

"梦想"是愿景勾画下未来建构的未来叙事，通过营造共同的未来目

---

① 《伟大复兴需要一代代人为之努力》，《光明日报》2015年9月6日第1版。
② 孙春兰：《中共中央、国务院在南京举行二〇二一年南京大屠杀死难者国家公祭仪式》，《光明日报》2021年12月14日第2版。

标、引入共同命运，从而显著增强群体成员将自己纳入国家民族的一体感，成就一种"共情装置"。梦想是群体的，因此爱国主义梦想叙事往往以"我们"的身份展开。歌曲《我们都是追梦人》写道："每个身影，同阳光奔跑我们挥洒汗水，回眸微笑一起努力，争做春天的骄傲，懂得了梦想，越追越有味道，我们都是追梦人，千山万水，奔向天地，跑道你追我赶，风起云涌，春潮海阔天空，敞开温暖怀抱，我们都是追梦人，在今天，勇敢向未来报到，当明天，幸福向我们问好，最美的风景是拥抱。""每次奋斗，拼来了荣耀，我们乘风破浪，举目高眺心中力量，不怕万万里路遥，再高远的梦呀，也追得到。"这个"我们"奔赴向未来和梦想，春天、春潮、海阔天空构成了沿途的美好意象，叙说奔赴未来的美好。《少年》（建党百年版）叙说了少年百年初心未改，写道，"我还是从前那个少年，初心从未有改变，百年只不过是考验，美好生活目标不断实现，这个世纪少年使命永远放心间，面前再多艰险不退却"，"探月问天，5G领跑，全球科技创新与时俱进绝不放手""新时代一起打赢新的战役，未来已来，更加值得期待，砥砺前行，我们要一起征途漫漫，惟有奋斗""一步一脚印，撸起袖子加油干，实现中华民族的伟大复兴梦想""'十四五'时期将会面临新的挑战，相信下份成绩单会更加地好看，从不会空喊，梦想付诸实干向前看，一起见证更多奇迹实现。"这首歌以少年集体口吻来叙说百年梦想的赓续，展现了面向未来的积极心态和实现民族复兴的坚决信心。

（二）梦想的个体叙事

与梦想的集体叙事形成呼应的是爱国主义教育话语的个体梦想叙事。在个体梦想叙事中，"梦想"更清晰地成为每个中国人的追求，通过典型的讲述鼓励青年人心怀梦想，在身体力行中融入中国梦，创建美好未来。比如电视剧《山海情》在易地搬迁脱贫的事业中，刻画了一群在扶贫与共同富裕的召唤下的共产党员，如凌一农、陈金山、马得福、杨县长、吴书记等，在他们的支持、帮助和引导下，贫困群众变"要我脱贫"为"我要脱贫"，靠勤劳双手摆脱贫困、发展致富。马得宝、白麦苗、李水旺、李水花等年轻人率先转变观念，走上了致富路。其中，凌一农教授和他的团队致力于推广双孢菇养殖，帮助贫困户脱贫。他与养殖户一起建棚、拌料、播菌、收菇、推销，面对菇农毁棚、市场饱和滞销的情形，他坚持不懈，自己贴钱稳定菇农，甚至为保护贫困户利益竟然不惜和菇贩子打架，表现出一名专家型人才的坚韧和担当。影片通过这样的故事告诉观众，人们每个人追求富裕的梦想与国家追求脱贫攻坚、共同富裕的梦想是同步的，中国梦既是国家的梦、民族的梦，也是个人的梦。电视剧《大江大河2》讲述了1988—1992年个人的奋斗史、梦想史与社会主义现代化建设同步追求、同步实现的过程。三位男主人公宋运辉、雷东宝、杨巡分别从工业建设、农村发展以及商业三个领域追逐梦想。其中宋运辉在1988年时遇上基建压缩的大背景，面对是调回金州，还是等待部里安排去新的岗位，宋运辉选择优化东海项目，与当时国家发展的真正需要相吻合，是个人命运与时代进程的一次契合。该剧通过讲述宋运辉等以躬自入局，挺膺负责的实干精神，体现了"把社会主义现代化建设放在一切工作的首位"的理念，普通人同样可以推动时代蜿蜒前进。电视剧《繁花》记录的是改革开放年代处于经济发展前沿城市上海的故事，主要讲述了20世纪90年代以阿宝为代表的小人物利用时代机遇和个人才华，在充满挑战的社会浪潮中勇敢迎难而上，通过坚韧不拔的努力和决心，逐步改变自己的命运并实现个人成长的故事。作为改革开放的弄潮儿，他们的命运折射出了一批同样在上海奋斗的普通人的身影。该剧以勇敢与坚韧、乐观与积极的时代精神为底色，回望过往，观照现实，实现了与同在拼搏奋斗的当代青年人的共鸣、共振、共情，深受青年人的喜爱。

梦想叙事将国家愿景放置在未来的时空之中，凭借对未来中国图景的展示，联通个体熟识的日常生活情境和青年人追求美好生活的梦想，打动每一位普通平凡的青年人，从而在青年人心中构建起与国家发展同步，为国家发展和个人梦想奋斗的豪迈之情。

五 "我奉献中国"：为国奋斗中榜样示范的话语引领

榜样示范是青年爱国主义教育的重要话语方式。习近平总书记高度重视榜样示范的作用，一个有希望的民族不能没有英雄，一个有前途的国家不能没有先锋，他强调："伟大时代呼唤伟大精神，崇高事业需要榜样引领"①。在谈到自己的榜样时，习近平总书记回忆道："我当知青、上大学、参军入伍、当干部，我心中一直有焦裕禄同志的形象，见贤思齐，总是把他当作榜样对照自己。焦裕禄同志始终是我的榜样。"②《新时代爱国主义教育纲要》也指出，新时代爱国主义教育要"发挥先进典型的引领作用"，"以榜样的力量激励人、鼓舞人""广泛开展向先进典型学习活动，引导人们把敬仰和感动转化为干事创业、精忠报国的实际行动"。③

（一）官方榜样的正统叙事

近年来，党和国家不断完善国家勋章和国家荣誉称号制度，发挥榜样的引领作用。党的十八大提出"建立国家荣誉制度"，党的十八届四中全会决定要求"制定国家勋章和国家荣誉称号法，表彰有突出贡献的杰出人士"。第十二届全国人大第十八次会议通过《中华人民共和国国家勋章和国家荣誉称号法》，提出制定此法的目的在于"褒奖在中国特色社会主义建设中作出突出贡献的杰出人士，弘扬民族精神和时代精神，激发全国各族人民建设富强、民主、文明、和谐的社会主义现代化国家的积极性，实现中华民族伟大复兴"④。

国家荣誉奖励是世界各国的通用做法，一般由国家元首亲自授予勋章、奖章，并通过举办庄严、隆重的授予仪式表示对获奖者的重视和鼓励。如美国的勋章荣誉体系可划分为军事领域和民事领域，有国会金质奖章、总统自由勋章、飞行十字章、银星勋章、铜星勋章等。英国早在中世纪就设立了骑士勋章以及对应勋位，用于鼓励各级贵族、平民更好地为王权服务。法国现行的国家级勋章主要是针对各个行业的综合性勋章，如荣誉军团勋章和国家功勋勋章；针对军事领域的勋章，如解放勋章、军功奖章等。国家荣誉的设立和颁授是国家行为，荣誉称号受国家法律保障，荣誉获得者的功绩记入国家史册，荣誉获得者受到国家的赞美宣传并成为人们尊崇学习的榜样。从这个意义上说，国家荣誉制度具有国家权威性、崇高性和神圣性，具有凝聚、引导国民爱国的道德力量。

---

① 《深入开展学习宣传道德模范活动　为实现中国梦凝聚有力道德支撑》，《人民日报》2013年9月27日第1版。
② 习近平：《论中国共产党历史》，中央文献出版社2021年版，第29页。
③ 《新时代爱国主义教育实施纲要》，《人民日报》2019年11月13日第6版。
④ 《中华人民共和国国家勋章和国家荣誉称号法》，《人民日报》2015年12月28日第8版。

"作为国家治理的工具，国家荣誉是价值权威性分配的重要途径，发挥着政治社会化、价值观塑造和规训公民行为等方面的作用。"① 我国作为社会主义国家，国家荣誉制度通过把握荣誉授予的政治方向，选树出一批爱国报国、奋发有为的榜样人物，引领社会道德风尚，引领精神文明建设，维护国家核心利益，推动社会主义核心价值体系的建立，为青年爱国主义教育话语提供了新的实践路径。

在2019年举办的中华人民共和国国家勋章和国家荣誉称号颁授仪式上，于敏、申纪兰、孙家栋、李延年、张富清、袁隆平、黄旭华、屠呦呦被授予了"共和国勋章"。此外，还授予了"友谊勋章"、"人民教育家"国家荣誉称号、"人民艺术家"国家荣誉称号、"人民英雄"国家荣誉称号、"人民楷模"国家荣誉称号、"民族团结杰出贡献者"国家荣誉称号、"'一国两制'杰出贡献者"国家荣誉称号、"外交工作杰出贡献者"国家荣誉称号、"文物保护杰出贡献者"国家荣誉称号。在称号颁授仪式中，由礼兵护送国家勋章和国家荣誉称号奖章入场，习近平总书记向国家勋章和国家荣誉称号获得者颁授勋章奖章，最后由少先队队员向国家勋章和国家荣誉称号获得者献花。习近平总书记在颁授仪式上讲话，指出"受表彰的国家勋章和国家荣誉称号获得者，是千千万万为党和人民事业作出贡献的杰出人士的代表"②。"他们身上生动体现了中华民族精神和社会主义核心价值观，他们的事迹和贡献将永远写在共和国史册上"③，号召"全党全国各族人民要像英雄模范那样坚守、像英雄模范那样奋斗，共同谱写新时代人民共和国的壮丽凯歌！"④

国家勋章和国家荣誉称号获得者都是为我国社会主义现代化建设和中国特色社会主义事业作出重大贡献的杰出人士，在他们身上，体现了爱国报国的美好情怀，蕴含着对党和国家的坚定信念、对社会主义事业

---

① 韩志明、史瑞杰：《国家荣誉的社会认知——基于问卷调查数据的实证分析》，《中国行政管理》2015年第10期。

② 习近平：《在国家勋章和国家荣誉称号颁授仪式上的讲话》，《实践（党的教育版）》2020年第10期。

③ 习近平：《在国家勋章和国家荣誉称号颁授仪式上的讲话》，《实践（党的教育版）》2020年第10期。

④ 《共同谱写新时代人民共和国壮丽凯歌》，《人民日报》2019年9月30日第2版。

的坚强信心。电视剧《功勋》全面展现了这八位国家荣誉获得者的成长经历、事业成就、奋斗历程。全剧分为《能文能武李延年》《无名英雄于敏》《默默无闻张富清》《黄旭华的深潜》《申纪兰的提案》《孙家栋的天路》《屠呦呦的礼物》《袁隆平的梦》八个单元,凸显八位国家荣誉获得者将国家事业与个体事业相结合,为党和国家事业奋斗奉献的精神品格。如张富清的故事关联着革命战争、新中国建设的国家叙事,主要描绘其为建立新中国浴血奋战,转业后深藏功名、坚守初心,深入贫困山区为民造福。于敏、孙家栋的故事关联着新中国国防事业的国家叙事,作为首颗人造地球卫星、北斗卫星导航系统、绕月探测工程技术总负责人,坚持60多年为我国航天事业作奉献。袁隆平的故事关联着我国以占世界7%的土地养活占世界22%的人口的国家叙事,自开创杂交水稻研究,50多年来持续为祖国和世界人民的温饱问题不懈奋斗,为我国粮食安全、农业科学发展和世界粮食供给作出巨大贡献。申纪兰关联着新中国制度创新的国家叙事,她首倡"男女同工同酬",60多年来带领群众艰苦奋斗,推动老区经济建设和老区人民脱贫攻坚。

国家崇尚何种价值,认可何种行为,赞扬何种态度,褒奖何种贡献,弘扬何种精神,均能从国家荣誉中得到集中的体现。习近平总书记强调,崇尚英雄才会产生英雄,争做英雄才能英雄辈出[①]。功勋人士的表彰和故事叙说,凸显其为实现中华民族伟大复兴的使命担当和奉献精神,以及其忠诚爱国、艰苦奋斗、淡泊名利、任劳任怨的道德品质。对创造这些辉煌成就的伟大人物和人民的肯定,同样映射出对国家艰辛奋斗和辉煌成就的肯定。这样将个体叙事与国家叙事关联起来的叙说方式,不仅勾勒出清晰的英雄图谱,使中国精神具体、生动、可见、可感,而且更加有利于激发广大青年群众开拓进取、建功立业、爱国报国的拼搏精神和奋斗热情。

(二)民间榜样的活泼叙事

青年爱国主义教育主流话语的榜样叙事需要宏大叙事与细小叙事的结合。国家层面的榜样叙事是一种权威、经典的叙事方式,然而榜样文

---

① 《新华月报》编:《新中国70年大事记(1949.10.1—2019.10.1)》(下),人民出版社2020年版,第2006页。

化的传播仍然需要日常化、在地化的参与。事实上，源于大众的榜样、身边的榜样更加真实，更能够引发人们的共鸣，更容易教育和引导人们笃定"伟大出自平凡、平凡造就伟大"①的理想信念和奋斗精神，让个体产生学习、追赶和超越的动力，由内心认同带来言行举止上的效仿。

　　电影《我和我的父辈》以身边父辈的亲近语态，讲述了在革命、建设、改革开放和信息现代四个不同历史时期中，几代父辈和各时期的代表性群体不忘初心、砥砺前行，传承民族精神的奋斗历程。如在革命时期选取了冀中骑兵团的故事。冀中骑兵团在1942年"五一"反"扫荡"期间本已成功跳出了敌人包围圈，为牵制敌人又返回根据地腹地开展战斗，经历60余天的拼死冲杀后终于在数万敌人的"铁壁合围"中撕开一道口子，英勇地完成了任务。最终团长、政治处主任壮烈牺牲，政委负重伤饮弹自尽，剩下不足1/3的队伍。在建设时期选取了一个航天之家的故事。1969年一个航天之家在戈壁深处为了祖国的航天事业，为发射中国第一颗人造地球卫星东方红一号这项伟大事业，不畏艰难，代代坚守航天一线，传承着勇于探索、勇攀高峰的航天精神。在改革开放时期选取了第一支电视广告的故事。在20世纪70年代末的上海，赵平洋抢占时代先机，为滞销产品参桂养荣酒拍摄了中国第一支电视广告，虽然广告拍得像电视新闻片一般形式粗泛，但标志着我国内地电视广告媒体的开始，赵平洋成为这场创新浪潮的代表。在新时代选取了机器人穿越的故事。来自2050年的机器人邢一浩穿越回到2021年，与邢一浩阴差阳错地组成临时父子的少年小小，因飞机没有成功飞起而陷入沮丧，邢一浩潜移默化地启发了他并引导他持续追梦，最后小小和邢一浩在未来见面共同庆祝时空旅行的胜利。

　　电影《我和我的祖国》选取大事件中的小事件，以与大事件关联的小事件讲述普通人的爱国主义情怀。例如，电动旗杆设计安装者林治远、护旗手老方在中华人民共和国成立前夕，为保障开国大典国旗顺利升起，与千千万万参与开国大典的工作人员和人民群众一起齐心协力，一夜未眠，攻克种种难题终于让五星红旗顺利飘扬在了天安门广场上空；国防科技战线的科研工作者高远因原子弹研发工作保密度极高，三年未与家

---

① 《中国共产党简史》，人民出版社、中共党史出版社2021年版，第493页。

人联系，后来因病离岗，在公交车上偶遇曾经的恋人方敏，但是在国家大爱和情侣小爱之间，他们选择了国家大爱而舍弃了情侣小爱，没有走向相聚；摆在上海石库门弄堂的黑白电视机播放着中国女排在1984年洛杉矶奥运会夺冠，首获世界大赛三连冠的比赛画面，邻居们前排马扎、中间椅子、后面踮起脚尖，层层叠叠聚在一起观看，为中国队的成功大声欢呼，体现出普通民众与国家情感相连、命运相连的内在关系；升旗手朱涛、港警莲姐、外交官安文彬、修表匠华哥在香港回归仪式前夕，为确保7月1日0点0分五星红旗分秒不差地飘扬在香港上空，刻苦训练，最终成功完成任务，展现出普通香港市民将香港回归、国家利益作为头等大事放在心头的朴素情怀。

诸如这种身边的榜样的爱国举动，从平凡的生活中呈现不平凡的闪光点，更加具有可鉴可学性。榜样的教育并不是一种灌输性的教育，而是通过分享榜样的人生历程及精神品貌"直接示范"，阐释并弘扬正确爱国价值观念，促成受教育者爱国道德、爱国情感和爱国意志的内在建构。借由爱国榜样叙事，爱国主义体现得更加具象化，更加可感化。受教育者被榜样人物的真实生活感染、说服，在与榜样的比较中获得更加强大的正向情感冲击和道德感召，进而生发出向榜样学习、向榜样看齐的内在动力，优化自己的爱国主义价值观和行为取向。

第三节 "百年大变局"下青年爱国主义教育话语的破圈叙事创新

青年爱国主义教育话语不能仅停留在主流叙事层面，还需要深入高度分工、群体高度分化的社会中，需要不同社会群体、不同主体的"分担"和"解析"，才能最终随着社会运行扎下根来。这意味着爱国主义教育话语要打破关键群体的圈层，把握青年群体话语的代际特征，围绕他们的话语兴趣和话语偏好，使爱国主义教育话语与他们的话语生产方式有机结合起来，让青年群体在其所擅长的、所喜爱的话语情境中主动言说、主动传播，建构起青年爱国主义教育话语的破圈叙事模式，才能使其脱离因抽象、普遍而带来的"悬浮"危险，在青年群体中获得生命力。

一　青年群体话语的圈层化及其机制：以Z世代为例

"Z世代"，泛指1995年后网络发展起来至其后20年间出生的新时代人群，又称"网络世代""互联网世代"，在中国已占到人口数量的16%。习近平总书记在2021年全国两会中指出，"现在这一代年轻人，也在变化之中，他们的心态、思想也在改变"。[①] Z世代标签鲜明、极富个性，勇于说不，具有鲜明的代际特征，尤其体现为一种圈层化的特征。圈层是以兴趣、情感、利益等作为维系手段，具有特定关系模式的人群聚合。Z世代借助网络世界，以价值取向、共同需求、兴趣爱好、行为习惯等为依据迅速完成筑圈，形成了"我们"和"你们"的区别。比较有影响力的圈子包括国风圈、动漫圈、饭圈、电竞圈等，这些圈子都有稳定的人际圈层交往，有稳定的圈层性质，体现出一种圈内同质、圈外排他的特质。圈层中的青年人认同圈层的特定趣味、风格、行为和价值主张，凝聚力强，且往往并不追求"出圈"，有一定的保守化和封闭性的倾向。马费索利认为，新组成的圈层部落中尚崇"保密法则"，保密法则能将自己所在的圈层与外部世界区分开。这些相互区隔的社交圈层实际上反映了青年群体身份区隔、认知分层的现状，也深深地影响着青年的社会认同构建，以及认识世界、理解世界的方式。Z世代圈层的发展总体呈现三种趋势：一是不同圈层的交叉融合，形成了多元多彩的青年文化图景。例如"小粉红"群体往往带有复合的身份标签，如"同人圈""ACG（动画、漫画、游戏的总称）爱好者""帝吧网友""工业党""军迷""键政圈""兔吹""粉丝"等。二是圈层内衍生出许多的亚文化。比如二次元文化圈有很多的亚文化，如治愈系、萌宠系、燃系、热血系等，基本都是来自动漫的内容类型，这些亚文化成了年轻人自我描述情感和感受的标签。三是随着互联网的进一步发展，尤其是元宇宙等社交网络出现，圈层文化由于与青年群体弥合落差、求关注、从众和自我保护等心理动因高度吻合，在新的技术条件之下圈层固化、圈层拓展等有进一步向前的新空间和新趋势。

[①]《"'大思政课'我们要善用之"（微镜头·习近平总书记两会"下团组"·两会现场观察）》，《人民日报》2021年3月7日第1版。

话语区隔和话语准入是青年群体话语圈层化的两大机制。群体区隔的主要工具是符号区隔。某一圈层拥有自己特定的符号体系，这一符号体系脱离了社会主流"话语秩序"，成为群体文化建构的基本载体，群体成员对群体的归属感，对群体外成员的排斥、区隔，皆源于此。也就是说，圈层区隔的实现是以符号区隔为途径的，在圈层里个体被符号定义，符号的区隔与壁垒也就造就了群体的区隔与壁垒，拥有不同符号系统的群体因此固化在一定的群体版图中。"亚文化的风格始终是社会符号的隐喻，它需要借助已有的意义系统与物品体系，通过对物品的选择性挪用和对意义的适当性篡改来实现。"[1] 青年圈层化的话语符号的个性化、风格化实现多是借助嫁接、拼贴、表征等方式，形成"黑话"，在典型的小众化趋势之中享受话语的创新创造以及群体共享的快乐。如佛系文化、颜值文化、嘻哈文化、鬼畜文化等，均有一系列独有的文化符号，在青年文宣战中，Meme（迷因）大战、图片、漫画、表情包、段子、梗、短视频、音乐都是文宣战的武器。在新媒体技术与互联网的加持之下，青年可以更加大胆地进行符号创制，将各种文本、音乐、图像等符号进行挪用、拼贴、嫁接以及重构，反映出后现代社会青年群体特色的圈层化表达方式。事实上，能否识别、使用这类不同常规的特殊语言，成为区分圈层内外的标准。一方面，圈层内的青年群体网络社交进一步强化，思维相近且拥有共同兴趣爱好的成员在圈层化话语的推动下进一步强化了群体认同及群体黏性，圈层边缘的稳定性更加凸显，圈层内部话语也更加具有封闭性和私密性；另一方面，对于圈内话语秩序外的存在，"他者"被排斥于圈外，丧失了话语权，"你懂的""隔圈如隔山""不懂勿犯"成为圈层化青年群体交往的基本常态。这些实际上加剧了不同圈层之间的文化分离，以及区隔式发展。值得注意的是，虽然青年群体之中有着不同的圈层区隔，作为整个青年群体同时又与社会其他群体有着符号区隔，哔哩哔哩的准入制就很好地验证了这一点。人们在成为哔哩哔哩正式会员前，需要经过一系列的测试，里面包括哔哩哔哩一系列的圈层话语，如果不能通过测试则不能注册为会员。这种严格的准入机制将

---

[1] 胡疆锋：《伯明翰学派青年亚文化理论研究》，中国社会科学出版社2012年版，第78页。

整个青年群体与其他群体之间文化区隔变得更加坚固。

二 "萌"与"燃"：青年爱国主义教育话语中的情感慰藉和释放

"萌"与"燃"均源自日本动漫，作为一种二次元表达方式，是青年群体喜爱并时常使用的表达风格。当代青年将自己喜爱的"燃"与"萌"的元素揉进爱国主义教育话语表达之中，通过创造性地实践、使用与发展，使爱国主义情感在青年日常生活的文化形式中得以慰藉和释放，是当代青年爱国主义教育话语破圈叙事的路径之一。

（一）萌文化中的青年爱国主义教育话语

萌文化最早源于日本，泛指一种以可爱动漫形象为载体的，以轻松快乐表达方式为特征的文化方式，其特征是可爱、无邪、拟人化。萌化话语是指一种在叙事风格上借助视觉化的卡通形象、戏剧性的人设安排与戏谑化的网络语言。在当代社会环境经济高速发展、生活高度"内卷"，及工具理性的双重压力之下，萌化话语带给人们"纯良无害"的感觉，符合青年群体对于情感的单纯化、温暖化期待。同时，投放于可爱的动物形象中的话语表达亲切可爱，也降低了人群之中的陌生感和隔阂感，消解了产生冲突的可能。萌化话语因符合青年人的心理需求，迅速在青年群体中蔓延，成为当代青年的主流话语方式之一。

在《那年那兔那些事儿》中，以二次元萌系动物漫画形象"兔子"为载体（指代中华民族），讲述了这群兔子在经历困难之后，依靠自身的顽强拼搏变得更强大的故事。作品将国家赋予人格化特征，将"萌萌哒"动漫语汇嵌入历史表达，叙述了新中国成立前后国内外一些军事和外交的重大事件，是一个成功的爱国主义教育"萌"化作品。第25届"四川青年五四奖章"对作品表彰评价道，"用拟人化的'笑中带泪'的方式创作爱国主义主题《那年那兔那些事》系列动漫，用最潮的'梗'讲述历史，用最炫的'画'引领时尚，用最'燃'的情激励青年，传递文化自信，传播正能量"[①]。作品的成功之处在于，一是将国家间的残酷斗争经动漫化处理后，转化为一群可爱萌化的卡通动物的家常叙事。并且按照

---

① 吴晓铃：《"四川青年五四奖章"获得者林超"每一只兔子都有一个强国梦"》，《四川日报》2022年6月21日第9版。

"好—坏"二元对立模式来叙述中国与其他国家的利益纠葛,使抽象复杂的国际关系转为具象、亲切可人的人际比拟,从而增进观众的理解和共情。经"萌化"处理后的国家,观众在观看时更容易投射情感。二是借鉴青年人所熟悉的游戏升级打怪的线性叙述模式,描绘中国的发展过程,大胆削减历史事件细节,按照"受阻—突围"的游戏通关模式单线展开,更容易受到青年人的欢迎。新时代青年看到了革命一代的付出与奋斗,感受到了作者想要传递的爱国之情,进而衍生出了"我兔威武""守护全世界最好的阿中""此生无悔入华夏,来世还生种花家"等公共表达,在网络上被反复引用,引起了极高的传播率。

　　动漫《领风者》去掉马克思的脸谱化,将他们从政治书上打破次元壁来到二次元,用萌化形象呈现一个代际沟通的尝试。通过讲述马克思成长、挫折、爱情、友情、痛苦的故事,让青年人知道马克思也并不是高高在上的神,他也曾迷茫过、堕落过、"中二"(青少年叛逆时期一种自我意识过剩)过,和普通人一样是活生生有血有肉的人。同时,在个人的完善与人类的幸福之间,马克思选择了后者,用一生的精力和心血构建了谋求人类解放的思想体系,深刻影响了世界发展的面貌、历史发展的走向。在拉近了青年与马克思主义的心理距离的同时,又给予青年人以成长的启示、爱党爱国和爱社会主义的熏陶。动画片《大王日记》聚焦脱贫攻坚,通过动漫形象橘猫"大王"视角,将脱贫攻坚这场重要战役与温情搞笑的设定相结合,讲述了一位支教青年来到贫困山村帮助村民脱贫的温暖故事。其中出现的每个角色都是脱贫事业中参与者的缩影,烘托出教育扶贫战线中,基层工作者的辛勤与伟大。此外,还有如"爱国也要萌萌哒"的 Meme、"我就喜欢你看不惯我,但又不得不和我一起建设社会主义"表情包等,这类爱国主义教育萌化话语拉近了主流意识形态话语与青年的距离,以"国家"作为拟人对象投射感情,使爱国主义这样的严肃话题轻松化、亲切化,轻松融入了二次元的情感空间和青年人的心理世界。

　　(二)"燃"文化中的青年爱国主义教育话语

　　"燃"文化与萌文化一样,源于 ACG 圈子的亚文化,它往往指向一种类似主人公在绝境中燃起信念、触底反弹而奋力一搏的热血状态,常在日本动漫中出现。近年来在《斗罗大陆》《哪吒之魔童降世》等中国动漫中这种激发热血精神的"燃"元素也时有出现。在燃系 IP 里，往往有一个肩负着强大任务或使命的主角，以一种富有正义感和崇高感的行动逻辑对抗一个强大的黑暗世界，从而突破自我，燃起信念，常伴随激情澎湃的音乐和战斗竞技的场面，让年轻人从中感受到自己的热血和梦想。《中国青年报》2019 年刊发的《"燃"文化在年轻人中蔓延》一文对"燃"文化予以充分的肯定，代表着"燃"文化自此进入了主流意识形态的视野。

"燃"系表达被挪用至爱国主义话语中，与国家、民族、英雄等政治符号相拼贴，形成了与青年群体偏好接轨的爱国主义话语表达。以《战狼》系列为代表的文化产品很好地将燃系表达的情感共鸣与官方意识形态相结合，用"燃"的手笔叙写了军人冷锋"中国战神"式的英雄爱国形象，以及撤侨行动的大国骄傲。冷锋反应敏捷，集理性和感性于一身，战术高超头脑灵活，为救助受困的华侨不惜一切代价，有着坚定的民族荣誉感。在冷锋与雇佣兵头子"老爹"决战之际，冷锋被其压制在身下命悬一线，"老爹"还以侮辱的言语挑衅冷锋，说道："你们这些民族就是懦弱胆小，就该一辈子被欺压。"冷锋瞬间"燃"起来，中华民族曾经历的苦难、捍卫国家荣誉的情感让他的潜能得到了激发，他奋起反抗，燃起高昂的斗志给了"老爹"重重的一拳。当冷锋以臂当旗，带领华侨和中国工人撤离时，途经硝烟弥漫、枪声密集的交战区，为顺利通过他爬上车头，鲜艳的五星红旗随风飘扬，一股凛然正气油然而生。交战区双方因此暂停交火，人们在中国军人和中国国旗的护佑下走出了炮火纷飞的交战区，登机回到了温暖的祖国怀抱。这一幕深深地冲击了观者的心灵，中国国旗、中国军人等"燃"的要素，能让青年人深刻体会到祖国的强大，涌起中国公民的无限尊严、安全与自豪感。

同样有着类似"燃"要素的是 2018 年哔哩哔哩"拜年祭"单品动漫《乒乓帝国》。该片以体育爱国为主线，讲述乒乓球运动员小马为国争光逆袭冠军的故事。在世青赛预赛中，乒乓球运动员小马首遇非洲选手 Leo 失利。小马痛定思痛，由其父亲请来"全息地狱教练团"进行面对面指导，经过刻苦训练小马最终在决赛战胜黑马 Leo，为国家争得了荣誉。正如好友大牛与小马越洋通电话时所说到的，"体育竞技的背后是经济和国力的比拼""那些为了家人，为国家荣誉，为实现自我而洒下的汗水，体育从来不会辜负""一代人，只能做一代人的事，完成这个时代赋予的使命，就是英雄，大地也会将他的脚印铭记"。支撑小马坚持下去、永不放弃的力量就是这样一种心系家人、心系国家的意念，一种强烈的为国争光的责任感。小马后来对 Leo 喊道："Leo，我同情你的身世，也尊敬你的梦想，你可以带走一切，但金牌必须留下，你背负一个家庭的命运，而我的肩上，是整座帝国。"点明了小马将个人和祖国的命运紧紧地联系在一起的精神，自强不息、为中国争光的精神，用"燃"的话语激活青年人心中的爱国情愫。

古罗马著名军事家、政治家盖乌斯·马略临危受命，在罗马被日耳曼人打败的危难之际当选为罗马执政官，他排除万难进行军事改革，最终成功地击退了日耳曼人。西塞罗认为马略之所以能够在祖国危难之时挺身而出，是因为对于荣耀的追求，对于祖国的热爱之情，他说道，"马略要是不希望，或者没有想过，为他自己赢得比今生更为长远的荣耀，他会去经历千辛万苦和各种艰难险阻吗""我们中没有一个人不会在他的祖国危难之时勇敢地保卫祖国，建功立业，希望后代能够奖赏他们""自由给我们的生命规定的限度是狭窄的，而我们的荣耀所具有的限度是无限的"。[①]《战狼》系列和《乒乓帝国》中的"燃"系表达，超越了自我的狭隘视角，展现出英雄主义的高尚情怀，责任担当的伟大意识，使爱国情感变得更具崇高性与感染力。

用"燃"叙事表达爱国情绪，在弹幕社群中表现得更明显。弹幕作为一种即时评论技术，能记录并传播人们的即时情感、即时感受并且能够在屏幕上第一时间展现，极易引起观者的共情，给予观者一种被陪伴的感觉。尤其是遇到一些视频经常被弹幕"屠版"，"刷屏式"弹幕瞬间呈现，充满了"燃"的氛围，使观看者和参与者会不由自主地卷入其中，产生情感的共鸣共振。在《日本侵华：不止是杀人》这一3分26秒视频里，有2.2万条弹幕，"忘记仇恨等同于忘记历史""你退后一步，他就会多杀一个人""若日本胆敢来，虽远必诛"等弹幕不断刷屏，在充满激情的背景音乐伴奏下，让青年的爱国情怀、爱国情感得以井喷式释放和

---

① [古罗马] 西塞罗：《西塞罗全集·演说词卷》（上），王晓朝译，人民出版社 2008 年版，第 777—778 页。

呈现。《今日中国，如你所愿》在哔哩哔哩上播放量是17.4万次，有"我大中华万岁""中国万岁""入党积极分子前来报到""这一对比，中国太不容易""哪有什么岁月静好，不过是有人替我们负重前行""我爱我的祖国""每个兔子的心中都有一个大国梦"等弹幕2000余条，体现了满满的爱国情。《我在故宫修文物》在12000条的弹幕里充斥着"看哭了怎么办，好感动好伟大""为我大天朝自豪""觉得血槽已空，美飞了"等内容。《"诸君，且听这龙吟"》短视频以原子弹研制中的英雄事迹为题材，播放量是833.4万次，弹幕3.1万条，"这威震世间的巨龙醒了""在被西方包围的今天，没有民族信仰就完了"等内容刷屏。《他们，死在了祖国胜利的前夜》在哔哩哔哩的播放量达2431万次，弹幕数达20.5万条。弹幕中类似"先辈之无量鲜血，铸我无量中华""此生无悔入华夏，来世还做中国人"的话语，极易激起青年的爱国热忱。《醒醒，中华儿女该起床了》弹幕数达24.3万条，"此后如竟没有炬火，我便是唯一的光""每天一遍，打醒自己"等内容刷屏。《新闻联播：谈，大门敞开；打，奉陪到底。经历了5000多年风风雨雨的中华民族，什么样的阵势没见过？》在全站排行榜播放量位列第三，视频浏览量161.8万次，评论数8645条，弹幕内容如"历史终将证明，谁只是匆匆过客，谁才是真正的主人""吾辈当之前""为了共和国之辉""想起一句话：沧海横流，方显英雄本色""美国永远不知道，中国人越被欺负越团结"等，彰显出青年一代强烈的民族自信和家国情感。《我们的考点，是他们的一生！高燃民国历史剧〈觉醒年代〉P1》短视频在哔哩哔哩上浏览率排行第四位，青年网友在视频中留言说，"遍地哀鸿满城血，无非一念救苍生""这部剧每一集都看得我热泪盈眶""看觉醒年代看到热血难凉，满心赤诚，泪目到停不下来""反对二十一条""日本欠下中国的累累血债还不清""为中华崛起而读书"等。这些刷屏的弹幕，展现了青年人将个人的身份投射到民族历史中，将自己与国家的历史、国家的命运融为一体的情感，是青年一代对于国家共同体、民族共同体情感的特殊表达。在这样的网络互动中，青年群体积极创作流行语、表情包、诗词等符号内容，通过转发、评论、点赞、分享、弹幕等方式进行互动，表明自己情感和立场，爱国主义情感在你来我往的互动过程中得到了相互的激发，掀起了爱国主义叙事表达的高潮。

青年时期的心理发展特征是易冲动、易感动，爱国感性化是符合其心理规律的。"燃系表达"抓住了青年人的情感征，能够抓住其原生的、自发的、自然的青年的情绪，进行渲染和推动，促使他们能在共享爱国的集体记忆之中迸发捍卫国家荣誉的使命感，凝聚强烈的国家认同之情。

三　时尚与个性：青年爱国主义教育话语中的符号消费

安东尼·吉登斯提出了生活政治的学术概念，他认为，生活政治是一种新的政治行动方式，也是一个新的政治领域①。在内容上其目的是解决高度现代性条件下人的自我实现问题，体现为向社会争取更多的生活选择自主权。他认为，生活方式十分重要，能满足人们的功利主义之需，也能为"自我身份认同提供物质形式，不仅是有关个体'如何行为'的决定，而且也是有关'要成为谁'的决定"。② 随着公共议题逐渐实现向日常生活领域的扩展，生活政治逐步取代解放政治、革命政治成为一种主流，人们实现了从解放政治向生活政治的策略转移。③ 生活政治涉及社会生活的方方面面，各种后物质主义、消费主义、日常审美选择问题都可能是生活政治的范畴。

（一）国风：从传统文化寻求的个性资源

2022年4月21日国务院新闻办公室发布的《新时代的中国青年》白皮书提到了国风潮，"从热衷'洋品牌'到'国潮'火爆盛行，从青睐'喇叭裤'到'国服'引领风尚，从追捧'霹雳舞'到'只此青绿'红遍全国，中国青年对中华民族灿烂的文明发自内心地崇拜、从精神深处认同，传承中华文化基因更加自觉，民族自豪感显著增强，推动全社会形成浓厚的文化自信氛围"④。《唐宫夜宴》《只此青绿》《洛神水赋》《忆江南》等一系国风节目，还有汉服、东方彩妆、文物盲盒、国风音乐等

---

① 张敏：《西方社会的一种新政治行动方式与政治领域：对生活政治的扩展性分析》，《国外理论动态》2020年第4期。
② 张敏：《西方社会的一种新政治行动方式与政治领域：对生活政治的扩展性分析》，《国外理论动态》2020年第4期。
③ [英]安东尼·吉登斯：《现代性与自我认同》，夏璐译，中国人民大学出版社2017年版，第199页。
④ 中华人民共和国国务院新闻办公室编：《新时代的中国青年》，人民出版社2022年版，第18页。

国潮消费品，广受Z世代所喜爱，可以说是审美风尚中的"顶流"所在。其中，汉服经济变成了一门拥有数千万消费者、数十亿产值的"大生意"。模型潮玩的浪潮与国风国潮结合，国产歼-20的机模、河南博物馆的"挖文物"系列盲盒成为市场的宠儿。在娱乐节目方面，河南卫视古风潮节目《中国节日系列节目2021季》大受追捧。如《2022重阳奇妙游》以文创书店里的玩偶们寻找回家的路，在店长爷爷的指导下开启寻宝物、寻归途的奇妙之旅为引子，引出"王勃滕王阁序一鸣惊人""孟嘉落帽""陶渊明白衣送酒"等故事剧情，凸显了王勃的笔、孟嘉的帽、陶渊明的菊花酒等带有鲜明中华特色的文化符号。舞蹈《只此青绿》以画家王希孟创作的《千里江山图》为载体，通过在文博、舞蹈、音乐、文学和非遗传承中探寻和提炼传统文化意象及其当代表达，以虚实交错的人物呈现、古今交融的情感表达、丰富含蓄的审美意蕴吸引了大量青年观众的喜爱，让他们充分感受到了中华文化的博大精深、优秀传统文化的充足魅力，燃起对中华文明的热爱之情。

国风潮具有鲍德里亚消费社会学所说的"独树一帜的心理学地位"。在国风潮中，青年人更多是在消费其中的审美价值而不是使用价值，物品的实用功能与象征意义被区分开。通过这些消费物上所携带的特殊审美符号，青年人能够直接地感受其中蕴含的国家和民族的情感和集体心理，感悟到传统文化中蕴含的情感基因、人文精神、时代价值，从而确立起自身的文化身份、寻到文化认同的情感慰藉。

（二）国货：个性区分与爱国主义的行为表达

鲍曼在研究资本主义模式与发展的过程中，发现了消费的社会整合功能。他认为，消费市场作为一种力量重新整合了社会系统和个人认同，社会的权力中心逐渐为消费市场所掌握，而消费市场和消费行为本身也促成了集中权力的消解，形成了权力多中心散布的状况。于中国青年群体中兴起的国风消费潮，在一定程度上反映出消费政治的发展趋势。然而，与西方不同的是，日常消费并非反叛和消费主流意识形态，反而在一些领域与主流意识形态形成呼应，与国家利益形成高度一致，成为推动爱国主义意识表达的另一股力量。国货消费的时尚兴起，有意强调在商品流通与消费方面维护国家利益，使青年民众的消费行动有了充分的爱国主义色彩，是青年爱国主义教育话语的破圈叙事的特殊形态。

新时代背景下，制造业高速发展带来的成果为爱国主义消费表达提供了更加广阔的实践根基，声名鹊起的"中国智造"、方兴未艾的"新国货运动""国潮现象"等，都是人们在生产和消费环节中这一表达的体现。《2022年轻人国货消费趋势报告》指出，青年人在2022年以来比以往购买了更多的国货商品，购买国产商品比购买进口商品的用户更多，两者的比值为1.7，尤其是"95后"的国货用户数，占比同比提升11%。无论是李宁、回力、六神、云南白药、大白兔等，还是带有中国元素的美妆、服装、食品备受欢迎，日化东方美学之风广为流行。更有汉服、破圈的博物馆文创产品、文创雪糕，国潮联名的白酒、口红、家具、家电、电子产品等，买国货、用国货、晒国货已成为青年人一种新的日常生活方式。其中，最为典型的消费爱国事件来自在"新疆棉"事件中对H&M的抵制。H&M是瑞典快时尚巨头企业，曾发布一份尽职声明称，该集团关注到新疆维吾尔自治区少数民族群众遭遇"强迫劳动"和"宗教歧视"的指控，"我们产品所需要的棉花将不再从那里获得"。H&M因为高性价比本是不少中产阶层热衷购买的服装产品，在我国内地市场上的发展也不错，但自从"新疆棉"事件发生后，H&M遭到了内地消费者的一致抵抗，其品牌影响力和品牌资产已出现大幅下跌。

与之形成对比的是对鸿星尔克的野性消费事件。河南受灾，大批企业踊跃捐款捐物，2020年亏损2.2亿元的品牌鸿星尔克一举宣布捐助5000万物资。这让这个本来早已为市场所忽略的运动品牌跃入公众视野，一瞬间"鸿星尔克2020年的净利润是-2.2亿元，却花了5000万元驰援灾区"冲进热搜，开始刷屏。随后，在鸿星尔克直播间里，许多爱国网友涌入直播间疯狂购物致谢，55小时内产品成交总额破亿。与此同时，围绕鸿星尔克的各种段子开始出现，比如，"本人已经在鸿星尔克购买了一身行头，日后穿出去如果不好看，那是我长得不行，跟鸿星尔克的产品没有任何关系"。又如，一男子在鸿星尔克店内购买了500元的产品，结账时付了1000元转身就跑。青年网友对鸿星尔克的野性消费，体现出对这一品牌爱国行为的激赏。

在我国，国货运动是近代以来一项历史悠久且出现频繁的群众运动形式，其起点可追溯到 1905 年抵制美货运动。1915 年为抵制"二十一条"的签订引发了反日货运动。1919 年五四运动、1925 年的抵英运动和五卅运动都掀起了抵制外货的群众运动。国货运动在 20 世纪 30 年到达高潮。民族危机的加剧和洋货输入对民族企业形成严重冲击共同推动了国货运动高潮的到来。这一时期，不仅有"国货年"的设置、国货陈列会的举办、国货商场的设立和各种国货团体的建立，更有《国货月刊》《国货月报》等直接以发展国货为办报宗旨的报纸杂志。一时间国货与"爱国"紧密相连，"战胜强敌，要用国货""提倡国货、共纾国难"标语盛行一时，提倡国货、共纾国难的思想成为人民的共识。

国风、国货的流行有两重意义。第一重意义在于凸显青年人的个性时尚。区分是时尚的特征，年轻群体将消费作为表达独特的自我、进行自我认同、体现自我地位与身份、引起外界关注的手段。正如布罗代尔所关注到的，"骚动不安的求变意志通过衣服、鞋子的形状与发型这些细小的东西表现出来"。[1] 鲍德里亚认为，人们购物不是出于使用价值，而是出于符号价值，人们从来不消费物本身，而是把物当作能够突出一个人的符号，因此消费实质上是吸收符号及被符号吸收的过程[2]。在国货消费潮中，国家荣耀、中国文化、本土产品、历史悠久的国货作为青年人热衷消费的符号，以丰富的意义供给和符号价值，体现了青年人追求个性、独立创造的价值立场和价值态度。第二重意义在于这是青年人的一种爱国主义表达。国风、国货的消费同时能够满足青年人实现归属同类的渴望，是个体建立集体认同和群体归属的重要途径。尤其是面对当前西方国家实施贸易保护主义，优先支持本国产品，国货消费重新定义了消费的文化蓝本和价值标准，对国风国货的消费成为青年人参与公共生活和公共事务的一个载体，青年人通过对本土品牌的消费与认同，对国风国货所蕴含的中国文化的"共同之根"的认同，在日常消费实践中实现国家认同，进一步巩固了对民族国家共同体的想象。

---

[1] 邢海燕：《"国潮"与"真我"：互联网时代青年群体的自我呈现》，《西南民族大学学报（人文社会科学版）》2021 年第 1 期。

[2] ［法］鲍德里亚：《消费社会》，刘成富等译，南京大学出版社 2014 年版，第 3 页。

第四节 "百年大变局"下青年爱国主义教育话语的融合叙事创新

在日益深入的社会信息化发展潮流下,青年爱国主义教育话语持续向常态化、融合化、深入化发展,出现媒介融合、主体融合和空间融合的态势,以此实现官方青年爱国主义教育话语与民间青年爱国主义教育话语的对接与共生,形成爱国主义教育话语的融合叙事。在此过程中,青年爱国主义教育话语以理论叙事和主流叙事为主导,承认话语生态系统中每个种类的合法存在,不断与青年群体话语系统进行信息交换和能量互换,充分吸纳汲取其话语资源,使爱国主义教育话语系统焕发出新的生机。

一 媒介融合:多元扁平化的青年爱国主义教育话语对接

新的网络交互技术的发展改变了一对一、一对多的传统单向交互模式,以"平台世界主义"为媒介发展趋势,每个人在其中都是传播主体,都拥有发声平台,使信息交互呈现复杂多变的网状特征。这为青年爱国主义教育话语促进不同话语媒介的互联共享,实现立体式、全方位的融合和传播提供了可能。近年来,中央媒体和机构如《人民日报》、新华社、共青团中央等积极进驻微信公众号、开设抖音账号和哔哩哔哩账号,一方面,能够让主流话语深入青年群体所喜爱的媒介,增强在青年群体中的传播力;另一方面,也能够利用这些媒介的丰富传播形式(如哔哩哔哩已拥有科技、舞蹈、音乐、生活、娱乐、时尚、游戏等一系列的衍生的品类),增加青年爱国主义教育话语的丰富性和有效性。

以共青团中央为例,2016 年《共青团中央改革方案》要求"大力实施网上共青团工程,形成'互联网+共青团'格局,实现团网深度融合、团青充分互动、线上线下一体运行"[1]。为此,共青团中央宣称"只要中国好青年在的地方,无论千山万水,团团都赶来见你",并于 2013 年入驻微博、微信公众号,2016 年入驻"知乎",2017 年入驻"哔哩哔哩"

---

[1] 吴政:《共青团中央在 B 站的传播策略研究》,硕士学位论文,新疆财经大学,2020 年。

和QQ空间，2018年入驻抖音、微视短视频平台，其他如今日头条、网易云音乐也皆有其身影。尤其是在哔哩哔哩上，共青团中央以"团团"自称，与青年UP主合作开设了大量爱国主义栏目，就中美关系、中国台湾问题等青年人关注的热点事件积极与青年人开展话语互动，吸引青年群体对国家大事的关注。这种融合是通过多种途径实现的，尤其是通过对趣缘社群的参与实现的。比如，一个青年团队为庆祝中国海军成立70周年，在游戏领域设计用积木搭建爱国航空母舰等形式，并制作成宣传片，其成果由共青团中央对外发布。又如，共青团中央特邀"天府事变"在"萨德"事件、钓鱼岛事件、"新疆棉"事件、"香港修例风波"、抗击新冠疫情事件中进行爱国主义的创作，由共青团中央账号进行发布。据统计，哔哩哔哩的活跃用户大多在25岁以下，"90后"、"95后"以及"00后"的用户占绝大多数，目前共青团中央哔哩哔哩账号拥有1048.2万的粉丝，获赞数2.4亿，播放数22.6亿，阅读数1749.3万，可见其受欢迎的程度。

在媒介交融之下，爱国主义教育话语并用智能互联、视听融合、网络链接等方式加速空间传播，在多媒体化、图像化、景观化、符号化方面都出现交融发展的趋势。比如，"纪念五四、致敬共青团""我和我的祖国"快闪活动的跨媒介运行，使其能够在手机、电脑、电视等多个终端以文字、图片、视频、直播等多种方式进行传播，展开于网络媒体、电视媒介、纸媒等媒体融合格局，彻底打破了传播的时空限制。首先，通过传统官方媒介的传播，如中央电视台对"纪念五四、致敬共青团""我和我的祖国"等快闪活动进行呈现，广泛投入不同的观众群体之中。其次，通过《中国青年报》等纸媒进行活动的深度报道与解读，提升其活动的权威度与知名度。再次，通过"人民日报"微博账号、网媒公众号这种及时性平台传播不断推送相关活动，引发受众的评论与转发，增添这一活动的热度。最后，引导更多不同种类、不同规模的媒介广泛地参与进来，对快闪活动进行相关议题的视觉生产，并在社交媒体上大范围传播。因为在不同公共空间、不同媒介中获得展演与重现，"纪念五四、致敬共青团""我和我的祖国"快闪系列活动的传播力得到极大的强化了。又如，展现我国传统文化魅力的舞蹈节目《只此青绿》，其首演前后在人民网微信公众号、微博、抖音、快手及海外平台等官方媒体矩阵同步跟进内容宣传，以选段"入画"进入央视《国家宝藏·展演季》，之后又在除夕之夜亮相央视总台虎年春晚，通过这一平台为国人所周知。除此之外，围绕着《只此青绿》，中国东方演艺集团有限公司还申请了涵盖演出、办公日用、服装、健身、娱乐等方面各类商标20余个，推出"只此青绿"联名产品和文创衍生品，如"青绿"系列的保温杯、香氛明信片、多层文件夹、笔记本、丝巾发带、丝绒包等，均有力地彰显了传统文化的魅力，受到青年的追捧和喜爱。再如，《典籍里的中国》节目依托典籍文化，首先在呈现方式上集影视、戏剧、文化访谈于一体，在舞台技术上结合环幕投屏、AR、实时跟踪等，共同讲述中华优秀传统典籍的源起、流转及其中涉及的人物和故事；其次设计了短视频、网络衍生综艺、新媒体互动产品等，使其能够更灵活地呈现在不同的媒介平台之中。

由此可见，在媒体融合的视角下，观者的视觉、听觉、感觉的多感交互，内容、形式、人的多维交互，构成了全景式、全方位的"媒介交互性"的世界，极大促进了不同爱国主义话语形态的对话与融合，也大幅提升了爱国主义教育话语的传播力、影响力。

二　主体融合：从去中心化到再中心化

去中心化是一种现象，或者是一种结构，意味着不再依靠某一中心点，每个点都能够成为中心点，且每个点都是可自由连接的扁平化、平等化的现象或结构。爱国主义教育话语的"去中心化"来自两个方面的相互形塑。一方面是青年接受心理的去中心化。在传统的教育活动中，教育者是主体，在话语生产中居中心位置。处于被动状态的受教育者滋生"去中心"、去权威化的渴望，这是去中心化的动力之源。另一方面，"去中心化"的网络媒体的兴起使去中心的传播结构成为现实。传统媒体时代以某一主体作为中心，任何节点脱离中心无法单独存在。新的传播技术改变了这一面貌，任何节点既是信息源又是接受点，拥有高度自治的能力和权力，节点与节点之间相互影响，形成非线性因果关系，从而使整个系统或结构呈现去中心化的状态。美国学者马克·波斯特在《第二媒介时代》中将其称为"双向的去中心化的交流"[1]。福柯的微观权力

---

[1] ［美］马克·波斯特：《第二媒介时代》，范静晔译，南京大学出版社2000年版。

说则认为,权力网络中的每个个体节点实际上既是权力实施者又是权力承受者,使权力呈现一种去中心化的趋向。在这种新的模式中,每个话语主体既生产着权力又承受着权力,都无法成为权力的最终主导者,主体与主体之间通过规训、协商、互动的形式来实现权力交换,以对话、交流等形式搭建话语生产平台,形成循环平衡、张力十足的流动权力网络。对于爱国主义教育话语而言,"去中心化"的过程带来了一个开放的且富有竞争性的话语场域,正是在这种流动的场域下,爱国主义教育话语的官方主体与民间主体之间出现了独特的"双向破壁",从而使中国青年爱国主义教育话语出现不同主体、不同风格相互接合的独特景观,最终实现了"再中心化"的效果。

(一)去中心化:主流爱国主义教育话语向青年群体的开放

英国伯明翰学派在研究战后欧美青年亚文化的过程中,提出"收编"的概念,即"支配文化对体制外的文化进行再次界定和控制的过程"[①]。赫伯迪格提出:亚文化代表着对一套象征秩序的象征性挑战,然而"随着亚文化摆出明显的畅销姿态,随着亚文化语汇(视觉和言辞上的)变得越来越耳熟能详,产生它的参照语境可以毫不费力地被发现,也日渐清晰",最后亚文化"被收编了,向(主导意识形态)看齐"。年轻人"被遣返到常识为他们安排就绪的位置中",这个"从对抗到缓和,从抵抗到收编"的过程使"断裂的秩序才得以修复"[②]。在我国,对亚文化的收编也经历了这样一个历程:青年文化群体凸显亚文化群体的表达风格,获得文化资本,引起主流意识形态的注目,从而倒逼主流意识形态对其风格进行认可,通过界定和"贴标签"的方式定义青年文化的价值,并与之开展协商式的适应化改造,在使亚文化获得外部权力的加冕的同时也借用亚文化资源完成主流输出。

近年来,主流意识形态在青年爱国主义教育话语生产中更加注重路径选择和话语策略的灵活性,注重吸收、借用、化用青年群体的审美经

[①] 胡疆锋:《伯明翰学派青年亚文化理论研究》,中国社会科学出版社2012年版,第218页。

[②] [美]迪克·赫伯迪格:《亚文化:风格的意义》,陆道夫、胡疆锋译,北京大学出版社2009年版,第116页。

验模式和话语形态，与青年群体进行深度沟通，使爱国主义教育话语更加让青年人喜闻乐见。

例如主流媒体对"燃"文化和"萌"文化的借用，便体现了这样的"破壁"过程。《人民日报》推出《燃爆！中国人民解放军英文大片向全世界发布！》等一系列"燃报道"，让核导弹、航空母舰、战略轰炸机等大国重器——亮相，与青年亚文化中"燃"品趣进行对接。主旋律纪录电影《厉害了我的国》展现党的十八大以来在扶贫、生态文明建设、医疗保障、国家安全体制等各方面取得的非凡成就，中国桥、中国路、中国车、中国港，用"燃"文化的表达方式激发青年人的国家自豪感，获得青年群体的追捧和认可。

又如主流意识形态对"快闪"这种方式的化用，将其直接改造成为主流表达的一部分，也是一种成功的尝试。快闪兴起于21世纪初，最早于2000年在美国纽约出现，当时一个名叫比尔的组织者在纽约时代广场的玩具反斗城中召集了400余人，朝拜一条机械恐龙，5分钟后众人又突然散去。这类活动主要形式是相当数量的人在公众场合聚集，没有具体的目的，在进行统一表演后撤去。最初只是停留在小众无聊情绪宣泄的行为艺术，表达一种对严肃日常的抵抗，是试图打破现行秩序规范的一种日常尝试，也有人因此称为"无政府主义者则将它视为科技时代的新兴'教派'"。我国主流意识形态很好地改造了快闪行动，使其渐渐具有策划性质，有鲜明的主题和明确的组织计划，确切的时间、地点与参与人员，在经过一系列的演绎后能产生一定的影响。在《我和我的祖国》系列快闪行动的呈现中，爱国主义教育话语利用快闪活动地标性、仪式感、亲民性的特性，获得了令人耳目一新的效果。借助这种后现代的呈现方式，青年群众以"局中人""剧作者"的身份，讴歌祖国和时代、礼赞劳动和人民、传颂党和英雄，传递了强大正能量。

米德在《文化与承诺》提出的后喻文化概念在一定程度上对这一趋势有所预料。他认为在前喻文化和并喻文化中，长辈处于文化权力的核心地位，为晚辈确定了行事方式。互联网时代的到来，使代表未来社会特征的后喻文化逐渐占据上风，青年成为新的话语中坚，青年人不断推动新话题的制造与产生，并将它扩散，开启了长辈向晚辈学习的后喻文化风潮。当然，这并不意味着主流意识形态向后喻文化的妥协，而是主流意识形态打造与亚文化的共生关系，使亚文化与主流意识形态的风格相结合，收编其为主流价值的协同塑造者，从而拓展自己在青年人中的影响力。

（二）再中心化：青年群体向主流爱国主义教育话语的靠拢

在主流文化的召唤之下，主动寻求主流价值观认同的亚文化群体会打破壁垒，向主流文化靠拢和转变。他们尝试以多样化的媒介实践为路径，完成与主流价值观的结和。其中最突出的表现是，利用亚文化资本和他们所熟悉的二次元文化、ACGN 文化（Animation、Comic、Game、Novel）来表达关于爱国主义的叙事，参与到话语规则制定和意识形态生产中。哔哩哔哩是 Z 世代最为偏爱的 App 之一，最早是青年人娱乐、追番的乐园，目前已高度聚集了涵盖 7000 多个兴趣圈层在内的中国年轻世代群体，曾被青年群体视为自身文化的栖居地。从哔哩哔哩当前的文化实践来看，其政治抵抗意义已经式微，而主动参与主流意识形态话语建构的意识不断扩展，体现出青年亚文化逐步向主流意识形态靠拢的新趋向。

正是爱国主义教育话语官方主体与民间主体之间的"双向破壁"，使两者在话语共同体中不断地向对方靠拢，通过相互借鉴、相互吸收取得话语的创新以及话语的市场传播力。事实上，他们也在共同维护"主流"秩序的实践中，形成了彼此相融乃至共生的状态。因为中国共产党对青年文化这种开放与包容的心态，有效促进了青年爱国主义话语的生成与传播，使爱国主义教育话语能够在多元话语的交流和互动中焕发出新的生命活力，也使"再中心化"的秩序得以建构。

三 空间融合：日常的交互与杂糅

列斐伏尔的空间理论指出："空间从来就不是空洞的：它往往蕴含着某种意义。"[1] 首先，空间是社会性的，空间里弥漫着社会关系，它被社会关系所支持、所生产，同时也生产社会关系。其次，空间也是政治性的，因其总是为历史元素所形塑，所以其中充斥着各种意识形态，成为一种"由政治国家上层统治社会关系和战略决定的政治产品"。生活空间

---

[1] Henri Lefebvre, *The Production of Space*. translated by Donald Nicholson Smith, Oxford, Cambridge: Black Well, 1991, p. 154.

承载着人类一切有意义的实践活动，人们在空间中获得生活资料和生产资料，获得社会位置关系，获得精神慰藉和情感能量。爱国主义作为经由实践被个体内化的情感理念，主要就源于真实鲜活的日常空间以及生于斯、长于斯的特定地理空间。这决定了空间是爱国主义教育各种关系的生成之所，爱国主义教育话语只有深入话语主体的实践空间，才能融入主体的意识世界。正如毛泽东同志曾指出："我们说的马克思主义，是要在群众生活群众斗争里实际发生作用的马克思主义，不是口头上的马克思主义。把口头上的马克思主义变成为实际生活里的马克思主义……。"[1]

（一）青年爱国主义教育话语与日常物质空间的融合

"人伦日用"一般指代日常生活本身。传统儒家德育往往将道德观念和道德规范内化于他们的"日用常行"，即所谓的道在"人伦日用"中。这个"日用"即如朱熹所言："只在这许多道理里面转，吃饭也在上面，上床也在上面，下床也在上面，脱衣服也在上面，更无些子空阙处。"[2]列斐伏尔建构了日常生活的理论框架，并辩证地指出"日常生活与一切活动有着深层次的联系，并将它们之间的种种区别与冲突一并囊括于其中。日常生活是一切活动的汇聚处，是它们的纽带，它们的共同的根基"。[3]爱国主义的"知、情、意、行"源于日常生活，其精神兴发之道来自青年的"日用常行"中，且其结果也要回归到日常生活中，在"日用常行"中践行。这意味着爱国主义的培育要深入到青年的物质生活和交往生活中去，并被隐藏在这些活动背后的思维方式影响。如红色景点在青年人中的人气持续高涨，青年人在节假日自发地前往长沙、湘潭、南昌、遵义、延安、嘉兴、井冈山等地，参访革命遗址、重温红色记忆、学习红色历史、感悟红色精神。以国家博物馆、故宫博物院、敦煌研究院、苏州博物馆藏品为设计元素的产品备受追捧，一些融合传统审美设计的古法黄金首饰为青年人所喜爱。而同样处于李宁旗下，"中国李宁"只因带有"中国"二字，并从店铺陈列、UI 设计、产品设计方面强化

---

[1] 《毛泽东选集》（第 3 卷），人民出版社 1991 年版，第 858 页。
[2] （宋）朱熹：《朱子语卷》（十八），中华书局 1986 年版，第 312 页。
[3] 刘怀玉：《现代性的平庸与神奇——列斐伏尔日常生活批判哲学的文本学解读》，中央编译出版社 2006 年版，第 103 页。

山、水、墨、印等中国元素，便比"李宁"价格高出不少。只因为在青年人眼中，"中国李宁"更体现了"国潮"和中国骄傲，被誉为"国潮之巅"。与之相对应，洋品牌逐渐人气消减，一度在年轻人群体中十分风靡的阿迪达斯和耐克在市场上遇冷，网上甚至直接出现"扔耐克鞋"的短视频。以李宁、安踏为代表的国产鞋则被市场爆炒到数千元。将爱国主义教育话语与日常物质空间相融合，融入青年一代的消费、休闲、娱乐、交往等日常生活，能够使他们在"无意识"中培育爱国主义的主体责任与担当意识，内化为自己的价值信仰，外化为具体的行为实践。

（二）青年爱国主义教育话语与日常交往空间的融合

曾有国内学者将人类的交往活动区分为日常交往和非日常交往，所谓非日常交往是"政治经济、经营管理、社会化大生产等非日常的社会活动领域和科学、艺术、哲学等自觉的精神生产领域中主体间的交往活动"[①]。日常交往则是"衣食住行、饮食男女等日常领域中主体间的交往活动"。与非日常交往相比，日常交往主要"是日常生活个体在相对封闭的空间中所进行的具有自在、自发、非理性（情感）、自然性色彩的交往活动"[②]，往往指向人们围绕婚丧嫁娶、礼尚往来、休闲消遣等事项，围绕维持和促进人际联系和情感需要而发生的交往活动。因为日常交往能为人们提供生存所必需的安全感、熟悉感，所以能够为人们提供一个原初的、自在的价值世界和意义世界，能够对当今充满竞争和张力的现实空间起到调节和缓冲作用，是人们所充分依赖的空间，具有不容忽视的重要性。

日常交往空间作为以自我为中心建立起来的网状结构，个体的知觉乃至个体的经验、个体在各种各样组织起来的主体间的关系形态，都十分重要。胡塞尔曾提出"作为唯一实在的，通过知觉实际地被给予的、被经验到并能被经验到的世界，即我们的日常生活世界"[③]。也就是说，爱国主义教育话语与日常交往空间的融合，需要抓住当下的青年的"熟

[①] 衣俊卿：《现代化与日常生活批判》，人民出版社2005年版，第137页。
[②] 衣俊卿：《现代化与日常生活批判》，人民出版社2005年版，第137页。
[③] ［德］胡塞尔：《欧洲科学危机和超验现象学》，张庆熊译，上海译文出版社1988年版，第58页。

人社会"式交往的场域，以血缘、地缘以及学缘为基础的交往对象，为青年个体与国家关系的确立、国家认同的培育，提供一个始源性感知与全方位交往体验的支持体系，以真正融入青年情感和伦理世界，获得"深耕厚植"的效果。

在语言符号的使用上，日常交往主要表现为对日常语言直接的、自发的、无意识的使用，其后映射的其实是自发性的道德、天然的情感等。在使用日常交往语言方面，中国共产党的领导人群体有着丰富的语言驾驭实践。如毛泽东同志用"三大法宝"形容新民主主义革命的基本经验，用"三座大山"形容新民主主义革命的主要对象，用"糖衣炮弹"警示全党腐败风险，用"枪杆子里面出政权"表述武装革命的重要性，用"农村包围城市，武装夺取政权"表述中国革命道路，用"打土豪，分田地"概述土地革命的核心内容；邓小平同志用"摸着石头过河"形容发展依靠人民、尊重人民群众的首创精神，用"发展才是硬道理"强调发展的重要性；习近平总书记用"绿水青山就是金山银山"强调生态发展的重要性，用"压舱石"与"助推器"形容中美合作对世界和平与发展的关键作用，用"钙"与"软骨病"形容共产党人坚定理想信念的重要性，用"鞋子合不合脚，自己穿了才知道"形容走中国特色社会主义道路的必然性。这些从日常大众生活中来，又到日常大众生活中去的话语，更容易让人们听懂和信服。对于爱国主义教育话语来说，也就是要根据青年群体的知识结构、生活状况、兴趣爱好选择日常话语表达形式，以便灵活地使主流意识形态"兑换为"青年群体生产生活的实际、转换为精神活动的依赖。

当代一些比较受欢迎的主旋律图书，也是擅长运用日常交往话语的典范。《问答中国：只要路走对，谁怕行程远？》作为一本非日常交往空间的政治理论著作，却选用了日常交往空间的对话式话语，围绕中国愿望、中国道路、中国制度、中国共产党、中国文化、中国与世界等问题帮助青年人答疑解惑，以真正回应青年人日常所关切的事物。如"中国人在今天到底想要什么？""中国在今天怎么定位自己？""怎么看中国共产党的领导地位？""怎么看中国制度？""中国人的世界观和国际观是什么？""中国怎样与国际相处？"等问题，在日常对话的轻松自在中讲述道理，帮助青年人了解中国的过去、当下和未来。《伟大也要有人懂：一起来读毛泽东》用栩栩如生的细节描绘、悬疑式的提问、深入浅出的话语，向读者展示了一个让人熟悉而又陌生的伟人。从青年关切的成长话题——"毛泽东心中理想的社会是什么样子""是什么把毛泽东从一个温和的改良派推向了革命派""为什么毛泽东没有被派往苏联学习""为什么毛泽东被视为'土包子'"，到青年人可能感兴趣的悬疑问题——"为什么长期领先于世界的中国在近代陷入了落后挨打的困局""毛泽东如何认识到'枪杆子里面出政权'这个真理""从何时起，长征方才由无目的的逃跑，变成了一部史诗，变成了一部传奇""远藤三郎为何把祖传的宝刀献给了毛泽东""毛泽东如何带领4个连'散步'在陕北，吸引了蒋介石的全盘战略"，再到青年人可能疑惑的价值问题——"红军仅以打仗来彰显'存在感'是正确的战略吗""为什么说毛泽东不仅创立了中国工农红军，更振奋了中华民族的武德""为什么说毛泽东的著作是鲜血铸成的经典"。这样日常对话式的轻松化、年轻态的话语，使原本"高高在上"的主流话语、严肃而正统的信息内容完成了对青年日常交往世界的渗透，以及其中可能存在的意义裂痕的弥合。

第四章

"百年大变局"下青年爱国主义教育话语的机制分析

青年爱国主义教育话语作为多主体以及主体之间复杂互动所构成的系统，并不是孤立的，而是遵循着精神生产的一般性机制，与一定时期的政治环境、经济状况、社会心理等紧密关联。"机制解释强调给定条件下，在经验事实中反复发生的因果关联过程。[1]"机制作为现象的解释手段，是推断条件与结果的关联、解释事件何以反复发生的一般性因果陈述。基于这一视角，青年爱国主义教育的话语机制是一种"相互嵌套的层次"，遵循着"生成—创新—传播—作用"的内在逻辑。

第一节 青年爱国主义教育话语的生成机制

有学者曾指出，"任何事物，其价值的性质与大小至少取决于三个方面。一是事物本身的构成及其属性，它决定了价值的可能性空间；二是人对这一事物的认识及自己想从中获取什么的需要的认识，它决定了人对某一事物的价值取向，划出了人对某一事物价值的期望空间；三是该事物之外的条件，它决定了价值实现的现实空间"[2]。可能性空间、期望空间和现实空间构成了青年爱国主义教育话语生成的立体图式——从可能性空间来看，青年爱国主义教育话语本身具有的政治属性决定了其

---

[1] 魏海涛：《社会学中的机制解释——兼评〈儒法国家：中国历史的新理论〉》，《社会学评论》2017年第6期。

[2] 叶澜：《试论当代中国教育价值取向之偏差》，《教育研究》1989年第8期。

"政治主导生成"的必然性；从期望空间来看，青年爱国主义教育话语的生成与利益诉求能否得到满足有关；从现实空间来看，青年爱国主义教育话语本身建立在生产实践上的"实在"关系之上，是在社会实践和文化传承中生成并完善的。

一 政治主导生成

波兰尼在《巨变：当代政治与经济的起源》一书中针对经济与社会的割裂现象，提出"嵌入性"概念，认为必须从社会文化的整体性来理解人类的经济活动，将经济体置于政治、宗教及社会关系中考察。波兰尼之后，格兰诺维特进一步提出"结构性嵌入"和"关系性嵌入"的概念。结构性嵌入主要从网络分析以及网络参与者之间的相互联系中关注经济现象，对网络的整体性功能与结果及行动者在社会网络中的位置进行分析；关系性嵌入则主要从社会资本的角度进行考察，强调人际互动的双向关系，以及行为主体间的信任与合作在社会运行中的作用。[1] 之后，祖金、迪马吉奥将嵌入理论进一步细化，划分了结构嵌入性、认知嵌入性、文化嵌入性和政治嵌入性四种嵌入类型，开始关注人际网络（结构嵌入）、与经济逻辑相关的网络认知过程（认知嵌入）、共有信念和价值观（文化嵌入）、经济能量和激励的某些制度特征（政治嵌入）在经济运行中的功能和作用。[2] 用嵌入性理论来考察青年爱国主义教育话语，我们可以发现，青年爱国主义教育话语同样具有结构嵌入性、认知嵌入性、文化嵌入性和政治嵌入性的普遍特征，而在青年爱国主义教育话语的生成中，政治嵌入性尤其值得关注。所谓政治嵌入性，就是指政治力量深嵌于青年爱国主义教育话语的生成过程中，对其方向、性质、内容、形式发挥引导、选择、规范、导向的作用，进而主导了青年爱国主义教育话语的生成。

一是政治主导青年爱国主义教育话语的方向确定。政治关注国家、社会的长远利益和根本利益，关注关系国家社会长远发展的战略利益，

---

[1] [美]马克·格兰诺维特：《镶嵌：社会网与经济行动》，罗家德译，社会科学文献出版社2007年版，第481—510页。

[2] 转引自兰建平、苗文斌《嵌入性理论研究综述》，《技术经济》2009年第1期。

以宏观的、超脱的理念和设想对青年爱国主义教育进行方向性的规范和指引,从而保障青年爱国主义教育话语与国家和人民根本利益的适应性,与政治、经济、文化和社会发展施政目标的适应性,确保国家、社会长远目标的实现。二是政治主导青年爱国主义教育话语的根本性质。政治嵌入性意味着政治在爱国主义教育话语中,决定着一定的意识形态方向、社会主导价值的取向,这主要表现在有什么样政治性质就有什么样性质的爱国主义教育话语。我国的爱国主义教育话语是社会主义属性的,这决定了爱国主义教育阶级性、人民性的特点,决定了我国的爱国主义教育是爱党、爱国、爱社会主义的统一。"爱党和爱国、爱社会主义相统一"作为新时代爱国主义教育的"本质要求和根本前提",指引着新时代爱国主义教育不同主体、不同领域、不同环节的相互作用与协同共进。三是政治主导青年爱国主义教育话语的内容选择。政治嵌入通过政党的宣传机构对爱国主义教育话语的内容作出规定,为之进行立法,使爱国主义教育内容与政治形势和环境的变化、政治任务的变化相适应。如新民主主义革命时期最大的政治任务是打倒帝国主义、封建主义和封建官僚主义,爱国主义教育话语就是重点批判、反对帝国主义、封建主义和封建官僚主义的恶行;新中国成立后,爱国主义教育话语的内容主要是动员人们巩固、保卫现政权,保卫新生的共和国等。四是政治主导青年爱国主义教育话语的表达形式。不同的政治属性往往会对某种话语形式形成偏好。如在社会主义国家,爱国主义教育话语多以有政党咽喉之称的官方宣传部门的宣传工作、节日纪念、大规模的活动式教育、榜样塑造、爱国运动发起等多种形式,来开展爱国主义教育话语的传播,其话语形式有着集体性、强引导性和规模化的特征。

二 利益驱动生成

利益的满足与否是个人或群体是否选择认同的主要作用因素。马克思说:"人们为之奋斗的一切,都同他们的利益有关。"[①] "群众对这样或那样的目的究竟'关怀'到什么程度,这些目的'唤起了'群众多少

[①] 《马克思恩格斯全集》(第1卷),人民出版社1995年版,第187页。

'热情'",关键在于这些目的能否满足人们的利益。① 毛泽东同志提出,"一切空话都是无用的,必须给人民以看得见的物质福利""我们不是处在'学也,禄在其中'的时代,我们不能饿着肚子去'正谊明道',我们必须弄饭吃,我们必须注意经济工作。离开经济工作而谈教育或学习,不过是多余的空话"②。邓小平同志也指出"人民是看实际的","不重视物质利益,对少数先进分子可以,对广大群众不行,一段时间可以,长期不行"③。

西方学者也注重利益在行动刺激中的作用。Yamagi-Jhi 和 Kiyonari 的集体启发理论认为互惠机制能够使个体与他人维持稳定和亲密的关系,建构持久的社会关系。帕特南在《独自打保龄》中提道,"我们是想法、商品、恩惠和信息的交易员,而不只是传统的市场思维所造就的竞争者"④。安东尼奥·葛兰西在论述意识形态领导权时也指出,为应对在民众受经济因素的制约和影响可能丧失的集体意志兴趣,必须关注民众的切身利益,获得他们内在的认可和支持,才有可能形成稳固的无产阶级文化领导权。总而言之,利益是影响群际互动,影响认同边界确定的重要因素。话语之"理"最终的支撑点是"利",人们对爱国主义的理性认同与信仰,不仅在于其科学性,更在于其能够满足人们更多的需要,能为人们带来更多的实际利益。利益驱动是爱国主义教育话语的生成机制之一。

一方面,从本质上看,国家与个体的命运共同体是青年爱国主义教育话语生成的原生动力之一。祖国是由个体成员有机组合成的生命整体,个体和祖国之间具有相互依存、相互渗透的整体性关系。因此,爱国主义是人们对个人和祖国关系的根本看法,是对个人的生存发展和祖国生存发展的价值关系的系统定位和整体诠释,其本质是一个民族在长期历史进程中不断整合而成的自觉的生存意识。生存的利益是重要的利益,个人和国家相统一相联动的生存利益为个体或群体言说、接受爱国主义提供了根本基石。

---

① 《马克思恩格斯全集》(第2卷),人民出版社1957年版,第103页。
② 《毛泽东选集》(第2卷),人民出版社1991年版,第467—468页。
③ 《邓小平文选》(第2卷),人民出版社1994年版,第146页。
④ [美]阿莱克斯·彭特兰:《智慧社会》,汪小帆等译,浙江人民出版社2015年版,第8页。

另一方面，国家认同仍然有赖于人们在具体生活中的利益认同，也就是说，仅是个体与国家的命运与共尚且不够，青年爱国主义教育话语还需要呼应青年群众在具体生活中的利益需求。只有这样，才能使意识形态的言说更具说服力。这决定了青年爱国主义教育话语建构必须重视背后的利益逻辑，以青年群众的物质利益和精神利益需求为观照点，反映利益关系的现实状况，通过实践利益逻辑推进青年爱国主义教育话语的大众认同。

三 社会实践生成

社会实践是爱国主义教育话语生成的根源之一。每个个体都是在社会实践之中、在与他人的互动之中逐步完成身份构建和身份认同的。"意识是在实践过程中形成的，实践是思维最本质、最切近的基础。人通过实践改变自然界，改变人与人之间的关系，在此过程中，同时也改变着自己的心理或意识。"[1] 生成从本质上说就是一种实践生成，青年爱国主义教育话语生成于现实人的生活世界及其现实逻辑中，也生成于历史发展进程及其历史逻辑中，更生成于实现理想的实现进程及其实现逻辑中。如果没有实践场域，没有实践互动，那么国家和民族对于成员而言就只能是一种想象的存在。

一方面，社会实践作为一种孕育力量促进了青年爱国主义教育话语的生成。马克思把实践置于思想的中心，认为以生产、劳动为基本形式的实践具有本体论意义，生产是劳动的本质，进而是包括劳动在内的全部实践活动的本质，甚至是人的生命存在的本质。福柯直接将人与世界的关系理解为一种话语关系。"话语"意味着一个社会团体依据某些成规将其意义传播于社会之中，以此确立其社会地位，并为其他团体所认识的过程。[2] 爱国主义教育是人的教育与环境教育共同作用的实践活动，其产生、存在以及发展都建立在生产实践上的"实在"关系中，需要实践

---

[1] 杨文登、丁道群：《马克思主义实践哲学视域中的心理学研究》，《中南大学学报》（社会科学版）2009年第3期。

[2] ［法］米歇尔·福柯：《规训与惩罚》，刘北成、杨远婴译，生活·读书·新知三联书店1999年版，第2页。

才能得以形成。爱国主义教育话语的内容、形式和性质受到了社会实践的影响，尤其是政治活动的社会实践，总是通过爱国主义教育话语把政治理想、政治立场、政治观点、政治方向、政治情感等传递给受教育者，使其在理解和认同的基础上投身到新的实践中。因此，如何言说，在何种立场言说，言说什么内容，既与话语的主体和对象的需求、本质、发展、关系相关联，也与话语环境的多层次性、结构性及相对性相关联，是社会实践多重交互的结果。

另一方面，社会实践作为一种调适力量促进了青年爱国主义教育话语的生成。社会实践过程其实是人们基于一定的习惯和场域的背景有序、稳定地开展实践，在实践形成心态结构的过程。在这一过程中，社会结构环境的发展变化，会促使个体在实践过程中不断反思和创造，对心态结构不断进行重构，从而形成新的稳定形态结构。爱国主义在当前的社会实践中，尤其在青年人的实践场域是多种多样的，既有现实世界也有虚拟世界，既处于科学化的组织结构之中，也处于按照趣缘、情感、需要和价值观念结成的扁平化组织结构之中，爱国主义教育话语的生成就是以此为接受场域，作为一定的实践前提，深深地影响着爱国主义教育话语言说的形式观照和议题设置的。因此，对青年爱国主义教育话语的全面把握需要参照特定的社会生活关系，要在人的需求、本质、发展、关系中去看待，在以交往为内核的意识性空间，在精神环境、思想环境等社会性场域中，在个体与社会、个体与群体、个体与他人的多重交互关系中予以立体动态的掌握，始终以实践的方法论对其进行创制。

四 文化传承生成

马克思在《德意志意识形态》中论述道："历史的每一阶段都遇到一定的物质结果，一定的生产力总和，人对自然以及个人之间历史地形成的关系，都遇到前一代传给后一代的大量生产力、资金和环境，尽管一方面，这些生产力、资金和环境为下一代所改变，但另一方面，他们也预先规定新一代本身的生活条件，使它得到一定的发展和具有特殊的性质。"[①] 历史是人在实践的基础上通过能动性作用的结果，影响一代人及

[①]《马克思恩格斯选集》（第1卷），人民出版社1995年版，第92页。

后代人，因此人不能随心所欲创造历史，要受到历史的制约与影响，遵照历史的发展规律。

有学者认为，文化传承的底层框架在于认知图式中。认知图式是人们内在的认知结构，其生成和塑造源于生活，长期的生活经验会带来某种稳定的图式结构。个体虽然深受认知式的影响，但不必然能够言明此种结构是什么，因为它充分体现了习惯的潜认知、可塑性与结构性。比如韦伯在讨论新教伦理问题时提出，新教徒接受以"天命观"与"预定论"为基础构建的意义体系，从而出于宗教动机而进行金钱积累与扩大再生产[1]。又如以安·斯威德勒为代表的文化工具箱论，强调的是文化如同某种设备，可以由个体针对特定情境进行选择性和策略性的使用，从而使自己的行为具有意义、可理解性乃至合法性[2]。图式文化通过自我复制以达成历时性延续，强调了对同样一套认知结构的长时段使用而达到"因重复而重复"的延续机制。若无外力打破图式文化的自我传承，图式文化应当能够自发保持长时段的延续。

青年爱国主义教育话语的生成也深深地受到认知图式的影响，这主要体现在守正创新的方式上。习近平总书记指出："我们要善于把弘扬优秀传统文化和发展现实文化有机统一起来，紧密结合起来，在继承中发展，在发展中继承。"[3]"守正才能不迷失方向，不犯颠覆性错误，创新才能把握时代、引领时代。"[4] 文化继承问题既是在古代社会向近代社会发展转变中产生的，又是由中国共产党领导的中国革命在革命、建设、改革中遇到的问题催生而来的。正如《礼记·大传》所说："立权度量，考文章，改正朔，易服色，殊徽号，异器械，别衣服，此其所得与民变革者也。其不可得变革者则有矣：亲亲也，尊尊也，长长也，男女有别，此其不可得与民变革者也。"[5] 有不可得变革者，有与民变革者。守正，

---

[1] ［德］马克斯·韦伯：《新教伦理与资本主义精神》，于晓等译，生活·读书·新知三联书店1992年版，第121—144页。

[2] Ann Swidler, "Culture in Action: Symbols and Strategies", *American Sociological Review*, Vol. 51, No. 2, 1986, pp. 273–286.

[3] 《习近平谈治国理政》（第2卷），外文出版社2017年版，第313页。

[4] 《习近平重要讲话单行本（2022年合订本）》，人民出版社2023年版，第91页。

[5] （汉）郑玄注：《礼记》（卷十大传），中华书局2014年版，第1005页。

守的是中华民族的文化主体性，守的是中国共产党的文化领导权和马克思主义在意识形态领域的指导地位，是"不可得与民变革者"。文化传承是青年爱国主义教育话语纵向传递的重要纽带，它使青年爱国主义教育话语包含着中华民族最根本的精神基因，积淀着中华民族最深沉的精神追求，体现了中华民族的文化认知图式。当然，这一传递过程并非简单的传和递，而是在与主体结合的过程中实现其稳定性、完整性、延续性，它本身是一个再生的过程。创新就是在守正的基础上，以中国具体实践需要为中心，运用马克思主义和中华优秀传统文化所提供的科学原理和思想方法，挖掘新材料、发现新问题、提出新观点、构建新理论，提炼出与时代要求相符合的青年爱国主义教育话语，是"所得与民变革者"。因而，文化传承一定包含着改造、转化、发展、创新，其转化与创新更多指向解决今天中国的问题，回应时代的需求挑战，助推社会发展，追求与民族精神和时代精神相适应。

在创新过程中，中国共产党青年爱国主义教育话语体现了"两个结合"的原理。也就是说，中国共产党青年爱国主义教育话语的生成是把马克思主义基本原理同中国具体实际相结合、同中华优秀传统文化相结合的结果。马克思主义是人类优秀文明成果的结晶，为青年爱国主义教育话语生成提供方向引领、价值遵循和理论指导；青年爱国主义教育话语立足中国的历史积累、文化传统和现实国情进行创造，中国具体实际、中华优秀传统文化是青年爱国主义教育话语成长的土壤。"两个结合"的过程"把马克思主义思想精髓同中华优秀传统文化精华贯通起来、同人民群众日用而不觉的共同价值观念融通起来"[①]，既夯实了马克思主义爱国主义的东方文化根基，也激发了中华优秀传统爱国主义文化的生机与活力，造就了新的青年爱国主义教育话语生命体。

第二节　青年爱国主义教育话语的传播机制

青年爱国主义教育话语的传播是重要的一环。当今"百年大变局"

[①] 《不断深化对党的理论创新的规律性认识　在新时代新征程上取得更为丰硕的理论创新成果》，《人民日报》2023年7月2日第1版。

下的爱国主义教育话语是以"民族国家"为基本单元的信息传播和意义交换活动,传播活动中的话语关系、话语技术、话语表征的能力,是传播和认同的结构性因素,也是影响话语传播效力的重要方面。因此,青年爱国主义教育话语的话语交往、话语灌输、话语符号问题,也就成了话语传播中的核心问题。

一 话语交往与传播

"话语间性就是指话语主体在实现彼此理解的过程中客观的存在于话语本身之间的张力度。①"话语间性理论充分表明话语交往在话语传播中的重要地位。因为话语在传递和接受中广泛存在的张力,话语意义也具有弹性的特征,导致话语接受主体对话语理解只是一种可能,有着高度不稳定性。事实上,话语间性最直接的来源是主体间性,也即主体之间交往交流及相互理解的可能性,决定了话语之间的差别性和张力的存在。因此,话语间性的概念提示人们要注意主体间性,强调主体间的话语交往事实,从平等、互动中开展话语言说,使话语的传播在话语交往共享、话语空间、话语权力、话语沟通中得以有效运行。

在话语交往方面,如何面对这种话语间性,使话语理解和话语接受成为可能,哈贝马斯的交往理论能够带给我们启示。哈贝马斯认为人类社会行动根本上在于与他人的沟通、协调中建立具有共同规范协议的共识,因此提出,一个成功的交流沟通绝不是无须任何实体性奠基的空中楼阁,语用交往是否有效、主体交往的效果如何取决于话语主体承担以下有效性要求:可理解性、真理性、正当性和真诚性。这意味着,爱国主义教育话语传播的内在机制在于,选用适当的表达方式,使主体间能够相互对话、相互理解,话语表达能够体现真理性和真诚性,从而使爱国主义教育话语传播更有效。

一是通过范式转型构建对话性爱国主义教育话语。对于话语间性理论,罗杰·布朗提出"权势量"和"共聚量"的概念进行补充。"权势量"按照话语主体的地位差别定义,"权势量"大者在话语交往中处于主导的地位,可以控制话语的过程,"权势量"小者则只能处于次要或从属

---

① 牟永福:《社会语言学视野下的话语困境及其话语治疗》,《学术月刊》2007年第3期。

地位。而"共聚量"强调说话人和听话人之间的共同点、一致性。如果"权势量"超过"共聚量",则无法实现有效沟通。① 在爱国主义教育话语方面,教育者"权势量"大,拥有国家、社会所赋予的话语权和话语规制权,拥有知识资本的优越性和信息资本的优越性,在话语场域中带有明显的他赋性和强制性色彩,容易让教育者与受教育者之间的关系演变为支配与被支配的关系,这种主体之间话语空间分配的不平衡及话语不平等成为有效沟通的障碍。爱国主义教育话语的范式转型和建设对话性爱国主义教育话语,意味着要在尊重受教育者主体性存在的基础上,推动话语言说从"独白"到"对话"的结构式转变,实现多样化传播主体的交融,推动话语权在场域内的合理调配和分流,从而增强爱国主义教育话语传播的效度与信度。

二是通过风格转换构建可理解性爱国主义教育话语。所谓可理解性是指话语主体之间对彼此的话语或者表达方式能够相互理解,进而为到达共识提供可能。爱国主义教育话语要能够向听者准确、恰当、及时地描述教育的内容,即将抽象的爱国主义概念、范畴、规则、原理转变为具象化、直观化、形象化的载体意象,使宏大的爱国主义精神能够被清晰地勾画出来,促进受教育者的理解。这一过程本身也是将从生活提炼而出的抽象之理,再创新性还原与生动性回溯到生活中的进程,更是通过双向互动的言语、符号行为和策略,增强主体间的相似性、同质性,契合言说者与接受者之间的认知图示,弥合言说者与接受者之间风格差异的过程。

三是通过视角转换构建真理性爱国主义教育话语。亚里士多德总结的修辞法理论建议,如果要提高话语的"说服力"与沟通"有效性",需要说话内容兼具"Ethos、Pathos、Logos"三个特征。Pathos 是指"情感",即话语者通过调动受众情绪感受,来塑造感性认知,从而达到组织目的。Logos 是指调动"理性思考",利用完全的逻辑说服听众。也就是说,虽然是爱国主义教育话语是价值的传递,但是仍然不可脱离"真理"和"逻辑"而存在。话语能否产生"说服力",核心在于是否有"应然"之理,而不仅是"当然"之理。爱国主义教育话语如果不能与社会、自

---

① 洪波:《话语与思想政治教育的有效沟通》,《教育评论》2011 年第 1 期。

然、思维的本质规律相符合，如果在概念、命题、原理的言说过程中存在某些前提性错误，那么就会出现话语的"缺口"、理论的漏洞、知识的破绽，最终使爱国主义教育话语信服力减弱。总而言之，爱国主义教育话语同样是人们追求"真理"的表达，其说服力来自话语能否抓住事物根本的规律，能否体现言说内容与场域的本质，从而使话语饱满真实，不至于沦为空洞之词。

四是通过态度转换构建真诚性爱国主义教育话语。所谓真诚性，"即言说者说话时的意向本身是真诚的，以使听者能够相信言说者的话语"[①]。双方通过真诚的沟通，建立起信任和理解，在此基础上形成"协商的共识"是教育者和受教育者之间建立话语交往关系的基础前提。布恩和赫尔姆斯认为，信任是一种个人在有风险的情境中对他人动机所持有的信赖性的正面期望状态。[②] 巴塔查拉和皮洛特则认为，信任是对正面或非负面结果的期望，这种期望是来自不确定的互动下，己方对他方所预期的行动。[③] 毫无疑问，话语信任是话语接受的前提，而话语的真诚性又是话语信任的前提。爱国主义教育话语言说能否为青年人所接受，其中一个重要的因素在于言说中的真诚表达，能够多说青年群体关心的真话和实话，不说远离青年生活的官话和套话，使话语能够在长期的可检验性中得到信任。

二 话语灌输与传播

在列宁那里，社会主义意识形态的产生并不是自发的，也不是工人群众"在其运动进程中自己创立的"，而是由革命的思想家集团在与革命实践活动密切互动基础上向工人阶级灌输的。"阶级政治意识只能从外面灌输给工人，即只能从经济斗争范围外面，从工人同厂主的关系范围外面灌输给工人。只有从一切阶级和阶层同国家和政府的关系方面，只有

[①] 王浩斌、黄美笛：《论哈贝马斯的真理共识之思——基于情感视角的分析》，《山东社会科学》2020 年第 7 期。

[②] 转引自张杰《话语信任与网络群体建构——社会化媒体的信任机制研究》，《现代传播（中国传媒大学学报）》2013 年第 8 期。

[③] 转引自张杰《话语信任与网络群体建构——社会化媒体的信任机制研究》，《现代传播（中国传媒大学学报）》2013 年第 8 期。

从一切阶级的相互关系方面，才能汲取到这种知识。"① 与列宁的"灌输论"形成对应的是安东尼奥·葛兰西的文化霸权论。安东尼奥·葛兰西认为"政治和意识形态的领导"是通过说服的方式实现的，"当一个统治集团通过这种类型的领导形式，博得其他集团对于自己偏好的现实定义的同意时，它才具有霸权的性质"。② 也就是说，安东尼奥·葛兰西与列宁一样关注意识形态领导权及其实现途径，但是他更加强调意识形态通过互动而在内部生成。他提出的实现途径是以知识分子为代表的社会团体组织开展传播，通过从属团体"自愿的同意"，最后形成能够体现统治阶级意志、符合统治阶级需求的"集体意识"。

（一）共识与统一："自愿的同意"

安东尼奥·葛兰西用被统治者对统治者的"同意"作为交往行为的协调机制，意味着被统治者接受与服从的过程是主动的。这种"同意"的前提是双方的平等对话，使被统治者对统治阶级的意识形态如道德价值取向、政治制度、法律规范等，达成"相互理解"和"同意"，其性质是民主的。"同意"又可分为个体主观上的自愿（主体受认知与意志支配而形成的主观承认的积极心理状态）和少数服从多数的被动"同意"（虽是民主行为，但并不意味着就是个体的主动服从）。安东尼奥·葛兰西认为，"自愿的"同意之所以能够发生，是基于一定的真理共识——它们因为是公众长期信奉且推崇的而具有一定的文化价值约束力。正是因为"统治阶级的统治方略或者'文化领导'"符合这种群众经验性"常识"的要求，并且借助广泛的社会舆论，才能得到公众"积极的'同意'与自觉服从"③。对于青年爱国主义教育话语而言，其传播与接受同样有赖于受教育者"自愿的同意"的达成，通过教育者广泛有效的宣传影响青年的内在认知，最终形成政党和国家的意识形态、教育者的意识形态、与青年群众的意识形态基于真理性共识的统合，演变为安东尼奥·葛兰西所说的一种整体性趋势："其顶峰变成为集体活动的标准，变成具体的

---

① 《列宁全集》（第6卷），人民出版社2013年版，第76页。
② ［英］斯图亚特·艾伦：《新闻文化》，方洁等译，北京大学出版社2008年版，第91页。
③ 冯刚：《新形势下意识形态相关问题研究》，光明日报出版社2014年版，第217页。

和完全（完整）的'历史'——中达到顶峰"。①

（二）意识形态斗争与利益安抚："集体意识"的发生

如前所述，在安东尼奥·葛兰西的理论里，"集体意志"表现为在政党、知识分子和工农群众之间达成的意识形态统一体，在这个统一体的推动下，才能激发人民群众积极推动历史进步的主体自觉和行动自觉。首先，"集体意识"有着集中和加强的必要。民众意志既可能产生积极的作用，也可能产生消极的作用，形成"集体意志"即统一的世界观和意识形态是无产阶级文化领导权建设的旨归所在。安东尼奥·葛兰西在回顾法国大革命和意大利的无产阶级革命时谈到，法国大革命中的雅各宾力量的"语言、意识形态和行为方式都完全反映了时代的迫切需求"②，而且"唤醒和组织民族—人民意志"③，和包括资产阶级、农民、城市贫民及工人等广大民众在内的第三等级建立起坚固的同盟，从而取得了资产阶级革命的成功。意大利的无产阶级革命则未能形成"集体意识"，人民群众传统而落后的意识形态在革命中起了消极作用。因此，安东尼奥·葛兰西强调要改变群众落后消极的意志，必须把人民群众的意识集中起来，重新锻造"集体意志""并把它导向具体的、积极的和合理的目的"④，形成一个"没有内部矛盾的同质的政治经济历史集团"。⑤ 其次，"集体意识"是一种斗争中的存在。安东尼奥·葛兰西以"洗脑"来概括"集体意志"形成的过程，他认为"集体意识"可视为统治阶级通过文化舆论力量对下属阶级民众实施的"洗脑"行为。资产阶级擅长以此构筑防御工事，无产阶级需要时时提高警惕，警惕那些不断增长的作为统治阶级文化"信徒"的新反派，以持久战的精神，通过各种形式与对立的

---

① ［意］安东尼奥·葛兰西：《狱中札记》，曹雷雨等译，中国社会科学出版社2000年版，第256页。

② ［意］安东尼奥·葛兰西：《狱中札记》，张跣等译，河南大学出版社2016年版，第54页。

③ ［意］安东尼奥·葛兰西：《狱中札记》，张跣等译，河南大学出版社2016年版，第95页。

④ ［意］安东尼奥·葛兰西：《狱中札记》，曹雷雨等译，中国社会科学出版社2000年版，第94页。

⑤ ［意］安东尼奥·葛兰西：《狱中札记》，曹雷雨等译，中国社会科学出版社2000年版，第131页。

意识形态展开斗争，以夺取意识形态的堡垒及文化领导权的最后成功。对于爱国主义教育话语而言，要在青年群体之间形成爱国主义的"集体意识"，就要同对立的意识形态展开文化领导权的持久斗争，广泛采用各种形式，采用长久的坚持宣传策略，不断增加意识形态的"曝光率"，持续开展青年群体的"集体意识"建设，巩固爱国主义"集体意识"的堡垒和阵地。

（三）从众、模仿与暗示：社会性参照的作用

在话语灌输的作用机制里，还有不可忽视的一点，即积极利用社会参照在话语灌输中的作用。从众、模仿和暗示作为人们基本的社会心理，同样为国家认同、社会认同的心理发生提供了助力。人的本质是一切社会关系的总和，群体本身对于个体来说具有重要的引导力量，容易成为人们各类言行的判断标准。古斯塔夫·勒庞在《乌合之众：大众心理研究》中写道，"无论我们假设群体是多么的中性，它在更多的情况下，都会处于一种期待状态，使得暗示很容易被接受"[1]。爱国主义的主体心理同样受到这一定律的影响，从众、模仿与暗示在其中发挥着重要的作用。首先，青年爱国主义话语传播中的从众效应。社会心理学指出，因为任何群体都会喜欢、接受和优待同群体保持一致的成员，厌恶、拒绝和制裁偏离者。受此影响，个体会在不知不觉中受到群体压力，而表现出与多数人相一致的行为倾向。就青年爱国主义的心理生成而言，群体维持一致性的倾向与机制同样具有重要的意义。社会性参照使青年人基于对社会的依附感和归属感需要，以及获得社会接纳的需要，会自觉调整、反省、修正、完善自身的价值观念，以符合群体大多数所共同持有的意识形态。其次，青年爱国主义话语传播中的模仿效应。模仿是主体价值观念的生成的基本途径。从这个意义来说，榜样、权威、精英的国家认同和社会认同状况会影响群体的感知，有着重要的教化和感染作用。青年人通过对榜样、权威、精英所持有的政治态度、道德情感的学习和模仿，能够受到其感染，从而在情感、价值、行为方面生成爱国主义之情。最后，青年爱国主义话语传播中的暗示效应。在无对抗的条件下，用含

---

[1] ［法］古斯塔夫·勒庞:《乌合之众》，戴光年译，新世界出版社2010年版，第20—21页。

蓄、抽象诱导的间接方法往往能够对人们的心理和行为产生影响。如大众传媒、学校、社群等教育介体在日常生活中，有意识地将一些爱国主义的政治思想、道德观念、价值取向渗透到活动中，对爱国行为进行褒奖和肯定，对非爱国行为进行批评和否定，将形成一种暗示，促使青年人按照这样的价值标准去行动或接受一定的意见，使其思想、行为更加符合爱国主义的规范要求。

三 话语符号与传播

人们"经由认识和发现过程本身不断赋予这个世界以意义结构"。[1] 因为资源和利益的分配往往受到事物"意义"的影响，所以围绕"意义"的冲突和竞争普遍存在。有学者提出，"政治由所有试图控制共享意义的努力所构成"。[2] 人类社会中，与利益、权力、冲突等相关的"政治"现象，在社会系统中身份地位的取得，事实上也是一种围绕着"意义"的竞争现象，而意义的构筑依赖人们对符号的社会性使用。爱德曼认为，"政治只是一连串抽象的符号"。[3] 卢埃林认为，"人类的政治活动一刻也离不开符号的运用，符号与政治的连接是人类符号世界的一部分"。[4] 哈贝马斯则指出："一套成功的意识形态，首先必须经过心理说服过程，使群众认同其理念，这是意识形态确立的首要步骤——符号化。"[5] 在当代多元话语语境中，青年爱国主义教育话语要充分发挥功能，也必然是一场意义的较量，一场符号的竞争，以优胜的符号使爱国主义的"意义"在其他诸多相关"意义"中脱颖而出，获得人们的理解和接受。与爱国主义密切相关的符号有多种，其中国家象征符号、民族历史符号和红色文化符号是较为典型的符号类型。

一是国家象征符号构筑起地缘共同体意识。国家建构的过程一般伴

---

[1] 闫志刚：《社会建构论视角下的社会问题研究：农民工问题的社会建构过程》，中国社会科学出版社2010年版，第21页。

[2] Sederberg Peter, *The Politics of Meaning: Power and Explanation in the Construction of Social Reality*, Tucson: University of Arizona Press, 1984.

[3] Murray Edelman, *The Symbolic Use of Politics*, Urbana: University of Press, 1964, p. 8.

[4] 胡国胜：《政治符号：概念、特征与功能》，《深圳大学学报》（人文社会科学版）2013年第2期。

[5] 李英明：《哈贝马斯》，东大图书股份有限公司1986年版，第79页。

随国家象征符号体系的创建,包括国旗、国歌、国徽、首都、国家博物馆、国家图书馆等。国家借助这套象征符号体系,使抽象的国家概念具象化,培育公民对国家的认知与忠诚。国家象征符号系统首先是用来作为国家政体、国家政权的辨识标志,它可以引导人们辨识某一事物属于哪一国度,同时也引导着人们接受自己的社会身份和社会角色,架起个体与国家之间的沟通桥梁。例如,西周立国以后,商式的图形文字、青铜器纹饰和图像铭文随之退出历史舞台,而代表西周的国家纹饰也开始被重新设计。19世纪的勒南也提到雅典人对旗帜的膜拜,认为"雅典人对旗帜的膜拜就是对祖国的宣誓,哪个人拒绝实践它,他就不是一个雅典人"。[①] 法国的三色旗随法国大革命而兴起,拿破仑一度颁布法令规定"任何试图从教堂或公共建筑上拔除国旗的人,都将受到严惩"[②]。在巴黎遭遇恐怖袭击的事件中,法国政府举办向恐袭遇难者致意的国家纪念仪式,法国公民人人都将国旗悬挂在自家窗口或门前予以响应。国家象征符号体系作为话语表达和传播的重要形式,为一个国家的人民提供一个富有文化的"共情"载体,承载着人们对国家的公共记忆和情感体验,为人们提供了深沉的价值依归。

二是民族历史符号构筑起文化共同体意识。在文化意义上,现代意义上的国家都是民族国家。在其历史发展中形成了一系列独具特色的民族历史符号,是民族辉煌和民族沧桑、民族历史的见证,对民族成员有着特殊的纪念意义。如长城、大运河、长江、黄河等象征中华民族精神的实体符号,国家历史上的雕塑、碑刻、房屋、工程等表征中华民族发展历程的历史符号,民族语言、建筑、饮食、音乐和绘画等表征中华民族文化特性的文化符号,都是中华民族的关键符号。哈贝马斯说:"正是一个'民族'的符号结构使现代国家成了民族国家。"[③] 这些民族象征符号凝结着中华民族群体根基性的情感,是中华文化的精神象征,

---

① [法]厄内斯特·勒南:《民族是什么?》,袁剑译,江苏人民出版社2012年版,第137—152页。

② 参见于京东《现代爱国主义的情感场域——基于"记忆之场"的研究》,《社会科学战线》2020年第5期。

③ [德]尤尔根·哈贝马斯:《后民族结构》,曹卫东译,上海人民出版社2002年版,第76页。

具有突出的表征力和化育力,是构筑爱国主义教育话语的重要方面。民族历史符号所承载的集体记忆,使民众意识能够进行超越时空的粘连,成为"催生这种共同的情感体验和共享共同历史记忆的一个重要工具"①。

三是红色文化符号构筑起政治共同体意识。在中国共产党团结带领中国人民从站起来、富起来到强起来的伟大飞跃中,创造并不断发展了一系列的红色文化符号。从党领导人民进行革命和新中国建设的历史事实及现实活动符号,到中国化马克思主义的话语体系和中国红色文化话语体系;从携带革命精神和爱国主义精神的物质符号、鼓舞民众斗志的革命标语口号,到革命历史场馆、革命纪念场所、革命遗物、革命遗址、红色纪念日等,无不蕴含着丰富的革命和红色精神,代表了中国共产党人的革命、勇气和力量。这些红色文化符号在增强青年群体政治认同方面具有独特的优势,依托它们,青年可以理解领悟社会主义现代化国家建设不能离开中国共产党领导的这一深刻道理,理解领悟中国人民认同中国共产党、跟随中国共产党、拥护中国共产党的历史必然性,从而使青年人能够在心理、情感层面增进对党的认同,对国家政权的认同。

第三节 青年爱国主义教育话语的作用机制

一般来说,爱国主义信念的生成是一个从相信到信念再到信仰的渐进过程,一个从感知、认同、尊崇到信奉的过程,并总是与行动联系在一起。对于爱国主义教育而言,"爱国主义个体成员认同、归属祖国共同体而凝成的思想之结,既是个人认同、眷恋祖国而形成的情感之结,也是人们认与祖国同生共死、献身祖国、建设祖国的活动之结"②。爱国认知、爱国情感、爱国意志、爱国行动构成了爱国主义的结构与整体,也就是说,爱国主义是情境爱国与理性爱国、理念性爱国与实践性报国的统一,是内在美好德行与外在行为准则的统一。爱国主义教育话语作用

---

① 赵超、青觉:《象征的再生产:形塑中华民族共同体意识的一个文化路径》,《中央社会主义学院学报》2018年第6期。

② 赵馥洁等:《中华民族爱国主义史论》,中国社会科学出版社2008年版,第4页。

于新时代青年，也应当遵循"知、情、意、行"的结构顺序，培育青年人整体、系统的爱国主义精神与情怀。

一 知国之理：理性认同的作用

对国家的认知是爱国意识培育的前提和基础。只有在充分认知国家、民族的基础上，主体才可能构建更深层次的认同。这需要首先将"所爱之国"知识化，即将爱国主义教育转化为对具有普遍性、客观性和中立性知识的学习，增强青年一代对民族国家的理性认同。

"百年大变局"下的青年爱国主义教育话语面临现代身份政治与国家认同的普遍挑战。"当代身份政治代表着由等级政治、普遍政治向个体政治的演进，代表着由等级身份、经济身份向文化身份的变迁。[①]"与传统的身份认同以群体的形式呈现不同，现代个体因其在社会中的多元身份，拥有或交叉或相互矛盾的身份，使认同变得更复杂、更多元。考夫曼注意到身份作为一种新的政治现象已成为政治理论与实践的中心，一方面在实践中身份已经成为组织政治的动员力量，另一方面在理论上解释身份已成为政治的中心任务。[②] 霍布斯鲍姆提出，"大多数身份集团并非建立在客观的生理相似或相异基础上，虽然他们都愿意声称自己是'自然'形成的，而非社会建构的……身份就像服装一样可以互换或组合在一起穿戴，而不是唯一的，或像过去那样紧紧粘在身上"。[③] 与身份政治的发展趋势相抗衡，青年爱国主义教育话语就要不断地进行国家认同的建构，在话语中回应"我是中国人"这一客观事实，使爱国知识入脑入心。国家认同的建构有两种视角，一种是范畴性视角，另一种是动力性视角。

从范畴性视角来看，国家认同的建构主要是深化个体对于国家民族共性的认识。人们对事物分类的过程就是范畴化的过程，在此基础上人类才能形成概念和符号，才能帮助人们更快速地把握外在世界，简化复

---

① 庞金友、洪丹丹：《大变局时代的身份政治与西方民主政治危机》，《行政论坛》2009年第6期。

② L. A. Kauffman, "The Anti-Politics of Identity", *Socialist Review*, Vol. 20, No. 1, 1990, pp. 67-80.

③ 埃里克·霍布斯鲍姆：《身份政治与左派》，《汉语言文学研究》2017年第1期。

杂的世界。弗朗西斯科·吉尔怀特认为个体在面对不同类型的符号时，会使用范畴限定性原则进行族群分类。[①] 在个体的国家认同上，也首先是对国家范畴的认识，尤其是群体共享的一系列共性认知。如源自对共同本质（共同的祖先、共同的血缘关系）的认知、共同地理（共同的地域、共同的习俗）的认知、共同历史（共同的文化、共同的记忆、共同的经历）的认知等。共性认知会导致一国之内的青年个体之间增强相互联系的意识，建立心理联盟，帮助他们完成群己之分、内外之分的概念的建立。这实质是个体对祖国进行表征、组织与解释的过程，它通过个体对头脑中呈现的信息进行分类编码、加工，将具体事物、信息与既有国家、民族概念相对应，进行理解与分析、归因，最终使个体理解自己与群体的归属关系，锚定爱国意识并映射到个体心理结构之中。

从动力性视角来看，国家认同的形成与巩固还源自人们之间的依赖和互动模式，形成共同命运、共同归属、共同挑战的认知。如共同的命运感知，与国家休戚与共、同呼吸共命运的利益感知，能够使群体降低对群体差异的关注，使人们更关注作为共同体的共同结果与共同目标，增强对上位群体的包容性和归属感。尤其是国家困难时期，人们相互扶持、共渡难关，在生活和发展中紧密相连，携手合作，共同面对挑战和风险。又如作为共同归属的家园的认知，人们对共同生活和居住的地方、共同的社会模式有着天然的感情，这种寄托之情和希望之感也需要被认知，从而感知到家园的重要性，形成归属的温暖感、亲密感和依赖感。再如共同敌人的认知，对共同经历的负性事件的认知，也能促进人与人之间的互动和依赖程度的加深，加强群际接触和群际关系纽带，形成更紧密的关系，以共同应对威胁。

二 爱国之情：情感共鸣的作用

Mcmillan 和 Chavis 将"共享情感纽带"视为共同体意识四要素（成员资格、影响、整合与需要满足、共享情感纽带）中起决定性作用

[①] 参见管健、杭宁《知情意行：四维一体铸牢中华民族共同体意识》，《南开学报》（哲学社会科学版）2021 年第 6 期。

的因素。① 在认知基础上形成的"爱国之情"是面向爱国主义的感受系统,是凝聚国家认同的情感力量,是连接知国之理、强国之志、报国之行的纽带与桥梁,有利于促进爱国意志和爱国行为的生成。爱国主义的情感系统在中国人的情感世界中尤为重要。项飙在《普通人的国家理论》一文中指出:"中国的老百姓将国家视为情感与道德维系的对象,而非西方意义上立足于契约的国家想象。"② 由此,情感共鸣在青年爱国主义教育话语活动中起着重要的作用。

首先,唤醒"集体无意识",激发爱国共鸣。"集体无意识"来自荣格的分析心理学,指向一种普遍的群体的心理基础。人们长期在特定的地域空间中生活,地域空间内的历史传统、文化习俗、价值观念和民族情感等外部事件会不断浸润个体,并逐步转化成一种群体化的、稳定的社会心理和行为定式。受文化基因的遗传效应影响,"集体无意识"往往会沉淀在集体每个人的心理和行为中,使他们的行为和思维呈现一种相对稳定的特性。"集体无意识"影响着他们的价值判断和行为选择,并会深入个体,影响个体的气质,以及个体的价值偏好和逻辑判断。对于爱国主义而言,本身就是一种沉淀了的"集体无意识",主体世代所生活的社会文化深刻地影响着个体爱国信念的形成。也就是说,关于家国情怀、华夏子民、炎黄子孙的意识观念、价值取向、情感关怀,历经先辈的集体实践及世代的传承赓续,沉淀于中华民族意识深处,一旦被合适的环境和教育手段所作用,便能够被成功地唤醒和激活,化为爱国主义意识的外显状态,促进青年对国家、对党、对社会主义的情感认同。

其次,满足相似性动机,激发爱国共鸣。心理学上有个"同质效应",是指人们更容易喜欢上相似度更高的人。可以说,相似性能够促进人际与群际关系发展的动机,当人们认知到自我与他人处于一个共同体时,会倾向寻找两者的相似之处和共有之处,尤其是当人们感受到与其他群体的共同目标或共同命运,有可能形成更积极的集体认同。所以,我们说相似性是群体认同中的前因条件,并且相似性越高,关系质量越

---

① D. W. McMillan and D. M. Chavis, "Sense of Community: A Definition and Theory", *Journal of Community Psychology*, Vol. 14, No. 1, 1986, pp. 6–23.

② 项飙:《普通人的"国家"理论》,《开放时代》2010 年第 10 期。

高，认同也就越稳固，且不易消解。"我们"共为中华儿女的身份和文化传统，使"我们"拥有共同的心理距离和情感体验、共同的理念认知和利益诉求，"我们"当中的不同个体更容易产生一种类似因血缘关系而发生的亲情，产生情感共鸣和思想共振。也就是说，"我们"的"同源性"身份与"同一性"传统，是转化为对"我们"、对中国之爱的重要基础。基于此，爱国主义教育话语往往会凸显群体的相似性而非差异性，使人们更多地注意到相似性，从而加强对共同体的归属感和合一感。

最后，满足关系性动机，激发爱国共鸣。关系性动机是指人们往往有主动寻求与他人建立并维持积极关系的一种需要。Malsch提出共同体实质是自己与共同体相互联结的、统一的、融合的心理，是一种归属的"感觉"。[1] 从关系实在论的意义上讲，国家是一个由共同性关怀构成的人群关系聚合体，内含家庭、单位、团体等各种关系集成，有充足的关系网络满足人们的关系性动机。心理学家威廉·麦独孤提出感染的概念，在信息传播过程中，大众的自我情绪会受到他人情绪的同化影响，为了不被孤立，大众自觉地调整自我情绪以保证与多数人处于同一阵营[2]。群体情绪表明当大众拥有相似甚至相同的情感目标时，就会产生群体意义上的情绪反应，这一反应又进一步刺激群体行为的发生。话语传播者所表达的情绪能够引起受众相似甚至相同的情绪反馈，与群体成员间形成交互作用的"情绪循环"，于是大众的情绪逐渐趋于一致，他们彼此之间不再是一座座"孤岛"，大众由于这种关系更容易与彼此形成集合。因此，青年爱国主义教育话语的言说，首先就是使人们产生我是祖国的一员、享有祖国同胞骨肉之情的归属与依恋情感，在满足关系性动机中获得安全感和归属感。

三 强国之志：意志自律的作用

"爱国"不仅仅是一种深沉的情感，更是一种坚定的信念和意志品

---

[1] Anna M. Malsch, Prosocial Behavior Beyond Borders: Understanding a Psychological Sense of Global Community, Ph.D. dissertation, Claremont Graduate University, 2005.

[2] 转引自刘佳《情感认同与情绪感染：网络爱国主义的表达机制与话语模式》，《青年记者》2021年第14期。

质。强国之志就是由情感出发，而形成爱国报国的远大志向和坚定意志。它是个体由爱国主义意识层面转化为爱国主义行为层面的内在动力，能够调节和驱动个体的爱国主义行为，使人们面对困难和挑战能够迎难而上、百折不挠，明确奋斗目标、增强前进动力、提高精神境界。青年爱国主义教育话语应通过引领人们爱国报国的理想信念、激发人们的使命意识，促使人们以理想信念标定爱国方向、以责任意识激发爱国情愫，使其能够将爱国情与报国行联动起来。强国之志的培育也是主体能动性建构的过程，需要在人们有意识的活动和无意识的活动中，引导人们行动自觉，使爱国报国的情感意识下渗到潜意识和无意识的层面并沉淀固化，成为一种自动化反应、直觉性思维及习惯性行为。

　　这里所说的"志"包括两层含义："爱国志向"和"爱国意志"。一是志向之"志"，即爱国的志向。舍勒说道，"志向，即对各个更高的（或更低的）价值及其质料的意愿指向性，在自身中包含着一个不依赖于成效甚至不依赖于意愿行为所有其他阶段的价值质料"[①]。志向指向一种可能性的活动意向，由可能性的意图、打算和行动组合而成，并能够直接支配行动，它从价值质性出发，可以激励个体挑战困难、实现目标、超越自我，最终直接达至有成效的行动。青年爱国主义教育话语就是要引导青年砥砺强国之志，将个人理想与国家前途融为一体，历练爱国奋斗、永不懈怠、勇于担当的精神意志，养成奋勇当先、刚健有为、自强不息的人生态度，为祖国强大、为中华民族伟大复兴倾注心血、不懈奋斗。二是志气之"志"，即爱国的意志。就是爱国主义所蕴含的昂扬向上的精神因素激发出人们爱国报国的意志，这是一种面对一切困难始终勇往直前的拼搏精神，也是不甘落后、力求达到目标的决心和勇气。有爱国意志的人，往往能够拥有坚持民族志气和民族节操，维护国家利益和国家尊严的意志和决心，愿意为祖国的昌盛、民族的复兴、社会的进步倾尽自己的全部力量。"时穷节乃见"，"百年大变局"下，我们面临经济上的困难，政治上自由化思潮的侵蚀和国际上反华势力的压力。能否渡过难关，振兴中华，更需要青年爱国主义教育话语加强爱国意志的培育，

---

① ［德］马克斯·舍勒：《伦理学中的形式主义与质料的价值伦理学》（上），倪梁康译，生活·读书·新知三联书店2004年版，第139页。

增强青年群体的志气、士气和骨气,增强民族气节和国格意识。坚强的爱国意志品质一旦生成,将促使人们将崇高爱国志向升华为坚定的爱国信仰,越是在困难落后的条件下,越是能显示持之以恒、有始有终的品质,以及所向披靡、坚不可摧的精神与力量。

四 报国之行:行为导引的作用

"认知""情感""意志"往往存在于意向活动的实现中,与"行动"是不可分割的连续体。也就是说,在爱国主义教育中,基于行动与情感的内在联系,"认知""情感""意志"在行动中并通过行动而存在。因此,舍勒把爱理解为情感生活最深刻、最具体的行动。

费希特在《人的使命》里谈道,"行动的需要是在先的,对于世界的意识则不是在先的,而是派生的。并不是因为我们要认识,我们才行动,而是因为我们注定要行动,我们才认识,实践理性是一切理性的根基。行动规律对于理性存在物是直接确实的。理性存在物的世界之所以确实,但仅是由于行动规律是确实的。除非整个世界连同我们自己都陷入绝对虚无境地,我们便无法否认这些规律"[1]。爱国主义的情结、意识本身源自主体的社会实践,其正确与否,也只能回到主体的爱国主义实践活动中进行检验,并在实践中不断获得发展。也就是说,主体必须把热爱祖国、忠诚于祖国的情感转化成奉献祖国、保卫祖国、献身祖国和建设祖国的实践活动,才能真正地体现出爱国主义的精神。因为人"不仅在意识中那样理智地复现自己,而且能动地现实地复现自己,从而在他创造的世界中直观自身"[2]。因此,爱国主义在本质上是热爱、忠诚祖国的精神品性与保卫、建设祖国的实践品性的统一。行为维度是爱国主义的执行系统,促使青年落实爱国行动是青年爱国主义教育话语的最终旨归。

爱国主义行为是"大行"与"小行"的统一。在国家层面,青年爱国主义教育话语宣传的是爱国主义的"大行",即宣扬历史上广为传颂的

---

[1] [德]费希特:《论学者的使命 人的使命》,梁志学、沈真译,商务印书馆1984年版,第196页。

[2] 《马克思恩格斯全集》(第42卷),人民出版社1979年版,第121页。

爱国人士和民族英雄，为维护国家主权、安全、利益、尊严而献出生命的仁人志士，为国家作出杰出贡献的国家功勋人物等。在个人层面，青年爱国主义教育话语宣传的是爱国主义的"小行"，即鼓励青年立足当下，做好身边事，做最好的自己，根据时代背景、个人条件、道德要求等脚踏实地作出贡献的爱国力量，以努力工作、学习、生活来构建的日常化、普通化、生活化、个体化的爱国行为方式。

第 五 章

"百年大变局"下青年爱国主义教育话语的创新策略

青年爱国主义教育话语的创新有着内外双重的驱动引擎。从创新的外在条件来看，问题是时代呼唤需要给予回答的"钥匙"。马克思指出："人们按照自己的物质生产率建立相应的社会关系，正是这些人又按照自己的社会关系创造了相应的原理、观念和范畴。"[①] 青年爱国主义教育话语首先作为一种具有表征作用的符号，是镶嵌在问题和正在做的事情之中的，因此它也是历史的、暂时的。一旦表征对象发生改变，话语就会失去表征的效力，需要进一步创新跟进。世界发展格局的演变、我国社会主要矛盾的变化，给青年爱国主义教育话语实践带来了新的变量。"通过生产而发展和改造着自身，造成新的力量和新的观念，造成新的交往方式，新的需要和新的语言。"[②] 根据新的形势，青年爱国主义教育话语的创新有了新的要求。

从创新的内在动能来看，青年爱国主义教育话语体系包含诸多构成要素，是一个由话语间性、话语语境、话语预设、话语交往、话语内容和话语形式多个话语要素构成的系统性存在。各种话语要素相互作用，如在发展过程中话语内容与话语交往、话语预设、话语语境之间的矛盾，话语内容与话语形式之间的矛盾，同样也在推动着爱国主义教育话语的发展变化。

为此，我们需要根据爱国主义教育系统外部环境及内部矛盾的变化，

[①] 《马克思恩格斯文集》（第1卷），人民出版社2009年版，第603页。
[②] 《马克思恩格斯文集》（第8卷），人民出版社2009年版，第145页。

从青年爱国主义教育话语的系统属性及其运行规律出发，促进青年爱国主义教育话语在政治层面、社会层面、文化层面的进一步创新与优化，使其系统各要素之间取得整体联动、功能集成的效果。

第一节　青年爱国主义教育话语的问题分析

从话语场域、沟通理性、话语传播、话语效度、结构性关系等维度出发，爱国主义教育话语的言说、传播与接受在政治层面、社会层面、文化层面上仍面临一定的现实困境。

一　政治层面：话语的弥散化与传播力量的被分散

青年爱国主义教育话语的建构与强化是一项系统工程，涉及的话语主体有党团组织、意识形态主管部门，也有研究机构、思想政治理论课教师、专业课教师等群体，还有青年群体本身。当前，言说的主体结构虽然各有优势，但总体仍是弥散性的，话语语境的协调性和整合力不够，多维话语主体之间的整合尚且不足，多维话语主题之间不能完全实现价值对接，未能形成有机统一的言说系统和结构秩序，这些问题致使话语的优势不能形成组合拳，从而充分发挥。如爱国主义教育的主流话语在政治话语、文件话语中的刻板叙事，往往缺乏与生活系统的衔接而弱化了感染力；思政课教师作为一种话语主体往往存在爱国主义教育话语"集中超载"的问题，且容易产生类型化、同质化和仿像化叙事，使受教育者产生审美疲劳；爱国主义教育的破圈话语虽然不断创新且与生活世界联系紧密，能够适应网络文化更新迭代、文化现象生命周期加速的现实，但是仍多停留在信息的简化、轻量化的路数，难以解决公众议题中的深度问题，其浅层、感性表达与深层爱国意识生成之间仍然存在着矛盾。因此，虽然破圈叙事的"轻量化"解决了流量问题，但因常处于流行、弥漫、消弭的周期中，难以形成长久性的流行空间、持续性的传播力和稳固的话语权。各类话语主体、话语风格甚至有可能导致话语权被分散，产生话语抵牾，影响青年爱国主义教育话语的稳定性、合力度和影响力。因此，要着力建构科学合理的话语主体结构，形成以国家政府相关教育部门的话语言说为中心，其他话语主体相拱卫的结构有机体，以此保障青年爱国主义教育话语传播的最优功效和青年爱国主义教育目标的实现。

二 社会层面：话语的悬浮化与话语范围的待扩展

虽然目前青年爱国主义教育话语在深入社会、深入青年群体方面已经取得了不错的成效，但是官方主流叙事方式与青年认知特点的矛盾、主流话语范式与现代社会多样性思潮的矛盾、浅层表达与深层爱国意识生成之间的矛盾仍然存在。尤其是在"百年大变局"下以大数据、人工智能等为代表的新兴领域，意识形态安全和青年爱国主义教育的"话语贫困""话语赤字"等现象在某种程度上仍然存在。

在话语实践中，"市场"依然有效。即在现实生活中，话语的运行、话语流量的大小、受众的注意力分配往往依据市场法则确定。比起宏大的爱国主义主流叙事以及长远的意义追寻，青年人在生活世界中更偏向日常性和趣味性的事物，更加关注有"意思"的内容而不是有"意义"的内容。他们有着圈层内的社交活性，保持多维的社会互动，从互动分享中"晒"出独特的生活、品位和个性，着意于自我形象的塑造。他们还十分喜爱符号性的消费和情绪性的消费，注重符号消费和情绪消费带来的精神快感。青年爱国主义教育话语要成功占领青年人的话语市场，核心在于不断地迎合青年话语市场偏好，提高话语产出质量，创新营销策略，并在与受教育者的互动、共鸣中引导受教育者自发叙事，自发进行话语生产。因此，在现实的话语实践中，青年爱国主义教育话语要赢得青年人的青睐、真正获得流量密码，就必须解决内容悬浮、对青年人"生活世界"渗透不足的问题，同时适应数字时代的媒体格局，解决爱国主义教育话语生产中青年人自发叙事的积极性发挥和有效引导问题。

从方兴未艾的人工智能和大数据的角度来看，青年爱国主义教育话语还存在覆盖不足、范围亟待拓展的问题。不同于传统互联网构建的公开化、单轮式内容场景，人工智能如 ChatGPT 的大语言模型通常采取人机多轮对话的形式，形成"私密对话假象"和交互生产流程，进一步颠覆和重构了爱国主义教育的话语生产和传播格局，是意识形态安全和爱国主义教育的巨大挑战。加上"百年大变局"下科技创新还可能与意识形态问题紧密相关，ChatGPT 等人工智能技术的开发者和训练者都在西方国家，其数据筛选和内容生成可能存在固定的政治价值判断和偏好，容易形成一定的误导。类似的新技术、新领域是目前爱国主义教育话语的真空，如何使网络世界的"变量"转化为爱国主义教育话语的"增量"，如何抓住智能化时代的机遇，抢占先机，用新技术引领爱国主义教育话语的拓展和创新，是"百年大变局"下青年爱国主义教育话语必须解决的问题。

三 文化层面：话语的工具化与生命意蕴的被遮蔽

作为社会主义国家的爱国主义教育话语，从一开始就具备体现无产阶级整体利益、调控意识形态运行方向的职能，而这种调控往往通过理论灌输实现，且通过长期的思想政治教育实践已内化为中国共产党人开展爱国主义教育的基本路径。这也使爱国主义教育话语的传播从一开始就有着鲜明的工具化色彩。

就本质而言，教育本是以关注人的生命价值和意义而存在的，应当尊重受教育者的生命体验，彰显其生命价值，引导其生命活力开发、意义创造和精神成长，促进其生命完善和人性丰富。况且，随着社会文明的发展，以及人类生活空间的不断延展，人的自由而全面发展得到新的条件支持，无论是社会发展还是个人期待，都更加注重和期待每个个体的主体功能、主体意愿和主体存在。因此，无论是青年爱国主义教育话语感性化、浅表化的时尚表达，还是其单向性、机械化的反复灌输，如果将教育对象工具化、功利化，都会与青年人真正的生命成长需要相去甚远。

爱国主义教育话语如果不能助益于青年的精神成长，不能丰富主体的主观体验、感受、思想、情感、意志等，不能发挥青年人的生命主动，不能彰显有血有肉的灵性和独特生命意蕴，那就是教育手段对教育目的与教育价值的遮蔽，便是价值本原的缺位。工具化、功利化话语取向难以满足受教育者精神成长需要，也就无法真正有效地转化为受教育者的自觉体验，为受教育者所接受。因此，爱国主义教育不是一个知识传授或认知开发的过程，青年对于爱国主义的吸收不是简单的对道德规范与教条的装载，而是一个需要通过认知、感染、熏陶、体悟、实践等综合方式，内化为生命体验和情感特质的自主构建过程。

更加需要注意的是，新一代信息技术的发展使青年爱国主义教育话语有可能更多依赖强大的算法推进，这会使算法化身成为实际的规训者，成为一种超越性的力量，导致人们对算法的强烈依赖。如果放任将青年爱国主义教育话语内容的把关权、规划权、建设权让渡给算法，最终可能导致工具理性与价值理性的失衡，使教育者和受教育者双方均陷入技术的囚笼，而无法让青年爱国主义教育话语真正回应教育的本质，回应人生命成长的本身需要。

第二节 加强话语的政治引领，提升话语向心力

在福柯看来，"每个社会的话语构建都是同时受一定数量的程序控制、选择、组织和重新分配的"[①]。这意味着在话语市场中，加强政治引领是十分必要的。青年爱国主义教育话语系统是一个由众多组成部分和要素彼此关联、相互影响而形成的有机整体。加强青年爱国主义教育话语的政治引领，就要坚持系统思维，全面考量、加强协同、配套推进，从整体角度加强对青年爱国主义教育话语系统各个组成部分和要素间的整体统筹和顶层设计，将政治的背景、要求、主旨贯穿话语的语境建设、主题建设、主体建设、理性建设，使爱国主义教育话语始终聚焦国家的政治主题，全面体现国家的政治要求，有效提升话语的引导力和聚合力。

一 话语语境的政治创设

语境是指言语的环境，凡时间、空间、上下文、情景、话语前提、对象等与话语言说有关的都是其因素。一方面，语境是话语的基本设定。无论是库尔特·勒温在研究群体动力学时提出的"场论"，还是马莱茨克提出的"社会磁场"论，都强调环境的重要性。"场论"认为环境内复杂的因素和变量之间相互影响，"社会磁场"论则认为传播行为、传播者、

---

① [法] 米歇尔·福柯：《话语的秩序》，许宝强、袁伟译，中央编译出版社 2001 年版，第 61 页。

接受者都是在一定的"社会磁场"之下进行的,传播的性质和作用是在社会的互动中实现的。这些理论启示我们,话语总是与一定的时代背景、交际场合、社会环境等联系在一起的,话语的生成、话语的交往和话语的发展均依赖既有的语境。另一方面,语境对话语产生影响和制约,会影响语义、词语、结构形式以及语言风格等,话语是否具有真理性或合法性也与它们所处的语境密切相关。从认知心理学来看,语境往往前置于人们的认知框架中,以模块的形式存在。当听话者接收到新的话语信息,并且只有他能够从自己已有的认知模块中找到相关联的模块,找到与当前认知环境相重叠的部分,听话者的认知才能被激活,才能成功地完成话语的理解和接受。威尔逊和斯伯波据此认为,交际双方只有实现对彼此认知环境的显映,才能产生有效的话语交际,这是话语交际的重要条件之一。孔子也早在两千多年前就注意到语境的区别,《论语》提道"孔子于乡党,恂恂如也,似不能言者。其在宗庙朝廷,便便言,唯谨尔"①,便是根据不同的语境来改变话语的语气和形态。因此,青年爱国主义教育话语不是一个孤立的存在,应当特别注重从青年爱国主义教育话语的语境中展开话语表达,重视青年爱国主义教育话语的语境建设,增强青年爱国主义教育话语在当前中国语境中的适应力。具体来说,主要是要从四个之问、四个伟大的实践语境中,从党史、新中国史、改革开放史、社会主义发展史、中华民族发展史的历史语境中,从历史、现实和未来三个维度,加强对语境的回应,提升青年爱国主义教育话语的言说效果。

(一)聚焦"四个之问"的需求语境

马克思主义理论对分析任何一个社会问题的绝对要求,是"把问题提到一定的历史范围之内"②,意即要置于社会历史的整体框架中作全局性的统观。习近平总书记强调:"面对快速变化的世界和中国,如果墨守成规、思想僵化,没有理论创新的勇气,不能科学回答中国之问、世界之问、人民之问、时代之问,不仅党和国家事业无法继续前进,马克思

---

① (清)刘宝楠撰:《论语正义》,高流水点校,中华书局1990年版,第363页。
② 《列宁选集》(第2卷),人民出版社1995年版,第375页。

主义也会失去生命力、说服力①。"当前，世界百年未有之大变局和以中国式现代化推进中华民族伟大复兴的战略全局，为青年爱国主义教育提供了全新的叙事语境，也对青年爱国主义教育话语创新提出了新的要求。

一是青年爱国主义教育话语需要科学回应中国之问。党的十八大以来，中国经历了人类历史上最为宏大而独特的实践创新，改革发展稳定任务之重、矛盾风险挑战之多、治国理政考验之大都前所未有。面对世所罕见、史所罕见的风险挑战，如何统筹"两个大局"、统筹疫情防控和经济社会发展，统筹发展与安全，在危机中育新机、于变局中开新局，更加稳健地走好中国式现代化道路？习近平总书记指出，"中国式现代化，是我们为如何唤醒'睡狮'、实现民族复兴这个重大历史课题所给出的答案"②。青年爱国主义教育话语的创新创造，需要科学回应中国之问，把以中国式现代化全面推进中华民族伟大复兴作为爱国主义的历史主题，将爱国主义教育话语与国家富强、民族振兴、人民幸福的目标任务紧密联系起来，与立足新发展阶段、贯彻新发展理念、构建新发展格局、坚定不移走高质量发展之路的需求结合起来，将话语紧紧嵌合在中国式现代化的实践之中，教育青年坚定从中国实际出发、走中国自己的现代化道路的信念。

二是青年爱国主义教育话语需要科学回应世界之问。习近平主席在达沃斯世界经济论坛2017年年会的主旨演讲中首次提出世界之问："世界怎么了，我们怎么办？"③ 世界将走向何方？是发展还是衰退？是合作还是对抗？是互利共赢还是零和博弈？是开放还是封闭？如何认清时代变局、建设疫后世界？等等。弘扬什么样的全人类"共同价值"、提出什么样的全球"治理之道"、引领世界实现什么样的"未来走向"就是中国共产党在新征程上需要解答的世界之问。青年爱国主义教育话语创新需要科学回应世界之问，从人类发展大潮流、世界变化大格局、中国发展大历史正确认识和处理同外部世界的关系，科学处理爱国主义与胸怀天

---

① 《习近平谈治国理政》（第4卷），外文出版社2022年版，第30页。
② 任理轩：《不断谱写马克思主义中国化时代化新篇章》，《人民日报》2023年8月2日第7版。
③ 《习近平著作选读》（第1卷），人民出版社2023年版，第561页。

下的关系，传递中国"始终不渝做世界和平的建设者、全球发展的贡献者、国际秩序的维护者、公共产品的提供者"①的坚定信念，弘扬和平、发展、公平、正义、民主、自由的全人类共同价值，不断增强青年爱国主义教育话语的国际影响力。

三是青年爱国主义教育话语需要科学回应人民之问。中国共产党是为中国人民谋幸福的政党，人民立场是中国共产党的根本政治立场。民有所问，党有所答，治国有常，利民为本。党的二十大报告明确指出："我们坚持把实现人民对美好生活的向往作为现代化建设的出发点和落脚点，着力维护和促进社会公平正义，着力促进全体人民共同富裕，坚决防止两极分化。"②青年爱国主义教育话语需要科学回应人民之问，关键就是聆听人民心声，生成青年爱国主义教育话语的大众话语。这要求我们把群众路线视为党的生命线和根本工作路线，始终保持青年爱国主义教育话语同青年群众的联系，在理论宣传、文学艺术、哲学社会科学、新闻舆论、网络与信息等领域坚持以人民为中心，不断满足青年群众文化需求，形成青年群众喜闻乐见的创新理论。同时，不断回应青年群众多层次多样化的新要求、新期待，为青年群众提供营养丰富的精神食粮，促进青年人的全面发展。

四是青年爱国主义教育话语需要科学回应时代之问。历史发展是连续性和阶段性的统一，"一个时代有一个时代的主题，一代人有一代人的使命"③。党的十八大以来，中国特色社会主义进入新时代，出现了大量亟待回答的重大时代课题，集中表现为三个重大"时代之问"：新时代坚持和发展什么样的中国特色社会主义、怎样坚持和发展中国特色社会主义？建设什么样的社会主义现代化强国、怎样建设社会主义现代化强国？建设什么样的长期执政的马克思主义政党、怎样建设长期执政的马克思主义政党？青年爱国主义教育话语需要科学回应时代之问，准确掌握中国特色社会主义理论体系、社会主义现代化强国、长期执政的马克思主

---

① 《习近平谈治国理政》（第4卷），外文出版社2022年版，第427页。
② 习近平：《高举中国特色社会主义伟大旗帜 为全面建设社会主义现代化国家而团结奋斗——在中国共产党第二十次全国代表大会上的报告》，人民出版社2022年版，第22页。
③ 《在全国政协新年茶话会上的讲话》，《人民日报》2016年12月31日第2版。

义政党的时代要求，依据国情、党情，紧跟时代变化与时俱进的最新理论成果，在话语理念、话语内容、话语目标方面彰显青年爱国主义教育的新目标和新任务。这要求我们始终高举中国特色社会主义伟大旗帜开展青年爱国主义教育话语创新，"用党领导人民进行伟大社会革命的成果说话，用改革开放以来社会主义现代化建设的伟大成就说话，用新时代坚持和发展中国特色社会主义的生动实践说话，用中国特色社会主义制度的优势说话"[①]，在历史与现实、国际与国内的对比中，引导人们深刻认识中国共产党为什么"能"、马克思主义为什么"行"、中国特色社会主义为什么"好"，牢记红色政权是从哪里来的、新中国是怎么成立的，从而引导青年倍加珍惜我们党开创的中国特色社会主义，不断增强道路自信、理论自信、制度自信、文化自信。

（二）回归"四个伟大"的现实语境

"伟大斗争"明确我们"以什么样的场域"开展爱国主义教育话语建设。党的十九大报告提出："社会是在矛盾运动中前进的，有矛盾就会有斗争。我们党要团结带领人民有效应对重大挑战、抵御重大风险、克服重大阻力、解决重大矛盾，必须进行具有许多新的历史特点的伟大斗争。"[②] 发展中国家在实现现代化的过程中往往面临着各种各样的难题和考验，而中国是世界上最大的社会主义国家，也是世界上最大的发展中国家，所要解决的问题也更复杂、更艰难。要实现发展与稳定、公平与效率、开放与自主，离不开进行"伟大斗争"这个手段。尤其是意识形态领导权的斗争，比大国间的经贸摩擦更为刚性，也更为隐蔽。如果说经贸领域的斗争仍然可以通过妥协让利的办法解决，那么意识形态领域的斗争则几乎没有妥协调和的余地。习近平总书记在《坚持军报姓党坚持强军为本坚持创新为要，为实现中国梦强军梦提供有力思想舆论支持》中指出，"当前，各种敌对势力一直企图在我国制造'颜色革命'，妄图颠覆中国共产党领导和我国社会主义制度。这是我国政权安全面临的现

[①] 《新时代爱国主义教育实施纲要》，《人民日报》2019年11月13日第6版。

[②] 习近平：《决胜全面建成小康社会 夺取新时代中国特色社会主义伟大胜利——在中国共产党第十九次全国代表大会上的报告》，人民出版社2017年版，第15页。

实危险"①。为此，青年爱国主义教育话语要回归伟大斗争的语境本身，旗帜鲜明地同各类敌对势力所实施的分化行为、西化行为作斗争，把意识形态安全视为守土尽责的重要使命；同西方文化霸权主义作斗争，增强坚持和发展中国特色社会主义的斗争定力，在斗争中积蓄和凝聚中国力量。

"伟大工程"明确我们"以什么样的主体力量"开展爱国主义教育话语建设。中国共产党是领导团结全国各族人民的强大核心力量，也是社会主义精神文明建设的核心力量。正是在中国共产党的领导下，在党领导人民开展民族独立、人民解放、社会建设、改革开放的伟大历程中，中国人民形成了在价值理念、理想信念、道德观念上团结一致，形成并建设了民族国家。中国人民对于国家认同源于对中国共产党的认同、对社会主义事业的认同。开展青年爱国主义教育话语创新，就是要回归党的建设伟大工程的具体语境。一方面，着眼夯实党的根基立场，始终将党的全面领导贯穿爱国主义教育的各领域各方面各环节，体现在各级各类爱国主义教育的活动中，把党的领导核心作用作为夯实爱国主义教育话语的重要依托；另一方面，要通过人们对中国共产党的人民性、革命性、先进性的自主认同，深入理解爱国和爱党爱社会主义相统一的深刻道理。通过保证党在青年爱国主义教育话语建设的核心领导地位，将全国青年的思想、信念、智慧、力量汇聚起来，共同投射聚合到社会主义现代化强国建设、中华民族伟大复兴的伟大实践中，为新时代中国的发展凝聚更加强大的精神力量。

"伟大事业"明确我们开展爱国主义教育话语建设要"举什么旗，走什么路"。邓小平同志曾指出："有人说不爱社会主义不等于不爱国。难道祖国是抽象的吗？不爱共产党领导的社会主义的新中国，爱什么呢？"②他强调说："一旦中国抛弃社会主义，就要回到半殖民地半封建社会，不要说实现'小康'，就连温饱也没有保证。"③中华民族的复兴史表明，中华民族伟大复兴进程是与社会主义的前途和命运紧密联系在一起的，

---

① 《习近平关于社会主义文化建设论述摘编》，中央文献出版社2017年版，第17页。
② 《邓小平文选》（第2卷），人民出版社1994年版，第392页。
③ 《邓小平文选》（第3卷），人民出版社1994年版，第206页。

中华民族伟大复兴的推进证实了社会主义的强大生命力和巨大优越性，只有社会主义才能救中国，才能发展中国，才能富强中国。在新时代，青年爱国主义教育话语要回归伟大事业的语境，就是要从"祖国的命运和党的命运、社会主义的命运是密不可分"①的视角，讲清楚社会主义的重要价值，以及社会主义对爱国主义的重要意义。在经济层面，中国特色社会主义致力于建设富强中国，坚持创新、协调、绿色、开放、共享的新发展理念，将发展视为党执政兴国的第一要务，立足新发展阶段，不断适应经济新常态，构建新发展格局，实现了人民生活水平提升、经济发展方式升级，为爱国主义的生成提供了利益认同的基础。在政治层面，中国特色社会主义致力于建设民主中国，坚持健全和完善全过程人民民主制度，落实全面依法治国基本方略，坚持以人民为中心的价值理念，走中国特色社会主义民主政治发展道路，为爱国主义的生成提供了政治认同的基础。在文化层面，中国特色社会主义致力于建设文明中国，构建与传播社会主义核心价值体系，培育中国人的文化自信和历史自信，激发中华民族全体成员体认同中华文化，熔铸共同精神，全面推进文化产业与文化事业的繁荣发展，为爱国主义的生成和巩固提供了文化滋养。在社会层面，中国特色社会主义致力于建设和谐中国，聚焦民生建设，聚合社会治理的多元主体合力，协调整合多方利益诉求，为爱国主义的生成和巩固提供了民生根基。在生态层面，中国特色社会主义致力于建设美丽中国，建设人与自然和谐共生的现代化，促进经济社会发展全面绿色转型，创造了全面改写我国生态环境的生态奇迹，为爱国主义的生成和巩固提供了生态支持。

"伟大梦想"明确我们"朝着什么样的目标"开展爱国主义教育话语建设。近代中国自鸦片战争开始就陷入挨打和被凌辱的深渊，无数革命志士和爱国志士将自己与国家民族的命运紧紧相连，探寻救亡图存的道路。中华民族伟大复兴的中国梦成为中国人民和中华民族历经磨难不倒、中国饱经风霜坚强挺立的内在驱动，爱国主义在中华民族伟大复兴的中国梦的映照下，凝聚起共襄伟业的磅礴力量，激励着中华儿女前赴后继，

---

① 《大力弘扬伟大爱国主义精神　为实现中国梦提供精神支柱》，《人民日报》2015年12月31日第1版。

为祖国繁荣、祖国发展而持续奋斗。开展青年爱国主义教育话语创新，就是要回归伟大梦想的语境，从提高历史责任感、使命担当感出发，使青年爱国主义教育话语始终着眼于团结中华民族，把爱国情和强国梦融合起来，把个人梦和中国梦融合起来，为推动新时代实现中华民族伟大复兴凝聚磅礴伟力。

（三）回归"五史"的发展语境

《新时代爱国主义教育实施纲要》提出，"广泛开展党史、国史、改革开放史教育。历史是最好的教科书，也是最好的清醒剂"[1]。"五史"既是爱国主义生成的历史场域，也是为爱国主义教育提供生动案例的资源宝库。将爱国主义教育置于"五史"的语境下，可以增强爱国主义教育话语的历史底蕴，为爱国主义教育话语提供历史资源和源头活水，从中获得爱国主义历史必然性启示，实现以生动的案例打动人，以深刻的教训警醒人，以巨大的成就鼓舞人的教育效果。

在党史的语境中开展爱国主义教育话语建设。习近平总书记指出，"对我们共产党人来说，中国革命历史是最好的营养剂。多重温我们党领导人民进行革命的伟大历史，心中就会增添很多正能量"[2]。党史记载着中国共产党引领一个国家和民族历经苦难、走向辉煌的百年奋斗史，记忆着中国共产党不懈奋斗、孜孜以求，为中国人民谋幸福、为中华民族谋复兴的初心使命和历史伟业，蕴含着极其丰厚的爱国主义教育资源和民族精神资源。在党史的语境中开展爱国主义教育话语言说，可以让青年民众了解到中国共产党的发展历程，认识到是中国共产党领导全国人民披荆斩棘、踊跃前行、付出了巨大牺牲才迎来了新中国的成立，更好理解和把握中国共产党为什么"能"，进一步坚定对中国共产党的信任；可以展示爱国与爱党统一的历史逻辑，验证中国共产党作为最伟大的爱国主义者以及爱国主义精神弘扬者、实践者的光辉形象，帮助青年人廓清将爱国与爱党割裂的错误认识；可以引导青年人感受蕴藏在红色历史中的精神能量，受到红色精神的感召和陶冶，使其转化为进行伟大斗争的强大动力，自觉把革命先辈用鲜血和生命开创的伟大事业推向前进。

---

[1] 《新时代爱国主义教育实施纲要》，《人民日报》2019年11月13日第6版。
[2] 习近平：《论中国共产党历史》，中央文献出版社2021年版，第24页。

在新中国史的语境中开展爱国主义教育话语建设。新中国成立以来、改革开放以来，特别是中国特色社会主义进入新时代以来，中国发生了翻天覆地的变化，经济、政治、文化、社会、生态等各项事业取得了巨大成就。在新中国史的语境中开展爱国主义教育话语建设，可以通过新中国成立以来的巨大变化，充分展示"没有共产党就没有新中国，就没有新中国的繁荣富强，就没有中华民族伟大复兴"①的深刻道理，引领广大青年理解中国共产党领导下的新中国由弱变强的探索历程和历史必然，体会新中国成立及其发展的艰难苦险，让他们深刻认识到，爱国主义就是要热爱中国共产党领导的新中国，承继革命传统，接力革命基因，从而更加坚定走中国特色社会主义的道路自信、理论自信、制度自信、文化自信。

在改革开放史的语境中开展爱国主义教育话语建设。习近平总书记指出，"改革开放是中国人民和中华民族发展史上一次伟大革命，正是这个伟大革命推动了中国特色社会主义事业的伟大飞跃"。②在改革开放史的语境中开展青年爱国主义教育话语创新，就是要从理论层面讲清楚，中国共产党在改革开放的实践中创立和形成了邓小平理论、"三个代表"重要思想、科学发展观、习近平新时代中国特色社会主义思想，这些理论成果以全新的视野深化了对中国共产党执政规律、社会主义建设规律、人类社会发展规律的认识，是实现国家富强、民族振兴、人民幸福的强大思想武器。就是要从实践层面讲清楚，在改革开放的实践下，我国经济自20世纪70年代末开始高速增长，一跃成为世界第二大经济体，综合国力和人民生活水平都迈上了新的台阶，国家富强、人民富裕正在逐渐成为现实。要通过改革开放史的教育，使广大青年认识到，改革开放是改变中国面貌、改变中华民族面貌、改变中国人民面貌、改变中国共产党面貌，改变中国命运的关键一着，在改革开放的实践下中华民族、中华人民共和国从低谷走向了复兴，充盈着蓬勃生气，屹立于世界民族之林，从而增强青年人民族自豪感，更加坚定拥护中国共产党的领导，珍

---

① 习近平：《在庆祝全国人民代表大会成立六十周年大会上的讲话》，《求是》2019年第18期。

② 习近平：《论中国共产党历史》，中央文献出版社2021年版，第214—215页。

惜来之不易的改革开放成果，更加坚定对中华民族伟大复兴的信心，在新时代改革开放的新浪潮中激扬青春、砥砺奋进。

在社会主义发展史的语境中开展爱国主义教育话语建设。社会主义制度在中国的建立使爱国主义进入社会主义历史发展阶段，爱国主义与社会主义的关系从此更加紧密、不可分离。爱国主义教育话语的首要功能、重要使命便是调动一切积极因素全面建设社会主义现代化国家。在社会主义发展史的语境中开展爱国主义教育话语建设，就是要通过社会主义发展史讲清楚"只有社会主义能够救中国，只有中国特色社会主义才能发展中国"[①]的历史逻辑，在全面总结我国的社会主义建设道路的初步探索以及中国特色社会主义道路的开创与发展的历程中，对坚持和发展中国特色社会主义产生高度认同。就是要讲清楚祖国的命运和社会主义的命运紧密相连的理论逻辑，让人们在掌握社会主义精髓要义的基础上坚定对马克思主义的信仰。就是要讲清楚中国特色社会主义制度是当代中国发展进步根本制度保证的实践逻辑，引导广大青年在具有新的历史特点的伟大斗争中，为实现第二个百年奋斗目标和民族复兴的宏伟大业接续奋斗。

在中华民族发展史的语境中开展爱国主义教育话语建设。在漫长的历史进程中，中华民族共同开创了美好家园，共同经历了苦难曲折，这些共同的历史记忆是国家意识形成的历史基础，也是爱国主义教育取之不尽、用之不竭的生动教材。在中华民族发展史的语境中开展青年爱国主义教育话语创新，就是要进一步继承和发展"六合同风、九州共贯、天下大同""大一统"的文明传统，为爱国主义教育持续注入中华优秀传统文化营养，夯实文化根基。就是要通过中华民族发展史的教育，引领广大青年理解和接受中华民族的悠久历史和灿烂文化，自觉延续文化基因，增强民族自尊心、自信心和自豪感，树立和坚持正确的历史观、民族观、国家观、文化观，不断增强中华民族的归属感、认同感、尊严感、荣誉感；就是要促成青年满怀着对祖国和人民的赤子之心，把自己的小我融入祖国的大我、人民的大我之中，与时代同步伐、与人民共命运，用内心感应时代脉搏，把对祖国血浓于水、与人民同呼吸共命运的情感

[①] 《习近平谈治国理政》（第1卷），外文出版社2014年版，第22页。

贯穿学业全过程、融汇在事业追求中，成长为堪当民族复兴重任的时代新人。

二　话语内容的政治聚合

青年爱国主义教育话语的实践过程是一个要素联动、信息交流、能量互换的系统协同过程。为此，需要进一步破解实践过程中出现的青年爱国主义教育话语碎片化、衔接不畅的问题，以系统思维增强新时代青年爱国主义教育话语主题的聚合性，促使青年爱国主义教育话语主题各要素、各层面协同共进，使新时代话语内容实现"宏观—微观""过去—现在—未来""议程—框架"的多维汇聚与合力共振。

（一）实现"宏观—微观"的多维汇聚

大叙事是在时代中占据主导地位的合法性叙事，多以国家命运、民族前途为主题，指向宏大性、超越性和合法化的话语内容。利奥塔尔将之定义为"无所不包的叙述，具有主题性、目的性、连贯性和统一性"[①]。细小叙事指向日常经验世界，多聚焦日常生活中的现实的具体的个体切身感受，指向细微性、现实性的话语内容，与大叙事具有同等的重要性。事实上，唯有在爱国主义教育内容上聚焦"大叙事—小叙事"两维层面，形成从宏观到微观，从组织到个体，从精英到草根的多元并存的叙事格局，才能讲述清楚立体、真实、全面的爱国主义。

宏大叙事在社会生活中具有权威地位，它讲述具有普遍意义的故事，能"以普遍的原则和共同的目标来压制和排斥其他理论和其他声音"[②]，叙事内容本身构建出一个井然有序的话语王国，带有权威性、体系性、真理性的特征。如讲述中华民族伟大复兴的历史故事、国家繁荣富强的发展故事、传统中国文明复兴与转型的文化故事，中国参与全球治理的开放故事等对国家、民族奋斗历程，对重大历史事件和伟大人物进行诠释的故事。这种"自上而下"主流叙事习惯从广阔、恢宏、整体、联系的视角来阐述爱国主义的正当性和必要性，其内容具有先验性，能够为

[①] 黄秋生：《马克思批判理论的逻辑进路》，社会科学文献出版社2013年版，第5页。

[②] ［英］约翰·斯道雷：《文化理论与通俗文化导论》，杨竹山等译，南京大学出版社2000年版，第250页。

青年爱国主义教育话语提供一个理论框架和价值标准，对国家形象的构建、国家凝聚力的形成、民族热情的激发有着重要的意义。但同时爱国主义教育大叙事的一元特性，使其不能兼顾话语对象的差异性和丰富性，容易产生与青年心灵世界疏离化的弊端。同时，由于过多地关注国家、民族与社会的发展、兴盛与进步，忽视了对个体意识和个体发展的关注、对日常生活的观照，容易在教育过程中产生泛政治化、口号化和趋同化的弊病。

因而，注重对社会生活和个人生活关注的"微观叙事"是新时代青年爱国主义教育话语创新的一个重要特征和向度。利奥塔尔从叙事学角度出发，充分肯定了在后工业社会和后现代文化中"小叙事"的历史地位和发展趋势。他认为，"小叙事"将取代"大叙事"成为叙事发展的主流。与"大叙事"不同，"小叙事"是指局部的、小部分的、非整体的、非统一的叙事。它由偶然性、地方性、大众性的话语力量构成，是"富有想象力的发明创造特别喜欢采用的形式"[1]。小叙事作为大众知识的典范，不再寻求能够解释所有现象的普遍范式，而是着眼于某些具体的、多样性的、日常生活化的微观叙事，从人伦、人性等视角出发，每个人都是故事的叙述者，具有多样性与差异性的特征。随着青年人的主体意识不断增强，当代青年爱国主义教育话语体系的建构应该向日常生活领域转变，向"微观叙事"转换，以此观照个体的生存状态和主观意识。事实上，当今信息技术的发展为青年爱国主义教育话语的小叙事提供了更多的渠道和空间，微信、微博、抖音、快手等新兴平台已经为爱国主义教育"小叙事"开辟了道路，提供了充足的生产条件。

尽管"小叙事"成为当今社会的主流，但从叙事的角度来看，仍然需要一种叙事的完整性或整体性，那些"被理解为一个单一、具体的关系情节中的元素"[2]必须纳入整体的大叙事中，才能真正为人们正确、全面地理解。正如 Anthonyp Kerby 所提出的，一个人的生活尽管可能杂乱无

---

[1] [法]让-弗朗索瓦·利奥塔尔：《后现代状态：关于知识的报告》，车槿山译，生活·读书·新知三联书店2011年版，第130页。

[2] 於水：《交互叙事在结构上的几种可能性及应用前景》，《北京理工大学学报》（社会科学版）2010年第1期。

章,但都会呈现"某种统一性、目的、中心气质或一组问题"。① 这表明,小叙事要避免流动化、琐碎化及无意义,必须与大叙事结合起来。因此,在青年爱国主义教育话语内容上,宏大叙事和微观叙事两者是相辅相成、辩证统一的,青年爱国主义教育话语创新要兼顾"宏大叙事"与"微观叙事"两者的合理张力,全面系统、普遍联系地分析两种叙事方式的运用,实现"宏观—微观"的多维汇聚,将"宏大叙事"带入主体的切身感受中。这要求我们在青年爱国主义教育话语的创新方面,既要讲好宏阔的大故事,也要讲好家国情怀的小故事,将有情节、有事实、有细节的寻常故事与宏大故事相结合,推进青年爱国主义教育话语更富感染力、影响力和公信力。

(二)实现"过去—现在—未来"的合力共振

Anthonyp Kerby 注意到人类叙事经验中自身就具备的"过去—未来"结构,他说:"生命内在地具有一种叙事结构,一个当我们反思我们的过去和我们可能的将来时我们所明白的结构。"② "现在的评价和判断是建基于我们文化的过去,既是我们个人的过去也是更为宽广的历史视野,它们限定了我们生活方式的可能性。"③ Louis O. Mink 则提出:"在一个故事的构型理解中,读者需要跟随其一道,结尾与开始的承诺联结在一起,正如开始之中伴随着结尾的承诺一样……理解时间的连贯性需要同时考虑它的两个方向,这样时间就不再是承载我们的河流,而是从空中观看到的河流,上游与下游同时呈现在一个单一的观看之中。"④ David Carr. 的滞留与预设理论更是强调了这种相互影响的时间结构关系,他提出,人类经验活动本身具有一种整体性的时间结构。"我们经验本身就设想以时间延伸的形式来定向,其中将来、现在和过去相互作为整体的部分决

---

① Anthonyp Kerby, *Narrative and the Self*, Bloomington: Indiana University Press, 1991, p. 56.

② Anthonyp Kerby, *Narrative and the Self*, Bloomington: Indiana University Press, 1991, p. 40.

③ Anthonyp Kerby, *Narrative and the Self*, Bloomington: Indiana University Press, 1991, p. 58.

④ Louis O. Mink, "History and Fiction as Modes of Comprehension", *New Literary History*, Vol. 1, No. 3, 1969, pp. 554 – 555.

定彼此。"① 艾维纳·德夏里特讲述文化的过去和未来在共同体中的作用,提出要建立真正的跨代共同体,需要将文化的互动延伸至未来的世代以及过去的世代,使人们既可以自由地与过去的世代进行文化互动,也可以自由地与未来的世代开展互动。

国家是一个代际共同体,过去、当下和未来是一条紧密相连的纽带。爱国主义既包含对祖国历史文化的认知认同以及对祖国历史文化绵延传承的历史使命认同,也包含对国家发展现状及发展目标的认知认同以及对当前和未来国家发展的时代责任担当。这就提示我们,要以一种整体性思维开展青年爱国主义教育话语建设,注意叙事的首尾连贯、前后延续,注意起、中、结的完整性结构,不仅需要面对当下,也需要面对过往和未来,实现"过去—现在—未来"的合力共振。这意味着,青年爱国主义教育话语不仅要在历时性地描述过去、现在与未来的血脉传承和共时性地辨别自我与他者的身份分野中,建构起"我是谁""我们是谁""我们从哪里来,要到哪里去"的归属意识和精神谱系,还要在"不忘本来"与"面向未来"的辩证统一中培养青年人对维护本民族绵延生息、实现祖国繁荣发展的历史使命感和时代责任感。最终,通过描述过去、现在与未来的历史性血脉传承,在青年人精神世界里建构起"我们从哪里来,要到哪里去"的民族国家精神谱系。

而中国传承数千年延绵不绝的文化为这种叙事的时间聚合提供了条件。恰如法国史学家费尔南·布罗代尔所说的:"中国在历经诸多磨难后达到了一个罕见的时刻,此时文明通过与过去决裂、牺牲它的迄今一直是其根本的某些结构性特征,获得了重生。"② Hersh Fiedld 认为一个国家的历史越长,那么个体所直观感受到的国家未来也就越长,由此会更倾向采取与国家未来趋势相一致的、有利于国家未来的行动③。事实上,通过讲述代代相传的集体知识串联起文化连续性,能够为文化中的个体感

---

① David Carr., *Time Narrative and History*, Bloomington: Indiana University Press, 1986, pp. 30-31.
② [法]费尔南·布罗代尔:《文明史纲》,肖昶等译,广西师范大学出版社2003年版,第206页。
③ Hersh Fiedld, "National Differences in Environmental Concern and Performance are Predicted by Country Age", *Psychological Science*, Vol. 25, No. 1, 2014, pp. 152-160.

知自己国家历史、预测国家未来发展趋势提供历时性支撑。关于国家的"未来"叙事本身也具有鲜明的方向指引性和意识形态性，能够指明国家发展的方向、反映时代进步的要求，整合引领社会各个阶层、各个群体的价值取向，是爱国主义精神构建中不可或缺的叙事维度。因此，爱国主义教育叙事既要兼顾"过去"的优良传统，也要阐明"现在"的优质现实，更要展望"未来"的信心，使其在时间序列上呈现一种延续性和合理性。

（三）实现"议程—框架"的逻辑整合

注意力资源的高度稀缺性与舆论环境的显著复杂性，是当前青年爱国主义教育话语所处信息生态的重要特征。能否在异质化信息多元共存的话语环境中获取更坚实的传播资源作为支撑，进而持续有效地发声，是青年爱国主义教育话语产生效果的前提性要件。因此，议程设置成为话语市场里的重要议题。

所谓"议程设置"，是指行为主体通过采取适当措施，使行为主体关注或重视的话题获得地位重视和优先关切的一系列实践活动[①]。虽然大众传播不能决定人们对某一事件或意见的具体看法，但通过提供信息、安排相关的议题，能够有效地左右人们关注哪些事实和意见，乃至影响他们谈论的先后顺序。李普曼把媒体的议程设置功能比喻为"探照灯"，"不停地照来照去，把一件又一件事从黑暗处带到人们的视域内"[②]，探照灯的灯光所及之处均能成为受众的关注点。对于青年爱国主义教育话语来说，有效的议程设置可以聚焦话语注意力，引导话语方向，在话语市场中取得优先位置。《新时代爱国主义教育实施纲要》指出："加强网上舆论引导，依法依规进行综合治理，引导网民自觉抵制损害国家荣誉、否定中华优秀传统文化的错误言行，汇聚网上正能量。"[③] 这必须依赖有效的议题设置。开展有效的青年爱国主义教育话语的议程设置，可从框架供给、热点回应、引发共情三个方面入手。

---

① 马明冲、韩笑：《议程设置：中国共产党国际形象的一种建构范式》，《新视野》2023年第6期。

② ［美］李普曼：《舆论学》，林珊译，华夏出版社1989年版，第240页。

③ 《新时代爱国主义教育实施纲要》，《人民日报》2019年11月13日第6版。

一是规划议程设置，增强青年爱国主义教育话语的框架供给能力。由于注意力资源的高度稀缺，在特定的时间段内，可进入议程的议题数量是有限的。为此，青年爱国主义教育话语建设必须具备自主议题设置意识，增强主导意识和阵地意识，善用"首因效应"，主动关注回应世界，正面介入大众关注的议题，选定贴切、适当的议题。须对议程设置进行顶层设计、制定长远规划，有计划、分阶段、多步骤地做好议程设置。须为青年爱国主义教育话语提供一定的话语框架，以此作为话语言说的纲领性指引，引导各类青年爱国主义教育话语主体规范表达、准确表达，真正将整体性、系统性的话语建构逻辑与在地性、差异性的话语呈现相结合。

二是加强议程设置，增强青年爱国主义教育话语的热点回应能力。"高关联性和高不确定性的议题更容易进入公众视野"[①]。青年爱国主义教育话语要摆脱"刺激—反应"式的被动防御策略，在抢占引导先机中坚持主导性，增强回应热点问题、热点事件的迅速性。因为这些热点议题已经完成"吸引"受众关注的第一步，如果精心凝练加以有效引导，使大众舆论朝着"正能量"方向发展，将取得事半功倍的效果。因此，要增强对大众热点共通议题的关联与搭载能力，积极介入大众焦点问题，把握关乎国家意象与象征、民族自豪感与荣誉感的重点热点问题，抓住与爱国主义现实问题相关联的实践议题，在关键问题与立场态度上的积极发声、精选议题，稳稳把握爱国主义教育的话语风向。

三是优化议程设置，增强青年爱国主义教育话语的共情引发能力。在进行青年爱国主义教育话语议程设置时，出发点为感受上的"共情"，进而实现道理上的"共通"，最终达成价值上的"共识"。议程设置首先需要实现的是对人类基本情感的准确感知和传达，在主体与受众之间建立情感连接、实现情感耦合。在进行爱国主义教育话语传播时，应找准议程与青年受众的情绪契合点，采用以情动人的叙事技巧，激发青年受众对爱国主义的共鸣、共振。在"共情"的基础上，打通议程设置的意义互通空间，融入具体的青年生活语境，促使青年受众在思想理念、理

---

① 王亚茹、许开轶：《论国际话语权视角下我国议程设置能力的提升》，《长江论坛》2020年第6期。

论逻辑、政治话语等道理层面形成相同意见，最终最广泛地聚合价值认同体，达成爱国主义共识。

三 话语主体的政治整合

爱国主义教育话语的言说主体是多元化的，既有官方主体，也有学术主体、民间主体。不同的言说主体依据不同领域承担不同的话语形态，有着不可替代的独特功能。各类爱国主义教育话语言说主体之间是否有联结，联结是否稳定和紧密，能否相互配合与协同合作，关系到青年爱国主义教育话语能否形成合力、能否获得有效的传播和广泛的认同。因而青年爱国主义教育话语创新应关注不同形态话语的关系处理，积极推进青年爱国主义教育话语主体结构的整合，坚持一元主导，多样主体协同合作和良性互构，建设一个多元主体共存，以开放式对话、交流和共享为特征的青年爱国主义教育叙事"共同体"，使爱国主义教育叙事更加具有内在凝聚力。

（一）优化多样主体在爱国主义教育话语体系中的结构功能

构建青年爱国主义教育叙事"共同体"的关键，在于运用涌现性、层次性、动态性、开放性的系统思维，把握新时代爱国主义教育的目标引领性、过程联动性、涨落有序性与成效集聚性，生成一核主导下的多样主体协同合作的主体传播结构。首先，要充分发挥爱国主义教育话语官方主体对其他各类主体的引导性作用。官方言说是青年爱国主义教育话语的主心骨，起着规范各类话语主体责任、确定各类话语主体关系、提升各类话语主体能力的重要作用。没有官方言说的引领和支撑，爱国主义教育话语领域可能会偏离正确的发展方向，各类话语主体可能会在话语内容、话语原则、话语立场以及表达方式等方面形成偏差，走向脱嵌。为此，需要加强官方主体在话语内容的选择、话语框架的搭建、话语表达的融合、话语立场的协调、话语权的分配、话语体系的建设等方面，对其他话语主体产生引导作用。与此同时，也要注意建设一核主导下的多元主体合作体系，注重发挥多元主体在系统自组织中的作用，衔接好各类主体的言说风格、言说内容、言说规律，促使各类主体以高度的共识共同协作，传播爱国主义，构成空间有序、时间有序、功能有序的传播局面，实现更少的内部抵牾和更高的言说效率。

（二）推进多样主体在爱国主义教育话语体系中的互补互嵌

推进爱国主义教育话语多样主体的互补互嵌，主要是推动政治主体话语、学术主体话语、民间主体话语的主体互补与互嵌，形成爱国主义教育话语传播的生态传播链。一是加强学术主体话语和民间主体话语的政治引导。注重发挥政治主体对学术话语和民间话语的政治引导与价值引领功能，培育政治主体与学术主体、民间主体的对话沟通能力，以吸纳民间主体"意见领袖"的方式推动民间主体话语纳入爱国主义教育话语的主旋律轨道，确保言说方向的正确。二是加强政治主体话语和民间主体话语的学术阐发。对政治主体话语的正确阐述离不开坚实的学理性支撑、深入的学理性阐释，学理阐述充分与否、水平高低对话语表达与传播产生着直接的影响，制约着爱国主义教育话语表达的实效。为此，要充分发挥知识分子等社会精英群体的关键作用，借助学术逻辑、学术概念、学术语言等"专家话语"、专业化阐释体系推动爱国主义教育的话语合理表达，强化政治主体话语、民间主体话语的学理阐发，从"是什么""为什么""怎么样"的逻辑理路用学理话语分析清楚爱国主义教育话语背后的道和理，构建释疑、解惑、求真、明理的青年爱国主义教育话语叙事方式，使青年在悟道明理中自觉深化对祖国的爱。三是加强政治主体话语与学术主体话语的民间活力。这需要政治主体话语和学术主体话语广泛吸纳各类民间话语资源，提高政治话语和学术话语在修辞、话语转译和包装方面的能力，以生活化、个性化、人本化话语叙事弥补政治叙事的不足。通过构建爱国主义教育话语多样主体的互补互嵌关系，最终形成话语场域内不同话语主体的政治整合，全面提升爱国主义教育话语言说的整体效益。

四 话语秩序的政治打造

"秩序"指向的是结构内部各要素之间的稳定与平衡、有序与统一。有秩序的话语往往会呈现一种有机状态，各类话语在场域中能够充分施展自身的特色与优长，按照规律推动爱国主义教育话语的传播，形成话语生态的动态平衡。话语的非秩序化则表现为一些话语元素出现"逃逸"，如"非理性互动"在爱国主义教育事件中的出现，情绪极化现象的出现，存在着非逻辑化、非条理化、非规范化、非秩序化的形态。我们要为青年爱国主义教育话语营建恰当、和谐的秩序，避免话语"逃逸"现象的出现。

（一）打造建设性爱国主义教育话语

面向网络空间内存在的情绪化、极端化的非理性爱国主义表达，我们必须明确的是，真正的爱国主义是对国家、对民族发自内心的自信与认同，是矢志不渝维护国家尊严的行为与决心，是以坚持不懈奋斗建设祖国的意志与行动。为此，要进一步打造建设性爱国主义教育话语，涵养理性平和的国民心态。所谓建设性爱国主义教育话语，就要使爱国主义教育话语具备成熟的话语框架、严密的内部秩序、有序的话语表达，引导青年人合理、合法地表达爱国之情、护国之意，引导青年冷静地分析中国与外部世界的冲突与矛盾，客观地审视中国与世界的未来发展形势。正因为我们共享着大国的传统与文明，有着大国的文明底蕴，便要更加自觉地、理性地维护大国的气节与尊严，以建设性的心态看待中国与世界的未来，始终保持与社会主义大国相适应的大国风范和大国情怀，避免话语陷入非理性的无序状态。

（二）打造二元性爱国主义教育话语

有人认为，意识形态必须成为无须人们省思的"常识"，才能够为人们所迅速接受，形成对生活世界的型构力量。英国思想家柏克强调了"成见"在人们认知中的作用，他说"因为它们是成见，所以我们珍视它们。……它事先就把我们的思想纳入一种智慧和道德的稳定行程之中而不让人在决定的关头犹豫不决、困惑、疑虑以及茫然失措"[①]。勒庞的《乌合之众：大众心理研究》则提出，"群体只懂过于简单和极端的情感，所以，人们向他们暗示的意见、观念和信仰，他们不是全盘接受，就是全盘否定，不是把它们当作绝对真理，就把它们当成绝对的谬误"[②]。根据这样的理论，受众往往只需要明确的结论，以便他们通过符号体系就可以形成条件反射，得出结论。可见，建构一个简单易懂的、善恶分明的二元价值体系，对与爱国主义相关行为作出"道德的"与"不道德

---

① ［法］埃德蒙·柏克：《法国革命论》，何兆武等译，商务印书馆2005年版，第117页。
② ［法］勒庞：《乌合之众：大众心理研究》，冯克利译，中央编译出版社2011年版，第29页。

的"、"好的"与"不好的"、"应当做的"与"不应当做的"、"进步的"与"落后的"等二元区分,并将所有与其相关的现象、概念、符号都填充进去,打造一个善恶分明的价值判断体系,将使价值传播更加清晰明了、简约有效。

(三)打造开放性爱国主义教育话语

习近平总书记提出:"每个民族、每个国家的前途命运都紧紧联系在一起,应该风雨同舟,荣辱与共,努力把我们生于斯、长于斯的这个星球建成一个和睦的大家庭,把世界各国人民对美好生活的向往变成现实。"① 在中国历史上,面向天下世界的爱国主义,是真正、彻底的爱国主义,也是中华民族优秀爱国主义的一个重要向度。在中国共产党思想史上,爱国主义始终与国际主义相伴相随,爱国主义始终是具有国际主义视野的爱国主义。伴随全球化向前发展,以及历史转变为"世界历史"的进程向前推进,爱国主义更是紧紧地与构建人类命运共同体联系在了一起。这意味着爱国主义不是狭隘的,我们需要进一步将爱国主义的民族性与世界性结合起来,提升新时代青年爱国主义教育话语的开放式格局和境界。用开放性爱国主义教育话语培育青年人既能够实现民族自尊自信,又能够积极拥抱世界,既批驳骄矜自傲,也拒斥妄自菲薄的国民品格和国民心态,使他们能够在人类命运共同体的视野下,不断推进社会主义事业向前发展。

第三节 加强话语的社会融入,提升话语亲和力

海登·怀特用"竞争性叙述"的概念说明叙事的弹性,认为一种叙述可以把某件事件说成一场闹剧,另一种叙事则可以描绘成"具有同样形式和意义的叙事诗或者悲剧故事"。② 话语是建构性的,它的力量不仅在于对世界实践的表现,更在于它在意义层面对世界的说明和建构。它

---

① 习近平:《论坚持推动构建人类命运共同体》,中央文献出版社2018年版,第510页。
② [美]海登·怀特:《历史情节的编织与真实性问题》,上海三联书店2003年版,第179页。

既被规范、习俗及其背后的关系、身份和机构决定,也对这些因素产生着重要的影响。因此,对爱国主义教育话语有意识地建构,能增进爱国主义教育的效果。

青年爱国主义教育话语的社会融入着眼于解决目前青年爱国主义教育话语悬浮的问题,解决新时代爱国主义教育与现代社会多元思潮之间的矛盾。通过加强青年爱国主义教育话语的社会融入,应对数字时代大数据、人工智能等新技术的机遇和挑战,拓展爱国主义教育话语的覆盖面和渠道,构建爱国主义教育话语的新场域,在开放、多元、共生的话语场域中扩大与青年受教育者之间的对话面,提升"百年大变局"下青年爱国主义教育话语的影响力。

一 加强话语对日常生活的融入

习近平总书记强调:"一种价值观要真正发挥作用,必须融入社会生活,让人们在实践中感知它、领悟它。要注意把我们所提倡的与人们日常生活紧密联系起来,在落细、落小、落实上下功夫。"[1] 在传统儒家德育中,往往将道德观念和道德规范内化于他们的"日用常行"中,即所谓的道在"人伦日用"中。《新时代爱国主义教育实施纲要》规定,爱国主义教育要"遵循规律、创新发展,注重落细落小落实、日常经常平常"。[2] 为此,爱国主义教育话语要提高政治修辞、话语转译和包装能力,解决主流表达与青年心理特点和认知特征之间匹配上的矛盾,从正式、宏大、抽象的话语向直观、生动、个性、人本及多元的生活话语转化,使"始繁者终必简,始晦者终必明"[3]。

(一)国家符号的日常空间呈现

空间是人类进行生产和交往活动的物理场所,其中集聚着不同的思想体系、社会价值理念、意识形态,以及复杂的人类社会关系,其价值已经远远超出了其所具备的物质载体功能。它本身作为观念的集成所,也是意识形态的必争之地、思想政治教育的重要场所。可以说,生产生

---

[1] 《习近平谈治国理政》(第1卷),外文出版社2014年版,第165页。
[2] 《新时代爱国主义教育实施纲要》,《人民日报》2019年11月13日第6版。
[3] (明)袁宏道:《袁宏道集笺校》,钱伯城笺校,上海古籍出版社2008年版,第515页。

活空间既是实践的空间,也是教育的空间。"作为唯一实在的,通过知觉实际地被给予的、被经验到并能被经验到的世界,即我们的日常生活世界。"① 爱国主义在本质上也并非来自形而上学的理论推演,而是现实生活世界里的经验积累。蕴含在生产生活空间的隐而不显的价值观念,比起以语言为载体的直接灌输来说,更具有化人于无形的效果。因此,现实生活空间同样是青年爱国主义教育话语的核心载体,承担着意识形态教化的功能。

从某种程度上说,国家作为一种生活生产空间,本身是语言、建筑、饮食、音乐和绘画等符号载体所构筑的,依赖符号系统,国家得以超越时空带来粘连性和凝聚力。因此,作为信仰依托、文化命脉和精神象征的符号,对于国家认同有关键性的意义。涂尔干在《宗教生活的基本形式》一书中通过考察图腾崇拜发现,作为氏族社会的象征符号和观念表达,图腾对于"强化和确认集体情感和集体意识",对于社会统一性和人格性的获得有着重要的意义。所以,哈贝马斯才说:"正是一个'民族'的符号结构使现代国家成为民族国家。"符号具有极强的外在表现力、非凡的叙事力、独特的凝聚力和鲜明的教化价值。国家象征符号既能反映国家的外部特征,从外部形态上直观塑造国家的外在可感形象;又能彰显国家的思想、文化、历史、记忆,从象征意义上表达国家固有的规范与价值。

为此,我们应当积极建设以日常生活为载体表达青年爱国主义教育话语的空间形式,让国家符号经常性地显示在这一空间之中,让青年爱国主义教育话语回归日常生活空间。可以通过把博物馆、展览馆、纪念馆、图书馆、科技馆、文化馆、美术馆、体育馆、广场、雕塑等空间打造成青年爱国主义教育宣传的重要场所,使空间可以充分表征中国特色社会主义政治文化,营造隐形育人的历史文化氛围。可以增设富含爱国主义意蕴的纪念碑、宣传专区、公共设施等,让青年从空间中可以时常"瞧见"中国共产党团结广大人民的爱国奋斗史,以冲击性和视觉性的标语、视频、广播等激发他们的内在爱国情感,使爱国氛围无处不在、无时不有。可以推动国家标志空间化、生活化,将国家标志如国旗、国徽、

---

① 倪梁康:《胡塞尔选集》(下),上海三联书店1997年版,第1027页。

国歌、国庆日等融入日常生活空间,让广大青年在空间中长期感悟中国元素、体悟家国情怀,接受国家的价值传播和信息洗礼,自然产生对国家、对民族的深厚情感。如同法兰西的"记忆之场"一般,符号与空间的结合构成了一种拓扑性的空间结构,以可触、可见、可感的形象载体作用于青年人的记忆,形塑着青年人的国家意识和民族意识。

(二) 爱国元素的日常细节渗透

生活是教育的中心,青年的意识随着其生命活动的展开而得到充实,应当把爱国主义教育纳入整个社会大系统,把爱国主义教育进行空间和时间的扩展和延伸,打造一个集学校、家庭和社会于一体的教育环绕日常空间。这就意味着青年爱国主义教育话语理应蕴含于青年人的"日用常行"之中,通过这个充盈的日常空间,将爱国主义教育的全周期、全覆盖到青年生活中,与青年的生活过程相伴随、与青年生活半径相一致,使青年群体在潜移默化、个体觉悟、生活实践中生成爱国主义的"知、情、意、行"。也就是说,青年爱国主义教育话语的日常化可以从青年的日常生活、日常思维入手,培育青年人爱国主义精神的主体责任与担当意识。

一是从日常物质活动来看,面对消费爱国主义已蔚然成风的大趋势,应当进一步巩固这一局面,加大爱国主义消费品的供给力度。安东尼奥·葛兰西提出,由于消费者在商品消费时总是处于一定的社会历史文化语境之下,在商品消费过程中,会不自觉地将商品"想象"(或称"转换")成一定的具有意义指向的文化符号。正是在这个意义上,对"消费"的物品或过程进行控制便有了特殊的含义——一旦控制了文化生产和文化消费,也就掌控文化和意识形态的主导权。[1] 要发挥消费在爱国主义教育中的重要作用,须引导市场加强爱国主义商品的生产,培育和打造更多的国潮品牌,在商品消费中打造爱国主义的符码,同时保持爱国主义消费商品的时尚魅力,把"国潮热"建设成新时代的一种积极文化,让中国创造、"中国智造"、中国文化成为永远的市场热点,使青年在追逐时尚的同时进一步获得时尚体验和爱国情感的升华。

---

[1] [意] 安东尼奥·葛兰西:《狱中札记》,曹雷雨等译,中国社会科学出版社2000年版,第197—202页。

二是从日常思维方式来看,面对"常人"爱国主义的盛行,应当进一步加强鼓励和引导。苏格拉底曾说:"做好自己一个人事情即是正义。"① 作为国家主义的宏观叙事,中国梦、"爱国主义"同样可以是渗入个人日常生活的微观修辞。尤其是在建功立业的新时代,"爱国"并不代表如同英雄、伟人般轰轰烈烈的爱国壮举,并不代表神圣的英雄传奇,而更多的是聚焦新时代的事业建设,以千千万万微观的"个人梦"支撑起推动国家富强、民族复兴、人民幸福的中国梦。因此,实现爱国元素的日常渗透,开展爱国主义价值的日常建构就十分重要。这主要是要将日常生活作为价值起点,引导青年在"日常用行"中践行爱国主义,将宏大的爱国主义分解为一个个的小话语、小行为。如引导青年人履行好一个学生、一个组员、一个职工应该履行的职责,把自己"应该做"且"能够做"的事情做好做完善,在爱国志愿行动中积极作为,推动爱国主义观念领域与实践领域的融合发展。

(三)国家情感的日常仪式在场

加强爱国主义教育话语的日常覆盖,就要特别重视记忆叙事的作用。人的身份由时间沉淀而成,记忆是身份塑成的重要途径,由时间积累起的记忆不间断地制造出"身份"这一合成之物。"我们是谁""我是谁",如何识别,是一个身份认知和社会建构的过程,它来自某一社会群体共享往事的结果,来自对"纪念空间"与"情感空间"身份记忆生产的结果,正是在这样的集体记忆过程中,形塑出个体及群体的爱国记忆和爱国主义"情感场域"。保罗·康纳顿在《社会如何记忆》中将纪念仪式和身体实践视为社会记忆的两种重要方式。因为纪念仪式的高度重复性、规范性、固定程式性,被视为塑造民族国家"想象共同体"的重要途径。涂尔干提出:"仪式是为维护信仰的生命力服务的。"② 戴维·科尔泽甚至断言,"没有仪式和象征,就没有民族"③。仪式操演在爱国主义文化记忆的建构中有着不可或缺的作用,是集体形象建构、集体情感培育的重要

---

① [古希腊]柏拉图:《理想国》,郭斌和、张竹明译,商务印书馆2009年版,第59页。
② [法]爱弥尔·涂尔干:《宗教生活的基本形式》,渠东等译,上海人民出版社1999年版,第498页。
③ [美]黛安娜·克兰:《文化社会学:浮现中的理论视野》,王小章等译,南京大学出版社2006年版,第48页。

依托。习近平总书记指出:"礼仪是宣示价值观、教化人民的有效方式,要有计划地建立和规范一些礼仪制度,如升国旗仪式、成人仪式、入党入团入队仪式等,利用重大纪念日、民族传统节日等契机,组织开展形式多样的纪念庆典活动,传播主流价值,增强人们的认同感和归属感。"[1]《新时代爱国主义教育实施纲要》指出,爱国主义教育的实践载体包括爱国主义教育基地和国防教育基地、国家性的仪式与礼仪、重大纪念活动中的爱国主义资源、传统与现代节日的作用、风景名胜与重大工程的展示等[2]。新时代国家仪式着力于唤醒中华民族共同体的集体记忆,传播主流价值观念、营造爱国主义的意义情境,是增加人们国家认同的重要载体之一。进一步发挥社会主义国家仪式叙事的优势,就是在宏观层面上,完善爱国主义仪式表达,建设涵盖民族传统节日如中秋节仪式、端午节仪式、春节仪式等,重大历史庆祝活动如中华人民共和国成立庆祝日、改革开放庆祝日、抗日战争胜利庆祝日等,日常政治生活仪式如升国旗仪式、成人仪式、入党入团入队仪式、校庆仪式等,特殊纪念仪式如国家公祭仪式、阅兵仪式、参观纪念馆等在内的稳定仪式系统。在微观层面上,强化仪式价值与形式内在统一的规范性设计和程序化安排,把爱国主义教育的接受规律同仪式感染性的内在机理紧密结合,让青年人在仪式空间中依托符号介质象征,完成爱国主义的主体情感建构。

二 加强话语对虚拟生活的融入

后信息时代信息化、数字化的迭代升级,深刻重塑着爱国主义教育的感知环境、信息环境、文化环境等,深刻改变了爱国主义教育的存在场域和实践样貌,不仅推动了重塑爱国主义的教育思维、发展模式与未来前景,而且改变了爱国主义教育的组织方式与运作载体以及青年的学习场域、习得方式,使其呈现智能样态、精准样态、虚拟样态。青年爱国主义教育话语要主动加强对虚拟生活的覆盖面,用新一代信息术赋能爱国主义教育话语,使青年爱国主义教育话语与新的信息技术共融共生,

---

[1] 习近平:《习近平关于社会主义精神文明建设论述摘编》,中央文献出版社2022年版,第165页。

[2] 《新时代爱国主义教育实施纲要》,《人民日报》2019年11月13日第6版。

厘清技术的"可用"之处和"可为"之处,让技术为立德树人服务。

(一)利用数据技术加强话语集成治理

物联网、大数据、数字孪生、脑机接口、元宇宙等技术,为爱国主义教育的信息聚合、信息库建构及更新、信息对接创造了新的背景。凭借这些新技术,爱国主义教育话语呈现由经验依循到数据驱动的变革新趋向,能够实现对爱国主义教育数据的汇集、挖掘与分析,进而实现对教育对象的问题发掘、行为干预以及预测基础上话语设计的重构、话语的分析性和掌控能力,使针对性和渗透能力大幅增强。

一是分析性和掌控能力的强化。新一代信息技术在大数据整合、分析、共享层面有了新的突破,可通过海量青年信息的整理与深度学习,实现跨部门和跨业务的数据共享与数据整合,构建起一个全面、系统且不断更新的青年爱国主义教育数据库。进而言之,新一代信息技术能够凭借卓越的数据分析功能,在海量的对象信息数据推算中,精准研判教育对象的需求,对其兴趣爱好、价值需求、思想偏好、行为方式等倾向性特征进行深度预测,以此构建爱国主义教育的信息资源库,为爱国主义教育话语明确靶向,为其精准投送创造条件。而且,新一代信息技术还能够对教育效果进行精准评估,对教育对象的行为和思想进行无缝监测,可以追溯教育对象受教育后的思想行为变化、生成其行为变化的关联模型,从而能够精准掌握、全面评价教育的效果。总而言之,依托新一代信息技术,爱国主义教育话语的规划、设计与实施拥有了向集约化、系统化发展的条件。

二是针对性和渗透能力的强化。在数据分析的基础上,新一代信息技术的融入使把握教育对象思想认同的形成规律、增强爱国主义教育决策机制的精准度与针对性成为可能。新一代信息技术能够依靠深度学习、智能算法,对爱国主义教育话语进行筛选、分析、建模,并依据教育对象的偏好进行深度加工和定向投放,以更加精准化的爱国主义教育内容供给,更精、更准、更细地对接青年的接受偏好。同时,能够通过相关数据的匹配,形成个性化的爱国主义教育话语方案,使坚持爱国主义教育话语主流价值与兼顾青年个性学习需求相结合,加强爱国主义教育话语的吸引力与代入感,推动青年爱国主义教育话语向精准化、个性化育人生态转型。

（二）利用虚拟交互建构数据社会资本

一是在数据世界开拓的新场域，要积极进行爱国主义教育话语的覆盖。面向方兴未艾的身份政治，爱国主义教育话语的言说需要基于"数字空间"予以重建，由物理空间转向物理空间与数字空间并重。欧盟在近些年提出了"数字主权"的概念，中国也应针对其发展态势制定长远预案，在全球数字社会发展、数字社会转型中抢占先机，适应数据社会环境变革。二是面向新的数据空间可能产生的丰富社会资本，要充分利用新的数据空间，以具身体验的精神空间形式建立一种新型教育信任关系网，深度激发爱国主义教育话语的虚拟交往交流优势。如元宇宙技术能够为人与人之间、人与虚拟对象之间、虚拟对象与虚拟对象之间构架起一座不受时间、地点限定的虚拟空间桥梁，用仿真模拟的技术和崭新的空间形态将教育对象的意识、连同虚拟的"身体"一道，带入虚拟世界。然后在虚拟世界随着主体间的沟通、协调与配合的加强，产生群体间可传递性的信任互惠，逐步形成新的社会资本——数字社会资本，以此为爱国主义教育话语传播提供助力。因此，我们要充分关注数据交往空间的独特优势，利用青年一代对数字技术和数字空间的天然信赖感，在保持数字空间交往的自由度和信任感的同时，充分培育好虚拟社群内的人际信任和社会资本，引导形成覆盖虚拟世界的政治认同与国家认同。

三 加强话语对青年圈层的渗入

降低圈群的自我防御，打通认知节点，关键在于关注青年体验，探索契合圈群成员情感需求的话语表达，凝聚圈群话语共识。为此，青年爱国主义教育话语要主动回应"百年大变局"与青年关切，构建释疑、解惑、求真、明理的青年爱国主义教育话语叙事方式，使青年人跳出圈层的"小我思维"，关怀国家、补益思想、提振责任，推动转识成智、转智成德。

（一）以贴近的话语回应青年困惑

青年爱国主义教育的话语能否成功破圈，取决于能否满足青年成长成才中解决诸种思想困惑的实际需要。因此，青年爱国主义教育话题需要广泛而深入地了解和研究青年群体的思想实际和身心发展规律，找准其"成长中的问题",贴近和契合青年人的思想实际和生活世界。青年的思想实际,与他们在现实生活中各种需要及其满足程度密切相关,并受到社会环境以及青年的身心、意识和行为诸多因素制约。了解青年人的身心及其社会性发展的特征和规律,理解和掌握他们在成长成才中特有的独立与依赖、理想与现实、自我与他人、认同与冲突、理性与情感、认知与行动等一系列矛盾及其冲突引致的思想困惑和选择困难,把握其"成长中的问题",是青年爱国主义教育话语必须回应的问题。当前,社会经济、政治、文化领域都进行着激烈变革,青年人群体有着巨大的生存压力和发展压力,青年爱国主义教育的话语要从青年人的立身之本出发,直面青年对未来的迷茫,关注青年的成长需求,抓住世界观、人生观、价值观、思维方式、理想信念等人生根本问题,回应他们的困惑,引导他们在融入社会、融入社会事业之中实现个人价值。

(二) 以彻底的话语解释社会现实

当前,社会全面转型带来了纷繁复杂的现实问题,青年爱国主义教育话语只有透视社会实践本质,才能穿透社会成员纷繁复杂的思想价值诉求表象,把握其利益诉求的实质,体现真理性,才能具有现实解答力,形成优势话语势能,成功进入青年圈层。马克思指出:"理论只要彻底就能说服人,所谓彻底,就是抓住事物的根本。但是,人的根本就是人本身。"[1]"事物的根本"即事物的本质和规律,在人的世界中,就是社会生活的实践本质及其内在运行机制和规律。因而,话语阐释的彻底性,在于以事物本质和规律的底层逻辑去阐明事理、指引行动。以"透彻的"学理逻辑分析回应社会现实问题和青年的思想实际问题。把学理逻辑分析建立在以实践为基础的现实生活之中,理论透过现象把握事物本质从而反映和切中现实的矛盾和"要害"之逻辑力量。青年爱国主义教育话语应紧紧围绕"个人与国家关系"这一爱国主义教育核心问题,以彻底的理论逻辑,引导青年正确看待个人命运与国家命运、个人前途与国家发展之间的相互关系,真正理解个人成长进步与国家繁荣富强之间的双向互动作用,帮助他们在理性认识中建立起坚定的爱国

---

[1] [德] 卡尔·马克思:《黑格尔法哲学批判》,曹典顺译,中国社会科学出版社 2009 年版,第9页。

主义信念。

（三）以共在的话语沟通教育主体

伽达默尔曾经说过："谈话艺术的第一个条件是确保谈话伙伴与谈话人有同样的发言权。"[①] 哈贝马斯强调语言交往是否有效、主体交往的效果如何取决于话语主体承担可理解性、真理性、正当性和真诚性的有效性要求。话语间性解构了将言说对象排斥在教育互动之外的秩序，青年爱国主义教育话语必须加强话语主体对彼此之间表达意义的共同理解，强调双方积极性地发挥互动交往，体现青年主体性的"自主式、双向式、参与式"的话语方式。如果缺少互动和对话，话语言说对象只停留在一时的情感感染层面，或是话语信息传递的认知层面，就难以形成话语言说的主体间共识。因此，青年爱国主义教育话语要进入青年话语圈层，必须重构一个"共同在场"的交往场域，营建一个基于开放、尊重和平等的话语互动场域，激发话语言说对象的主体意识，寻求深度参与和良性互动。在这种深度参与和良性互动之下，使话语交往摒弃话语言说者的单向独白，不再将话语言说对象视为被动的"接收器"，而是激发话语言说对象觉醒自我意识，发挥其主体能动性，使其可以根据自身所处的情景，自主地接受和理解话语传达的意义和价值并形成包含主体特征的理解，共同参与到话语意义的创造中。

第四节 加强话语的文化拓展，提升话语浸润力

人们对于国家的形象认知和情感附丽，与地理空间的"国土"体认有关，更与文化空间的"血脉"想象紧密相关。文化是一个民族、一个国家的根脉所在，对个人的归属和认同至关重要，是将国家成员维系在一起的重要媒介、构建民族国家认同的重要质料。共同的文化传统可以有效弥合历史与现实的"罅隙"，从而为爱国主义的形成和巩固提供丰厚的文化土壤。从某种程度上说，"只有得到文化习惯的支撑，政治共同体

---

① ［德］伽达默尔：《真理与方法》，洪汉鼎译，商务印书馆2007年版，第471页。

的社会一体化才能取得成功"。① 青年爱国主义教育话语的文化拓展主要应解决目前爱国主义教育话语工具化,以及话语工具理性和价值理性失衡的问题。拓宽爱国主义教育话语的文化资源,推进爱国主义教育话语的文化回归,是"百年大变局"下坚持以人为本,凸显"人的取向",提升青年爱国主义教育话语浸润力的必然路径。

一 拓宽话语的文化资源

所谓文化资源是指人们从事文化生产或是文化活动所利用的各种资源的总和。它存在于人类的物质领域和精神领域,是人类赖以生存的基础、社会发展进步的动力,具有再生性、时效性、传承性、持久性、稀缺性等特征。爱国主义教育话语就是建立在各类文化资源之上的。尤其是历史文化资源和地方性文化资源,是爱国主义教育话语具有文化力量的源泉。

(一)青年爱国主义教育话语对传统爱国主义教育话语的转化

人们对爱国主义的理解通常会从祖先的文化遗产入手,中华优秀传统爱国主义丰富的内涵是新时代爱国主义的重要建构资源。习近平总书记指出,要"深入挖掘古籍蕴含的哲学思想、人文精神、价值理念、道德规范,推动中华优秀传统文化创造性转化、创新性发展"。② 对于传统爱国主义教育文化资源来说,也是如此,只有推进传统爱国主义的创新性发展和创造性转化,才能激活传统爱国主义的内在生命力,古为今用,焕发出超越时空的价值和魅力。

一是对"家国天下"情怀的创新性发展与创造性转化。爱国主义的情感根基是中国传统的家国情怀,它由基于血缘、宗亲之上的"人伦"孕育而出。从起初聚焦血亲之情的"小我"之家,扩展到民族同胞之情的"中我"之家,再发展到天下之情的"大我"之家,这种由小及大基于血缘和人伦的情感过程,是人类社会基本关系的底座,也是个人与群

---

① [德]阿克塞尔·霍耐特:《为承认而斗争》,胡继华译,上海人民出版社2005年版,第64页。
② 《坚持党的领导传承红色基因扎根中国大地 走出一条建设中国特色世界一流大学新路》,《人民日报》2022年4月26日第1版。

体、个人与国家、群体与国家形成稳定关系的纽带。黑格尔认为伦理是一种实体，只有在这种实体之中，个体才能获得自身普遍本质的规定，获得自我确证和自我安顿。对于当前的社会来说，传统伦理实体对个体约束逐渐式微，"原子式"个体在家国之中的自我安顿、归属及认同感走向了模糊化。因此，青年爱国主义教育话语的建构有必要重拾家国天下的传统，重拾爱国主义产生的情感之根。习近平总书记指出，"中华民族历来重视家庭。正所谓'天下之本在国，国之本在家'，家和万事兴"[1]；"历史和现实告诉我们，家庭的前途命运同国家和民族的前途命运紧密相连"[2]，个人价值的实现在于"齐家""治国""平天下"之间。从爱国主义教育话语的角度推动"家国天下"情怀的创新性发展与创造性转化，就是要从血缘纽带的人伦关系出发，从家与国这个伦理实体出发，将国之"根"与家之"宗"延展、深化为爱国情感和爱国精神。在此基础上，帮助青年人将家与国理解为个体生命存在、生命成长、生命依托的实体家园和精神栖息地，使之与国、与家开展心理上的交互，形成情感上的眷恋。这不仅意味着，要把中国传统"国而忘家、公而忘私"[3]"以公灭私，民其允怀"[4]"君子之能以公义胜私欲"[5] 等家国情怀，转化为"大我"高于"小我"、始终以国家和民族利益为重的现代公民情怀，鼓励他们树立责任先于自由、义务先于权利，群体高于个人、国家优先于个人的思想，同时也意味着，要将中国传统"和合""天下为公""天下一家"等理念，转化为"世界大同、和谐共处、携手向前"的人类命运共同体思想，培育青年人为构建人类命运共同体奉献青春的力量与决心。

二是对"大一统"思想的创新性发展与创造性转化。中国传统爱国主义提倡"大一统"，主张维护统一，抵抗分裂，体现了维护国家一统的坚定信念。"维护统一，抵抗分裂"的爱国主义思想经过几千年的文化传承之后已深入于全国各族人民的内在精神，并成为维系国家统一人民团

---

[1] 习近平：《在 2018 年春节团拜会上的讲话》，《人民日报》2018 年 2 月 15 日第 2 版。

[2] 习近平：《在会见第一届全国文明家庭代表时的讲话》，《人民日报》2016 年 12 月 16 日第 2 版。

[3] 楼含松：《中国历代家训集成》，浙江古籍出版社 2017 年版，第 2293 页。

[4] 《尚书》，王世舜、王翠叶译注，中华书局 2012 年版，第 471 页。

[5] 王先谦：《荀子集解·修身》，中华书局 1988 年版，第 36 页。

结最重要的思想武器。尤其是在近现代史上，中华儿女、中国国土虽然遭到西方列强惨痛的践踏和蹂躏，历经磨难与艰辛，但始终没有放弃维护国土完整的坚定信念，没有放弃全国人民团结一心抵御外敌的坚强韧性，最终在同仇敌忾、一致抗日之中取得了艰苦卓绝的胜利。推动"大一统"思想的创新性发展与创造性转化，其一，要引导青年人加强理念认同，坚定维护国家统一的意志。就是要加强青年对于维护国家统一的决心与行动，增强国家社会青年群体在面对国家危难、国家利益时体现出来的坚定统一的使命意识和理想价值信念，在抵御外部威胁、社会风险、克服内部危机、迎接未来挑战时，体现出有机联结的精神状态与齐心协力的聚合意识。其二，要引导青年人加强制度认同、坚定维护国家统一的信念。就是要引导青年人坚定坚持"单一制"国家统一结构模式不动摇、坚持"和平统一、一国两制"科学构想和方针政策不动摇，强化"反分裂"维护国家主权、国家安全、领土完整等核心利益不动摇的决心和信念。其三，要引导青年人加强使命认同，坚定维护国家繁荣统一的决心。就是要引导青年人厘清对"国家—个体"之间不可分割的责任义务，培育青年人对以国为荣、对国忠诚和为国献身的意识和精神，形成以国家建设为中心的向心力和聚合力，为最终全面实现中华民族的大统一，实现中华民族伟大复兴的中国梦而齐心奋斗。

三是对"忠孝仁义"思想的创新性发展与创造性转化。在2019年春节团拜会上，习近平总书记曾强调，"在家尽孝、为国尽忠是中华民族的优良传统。没有国家繁荣发展，就没有家庭幸福美满。同样，没有千千万万家庭幸福美满，就没有国家繁荣发展"①。推动"忠孝仁义"思想的创新性发展与创造性转化，就是要在"忠孝"方面做到，将传统的忠君爱国转化为对中国共产党领导的中国的忠诚与热爱，肯定、支持与拥护中国共产党的理想愿景、执政理念、建设功绩，了解从红船精神到井冈山精神，从长征精神到延安精神、西柏坡精神等在内的共产党精神谱系，生发知党史、感党恩、听党话、跟党走的内在自觉和行为动力；就是要在"仁义"方面做到，将杀身取义的传统、"夫仁者，己欲立而立人，己欲达而达人"的仁者爱人传统、"万物一体，痌瘝切身"的民胞物与传

---

① 习近平：《在二〇一九年春节团拜会上的讲话》，《人民日报》2019年2月4日第1版。

统,转化为青年群体集体主义的爱国观,转化为更好地处理个人与集体关系、生发祖国同胞之爱的道德源泉,为破解当代社会出现的个人至上主义问题、宅男宅女问题、单向度发展问题等提供丰厚的智慧能量和情感能量。

(二)青年爱国主义教育话语对地方性知识资源的应用

所谓"地方性知识",来自人类学家的概念贡献。吉尔兹主张:"我们至少被逼迫在实验室,在诊疗室,在贫民区,在电脑中心,或在非洲的村落,去仔细寻想我们到底是怎样思考'思想'的。"[①] 人类学家通过对土著人的生活和风俗习惯的田野观察,通过对特定地域的民族志研究、图腾崇拜和宗教信仰、仪式研究,认识到地方性知识的存在与特质。他们将地方性知识定义为知识生成的特定语境,由特定的历史条件所形成的文化,以及亚文化群体的价值观、由特定的利益关系所决定的立场和视域等。[②] 地方性知识与当地知识掌握者关联密切,以其本土性、在地化与西方知识、现代性知识形成鲜明的对照。国内学者蔡仲则将地方性知识概括为"某一地域空间中,某一特殊的生活群体所共享的动态思想与技能的总称"。[③] 也就是说,地方性知识一定是生产于某一特定地区的群体的知识体系,它的形成是一个长期的过程,是这一群体在长期的生产、生活实践中所创造的,且也为这一群体所共同享有和认同。

将地方性知识融入爱国主义教育具有重要的意义。首先,地方性知识的本土关系能够推动爱国主义教育传播的地方化。地方性文化是地方社会关系的反映。也就是说,不同地域、民族、血缘、宗教、阶级或阶层的群体借助权力、知识、资源、声望和机会等构建出特定的社会关系,映射出地方性知识的关系场域。爱国主义教育话语可以依托这些社会关系深入其文化结构,依据其环境和条件、遗产和传统、优势和特点开展更具文化针对性的爱国主义教育言说。地方性知识符合当地人生存和发

[①] [美]克利福德·吉尔兹:《地方性知识——阐释人类学论文集》,王海龙、张家瑄译,中央编译出版社2004年版,第199页。

[②] [美]克利福德·吉尔兹:《地方性知识——阐释人类学论文集》,王海龙、张家瑄译,中央编译出版社2004年版,第199页。

[③] 蔡仲:《现代化转型中"地方性知识"如何自处》,《中国科学报》2019年3月6日第8版。

展的需求，以特定群体约定俗成的方式表达，为青年爱国主义教育更好适应环境提供了条件。其次，地方性知识的本土资源能够推动爱国主义教育知识的生活化。青年爱国主义教育的对象是受到一定地域文化熏陶的青年个体，广泛利用地方性知识，能够引导青年自发地走进具有浓郁地方色彩的文化情境中，融入现实、融入生活，在实践场域中探寻爱国主义的美德与真理，实现爱国主义教育的目标。最后，地方性知识的本土资源能够增加爱国主义教育资源的丰富性。利用地方性知识有利于丰富爱国主义教育话语资源，且使其更加地方化、多样化、个性化，有利于把爱国主义的"共性"与"个性"、"普遍性"与"特殊性"统一起来，爱国主义教育话语更具吸引力。

为此，要注重挖掘地方传统文化，把能够体现爱国主义精神的、富含生命力和创造力的"地方性知识"进行系统整理和整合，融入爱国主义教育，提升爱国主义教育的本地化水平。一是要在爱国主义教育话语中对接地方性知识性的观念形态，也就是一个地方的人们关于价值、审美、信仰、思维等方面的观念特征，蕴含了对客观世界的看法、思维习惯、价值取向等。二是要在爱国主义教育话语中利用地方性知识的文化形态，如地方习俗、古典文化、节日传统、建筑特色、历史地理、文化典籍、民间文学、民间艺术等抽象文化形态，也包括地方的渔樵牧耕、工匠技术、商贸往来、交通运输、服饰饮食、地方民居、医药消费等具象文化形态。三是要在爱国主义教育话语中贯穿地方性知识的活动形态，如地方的家族势力、行帮宗派、交往交际、婚嫁丧葬、民间崇拜等。通过将地方性知识融入爱国主义教育话语，赋予爱国主义教育话语更强评述周边世界、释疑解惑、发起行动的能力，使其更加深入人心。

（三）青年爱国主义教育话语对传统文化资源的利用

传统文化资源对于国家认同有着重要的意义。"一种国家文化是一种话语——一种建构意义的方式，它影响并组织了我们的行动和我们自我的概念。国家文化通过生产我们能够认同的'国家'的意义来建构个体认同。这些意义包含在与国家相关的故事中，包含在把国家的过去与现在相连的记忆中,包含在所建构起来的国家形象中。"① 中华文化发展源远流长,文学作品、艺术形式、传统习俗等丰富的资源传递着一个民族的历史和文化信息,对传承和弘扬民族文化精神具有至关重要的作用。

加强爱国主义教育的传统文化资源的利用,在推动传统文化的生活化方面有着丰富的开凿空间。可以从开发中华优秀传统文化产品入手,推动中华优秀传统文化资源转化为人们喜闻乐见的文创产品,使其中的爱国主义内涵和元素得到具体化呈现。可以通过开发纪录片、文艺节目、影视作品、音乐创作、图书等音像或以文字为载体的文化产品,有效承载和表达爱国主义特质的文化符号、元素和精神标识,使人们在直观感受中华优秀传统文化的同时,增强文化认同和文化自信。可以结合文化旅游、活动赛事、综艺节目、文化街区、文艺会展等文化活动形式,设计出既符合中华优秀传统文化核心要义,又符合时代发展和消费需求的文化活动产品,围绕中华民族传统节日文化,丰富文化和旅游消费产品供给,让人们在轻松闲适的文化氛围中,接受优秀传统文化滋养,慰藉乡愁、感受中华文化的美好。

二 深化话语的文化回归

爱国主义教育话语要把"人的主体回归"作为重要的考虑基点,是因为爱国主义教育话语作为一种社会实践活动,是与人的现实世界、与人类的精神追求密切相关的活动。唯有拥有主体身份、主体能动的人才能发挥其思想转变和行为转变的主动性。因此,爱国主义教育必须尊重人的自由发展,用"仁"的方式去理解人、对待人、关怀人,尤其是尊重人在精神生活和精神生命方面,要以爱国主义教育引导人们走进生活、体悟人生,唤醒人们追求上进、追求美好的力量。

(一)从"类存在物"层面展开青年爱国主义教育话语

马克思在谈及人类的生产与动物的所谓生产区别时说道,动物生产只生产"它自己或它的幼仔直接需要的东西",人的生产则不一样,"人不受肉体需要的影响也能生产,并且只有这样才进行真正的生产",而且

---

① [英]尼克·史蒂文森:《文化与公民身份》,陈志杰译,吉林出版集团2007年版,第303页。

人能够"自由地面对自己的产品"①。由此马克思说道，人是"有意识的类存在物""人的类特性恰恰就是自由的有意识的活动"，这一点"把人同动物的生命活动区别开来"②。从这个视角来看，爱国主义教育话语要把激发受教育者的内在动力、人的自我作用的发挥，人的实际需要作为出发点，回应人作为有意识的类存在物存在"自由"生产的内在需求。一是从"自由的有意识的活动"出发开展爱国主义教育话语的言说。教育者与受教育者都是平等的主体，教育者与受教育者、教育者之间、受教育者之间彼此都是与他人共在的自我。这意味着在爱国主义教育的传播过程中，要充分开展相互尊重、相互理解、双向流动、自由互动的交流，取得话语双方在需求和价值、认识和情感上的共识，与人们的生活生产实践取得逻辑的统一，才能使爱国主义教育话语易于接受、便于理解、适于认同。二是从"人是一切社会关系的总和"出发开展爱国主义教育话语言说。正因为人的本质是"一切社会关系的总和"，而爱国主义教育的话语对象是人，所以必须在社会关系中开展爱国主义教育，培育受教育者的爱国主义责任意识、大爱情怀和道德情操。所谓爱国主义责任意识，就是培育受教育者对国家所承担责任的自觉意识、对履行公民责任的积极意愿，养成一种由义务感、同情心、羞耻感、良心、忧患意识和奉献精神等多维交织而成的爱国报国的自觉精神和责任意识。所谓爱国主义的大爱情怀，就是要涵养受教育者从民胞物与的整体视角关切所有生命体的生命与尊严，培育一种集爱心、怜悯心、宽容、生命关照、真诚等于一体的大爱胸怀，对祖国的大好河山、自己的骨肉同胞、祖国的灿烂文化、自己的国家怀有广博而深沉厚重的情感。所谓爱国主义的道德情操，就是要把爱国主义教育的实践过程视为一个以文化人的过程，潜移默化地塑造爱国奉献的文明人格，构建以爱国奋斗为牵引的德、智、体、美、劳全面发展的人格结构，引导人们在爱国奉献中合理调整人与国家、民族关系，实现从对物的需求到精神境界的道德升华。

（二）从"人自由而全面发展"层面提升青年爱国主义教育话语

马克思把人的自由而全面发展作为根本价值追求目标，在《共产党

---

① 《马克思恩格斯选集》（第3卷），人民出版社2002年版，第273—274页。
② 《马克思恩格斯文集》（第1卷），人民出版社2009年版，第162页。

宣言》中将"每个人的自由发展是一切人的自由发展的条件"称为"自由人的联合体"的本质特征。①《资本论》更是明确地提出"以每个人的全面而自由的发展为基本原则的社会形式"。② 这意味着在未来共产主义社会下，物质生产和物质关系不再是外在于人的异己力量，人不仅能够拥有大量的社会财富，而且可以自觉地、自主地创造符合人类本性的生产关系和交往关系，"占有自己的全面的本质"。在此理想视野下，人的兴趣、能力、素质将得到全面的发展，人类全部力量将得到彰显。

人文关怀以充分尊重人、理解人、关爱人、肯定人为基点，以解读人生价值意义、全面提升人性层次为使命。社会现代化的关键是人的现代化，人文关怀是必不可少的价值支持力量。它既以现实生活为基点，引导人们重构道德标准，提高生存意识，在自觉的道德追求和实践中丰富生活、充实心灵；又站在终极关怀的高度，促进人性优化，提升精神品位，使人超越个体的狭隘范围，在科学协调人与人、人与社会、人与自然的关系中最终达到全社会的和谐。面对当今社会，人文关怀注重"人的精神内部生活对客观外部世界的适应、补充和调节"③，能够引导人们以主体身份独立理性地参与社会生活，有效克服消费社会、人工智能等对个体发展可能造成的阻碍。青年爱国主义教育话语应当将人文关怀贯穿其中，话语内容、话语方式要以人的自由而全面发展为最高目标，以适应青年人的心灵需要，以及未来社会发展的趋势。

首先，爱国主义教育话语要坚持"人的取向"。所谓"人的取向"就是在话语内容、过程中关注受教育者的主体性存在和独特性存在，而"物的取向"以话语的社会目的、社会意义、实践价值的实现度作为价值取向，受教育者在其中作为话语改造的对象是缺失主体性的。爱国主义教育话语坚持"人的取向"，就是说要坚持"以人为本"话语实践立场，将受教育者的自我发展需要、对话语的内在期待和内在感受看作重要的前提，将唤醒主体意识的觉醒、实现人的自由意志看作衡量话语活动重

---

① 《马克思恩格斯选集》（第1卷），人民出版社1995年版，第294页。
② 《马克思恩格斯选集》（第2卷），人民出版社1995年版，第239页。
③ 参见王东莉《论思想政治教育的人文关怀价值》，《浙江大学学报（社会科学版）》1993年第4期。

要指标。因为，爱国主义首先是个体真实情感的唤醒，唯有觉醒了的主体才能成为爱国奉献、推进中国现代化进程的重要力量。其次，爱国主义教育话语要符合人类的理性追求。人的理性追求，表现为对掌握客观规律的渴望、对真理和未知的不懈追求与探寻，并通过观察、批判，不断接近事物本质的过程。爱国主义教育话语也应当是一种能够启发青年的理性话语，通过启发青年人的求知欲与批判精神，提高青年人认识世界、理解世界，进而改造客观世界的理性水平和能力。最后，爱国主义教育话语应有超越性。超越性体现在精神性对生物性的超越，无限对有限的超越，可能对现实的超越，自由对规定性的超越。作为万物之灵长，人总是会不自觉地寻求和探索人生最高的意义和最高的价值，追求终极完满的存在方式，追寻理想中的"乌托邦"。爱国主义教育话语对于超越性的回应，在于激发人们深藏于生命之中的内部动力，鼓励人们追求更美、更真、更善的生命存在，始终以"应然"超越"实然"，以"实然"回应"应然"，获得向上生长、向前发展的不竭动力。

三 推进话语的具身表达

青年爱国主义教育话语的"具身"表达，强调关注包括受教育者身体及其知觉、情感甚至所处环境等在内的整体存在和具身化发展的相关诸要素。具身青年爱国主义教育话语试图通过身体融入式教学和学习，潜移默化地提升受教育者的爱国主义意识，实现由"意识语言"到"身体语言"的转变。习近平总书记提出："爱国主义体现的是公民个人与祖国的相互依存关系，是饱含着归属感、认同感、尊严感和荣誉感的最高体现，是千百年来巩固起来的对自己和祖国的深厚感情。"[①] 爱国主义本质上说是个体心理活动的过程，具身青年爱国主义教育话语以身体为着眼点，把爱国主义精神的内化与外化、精神与行为统一起来，在内化上由情感熏陶入手，在外化上从行为引导入手，完成循环往复的"外在内化"和"内在外化"，实现爱国主义的个体内化与建构。

---

① 中共中央宣传部：《习近平总书记在文艺工作座谈会上的重要讲话学习读本》，学习出版社2015年版，第95页。

（一）外在内化，动乎其内：青年爱国主义具身教育话语的情感维度

习近平总书记高度重视爱国主义情怀的培育，明确提出"在厚植爱国主义情怀上下功夫"①。《新时代爱国主义教育实施纲要》指出，"爱国是本分，也是职责，是心之所系、情之所归""培养社会主义建设者和接班人，首先要培养学生的爱国情怀"②。爱国主义情怀中的"情怀"一词在辞海中的解释是"含有某种感情的心境"，即爱国主义情怀是含有某种感情的情绪状态，是积淀在主体内心的由多种要素综合而成的情感价值体系。兰德尔·柯林斯特别强调情感对于社会团结的能量和力量。他提出，当情感能量较高时，情感便鼓舞个体，使其坚信自己是正义的，并激活身体，积极采取行动，主动加入社会互动；当身处低情感能量状态时，则"降低了活跃的程度，不仅带来身体的倦怠和退缩，而且使社会互动变得被动、拖沓和敷衍了事"③。概言之，情感以热情、愿望、兴趣等非认知因素引导爱国主义认知，激发青年身体中的热情、好奇心、偏好、想象力，对于助力爱国主义的形成有着重要的意义。

爱国主义情怀不是靠训练习得的，也不是靠说教传递的，而是通过身体上的情感熏陶、感悟与内化来形成的。这主要表现为以情感性思维方式把握世界，将客观对象主观化，将主体性渗透在客观性之中，用全部身心拥抱知识，将认知、情感、行为融合一起。负责历史古迹巡查的文学大师梅里美曾系统地阐述过历史遗迹修复的意义：法兰西的土地上汇集着几乎所有令人仰慕的建筑风格，她之于欧洲就像德尔斐之于古代希腊——一座受飨所有艺术献祭的圣殿。似乎所有踏足这片领土的先民都先后试图留下他们途经的记忆，野蛮人也带来他们的贡品。传统已然消亡，但其建筑屹立至今……它们所带来的不仅是震撼，还有热爱。④ 当前，我国爱国主义教育实践载体十分丰富，包括爱国主义教育基地和国

---

① 《坚持中国特色社会主义教育发展道路　培养德智体美劳全面发展的社会主义建设者和接班人》，《人民日报》2018年9月11日第1版。

② 《新时代爱国主义教育实施纲要》，《人民日报》2019年11月13日第6版。

③ ［美］兰德尔·柯林斯：《互动仪式链》，林聚任等译，商务印书馆2012年版，第158—159页。

④ 转引自于京东《现代爱国主义的情感场域——基于"记忆之场"的研究》，《社会科学战线》2020年第5期。

防教育基地、国家性的仪式与礼仪、重大纪念活动中的爱国主义资源、传统与现代节日的作用、风景名胜与重大工程展示等，这些都是创设爱国主义具身教育话语的"情感场域"，能够有效唤起青年爱国主义热情。一些新材料的发掘，如建筑、雕塑、遗址、照片、档案、日记等，都构成了青年爱国主义具身教育话语丰富的情感资源。从情感的精神向度塑造话语，就是要加强这些感性话语材料在场域中的空间分布，构建当下的、鲜活的、有生命的情感场域，同时推动这些感性话语材料在场域中的互动。在互动的推进和深入中，使被教育者在身体上沉浸于彼此情感状态，在彼此情感达到高度共振时，随着情绪"热度"升腾演化为一种集体共享情感，建构起一个爱国主义的情感共同体。

（二）内在外化，发乎其外：青年爱国主义具身教育话语的行动维度

身体是教育的主体、基点和归宿，"身体教育即对身体的生产、教化过程，内容涉及身体意识、身体技术、生活习性、道德践行等"[1]。青年爱国主义具身教育话语要充分认识到实践特性与身体有着天然的亲密关系，将话语建立在主体与环境、主体与主体之间相互统一的基础上。杜威的"教育回归生活世界"、福柯的"身体力行"都指向于此。也就是说，教育话语要积极地指向人类的积极的生命活力，指向行动和实践，不仅要塑造青年对祖国的热爱之情，还必须促使其将爱国主义的情感落实到具体行动中。

青年爱国主义教育话语要引导青年在爱国主义行动中保持身体激情。"爱国，不能停留在口号上，而是要把自己的理想同祖国的前途、把自己的人生同民族的命运紧密联系在一起，扎根人民，奉献国家。"[2] 爱国主义教育话语要引导青年人把爱国情感和报国志向融于自觉奋斗、艰苦奋斗、接续奋斗的实践之中，"以一生的真情投入、一辈子的顽强奋斗来体现爱国主义情怀"[3]，让个人奋斗与祖国和民族的发展同频共振。引导青年接好民族复兴的历史接力棒，鼓励青年去祖国最需要的地方建功立业，

---

[1] 李传奇、田雨普：《新世纪我国身体教育思想研究评述》，《北京体育大学学报》2013年第3期。

[2] 习近平：《在北京大学师生座谈会上的讲话》，《人民日报》2018年5月3日第2版。

[3] 习近平：《在纪念五四运动100周年大会上的讲话》，《人民日报》2019年4月30日第2版。

不负时代、不负韶华，为中国式现代化、中华民族伟大复兴"添砖加瓦"。

青年爱国主义教育话语的言说引导青年在爱国主义行动中保持身体激情的同时，也要引导青年在爱国主义行动中保持身体理性。一方面，引导青年在爱国行为中保持身体理性。既要引导他们争做护国卫民的爱国先锋，主动进行具有新的历史特点的伟大斗争，敢于与危害国家安全、损害国家利益的行为作斗争，同时也要告诉青年人，"我们强调的爱国主义不是狭隘的民族主义，而是与对外开放相统一、具有民族情怀与彰显世界眼光相统一的爱国主义"①，决不能做狭隘的民族主义者，要学会理性的爱国情感表达。另一方面，引导青年人在报国行为中保持身体理性。习近平总书记指出："广大青年要牢记'空谈误国、实干兴邦'，立足本职、埋头苦干，从点滴做起，用勤劳的双手、一流的业绩成就属于自己的人生精彩。"②爱国贵在立足当下，做好身边事，做最好的自己，把青春奉献给祖国和人民，把论文书写在祖国大地上，练就过硬本领。当今时代，知识急速更新迭代，新模式新业态新场域层出不穷，青年人要脚踏实地地践行报国行动，在加强道德修养、增长知识见识、增强综合素质上下功夫，"在学习中增长知识、锤炼品格，在工作中增长才干、练就本领，以真才实学服务人民，以创新创造贡献国家"③。

---

① 潘静：《习近平关于爱国主义的重要论述：价值定位、逻辑理路与基本特质》，《思想政治教育研究》2020 年第 5 期。

② 习近平：《在同各界优秀青年代表座谈时的讲话》，《人民日报》2023 年 5 月 5 日第 2 版。

③ 习近平：《在纪念五四运动 100 周年大会上的讲话》，人民出版社 2019 年版，第 10—11 页。

结　语

从20世纪开始，"语言学转向"使语言成为哲学研究的中心课题，语言的意义问题取代了认识论的问题，语言的重要性日益凸显，并一跃成为西方哲学的焦点。本书从话语的角度探讨爱国主义教育，在一定程度上也体现了对这一趋势的回应。

语言的终极问题是思想问题。正如马塞尔·达内西所说，"没有什么比色系的种类更能说明语言和思想之间的本质联系。色彩是一种视觉效应，它是光线刺激视网膜的结果。物理学家指出，从理论上说，人的肉眼能分辨出数百万种颜色；但是，在世界上任何一种语言中，只能找到12个描绘色彩的基本词汇。棱镜可测出光的波长，光束经过棱镜折射后显示出光谱的颜色。如果用一根手指挡住光谱的一点，在与手指两侧直接相连的地方，颜色的层次会有细微的差别。把如此多可能的颜色层次整合到有限的范畴中的目的很明显，因为不这样做，人们不仅要造出数百万的单词来指代所有可能的颜色，还要记住它们。不过，有一个折中的办法。尽管有限的颜色词汇有助于人们有效地指出颜色的层次，但正是这些词语使人们偏向于辨认那些他们认为'正常'的颜色种类。用符号学的术语来说，人们只能辨认出那些本族语言已对其编码过的色彩的所指"[1]。从大自然的实际色彩与人类关于色彩的描绘来看，一方面，语言是一种建模系统，即它试图以某种真实的方式来模拟世界的再现系统，句子中的词语以类似自然景象的方式表明了事物之间相互联系的方式，

---

[1] ［加拿大］马塞尔·达内西：《香烟、高跟鞋及其他有趣的东西：符号学导论》，肖惠荣、邹文华译，四川教育出版社2012年版，第71页。

它是对自然、社会、思维的描摹。这种描摹总是需要努力追求去靠近不断变化的实际，从而产生话语创新的原动力。一方面，话语从思想中来，最终要回归到思想和价值的本体中去。语言的丰富最后还有赖于思想的丰富性。如同大自然本身拥有无限的色彩，这是人类对色彩描绘语汇进行创造的前提。每种说法背后都存在着话语系统的来源，爱国主义教育话语背后的本质仍然来自人们在自然、社会、思维世界的丰富实践。因此，面向未来，青年爱国主义教育话语一方面应当追求世界—理论—话语的转换，使其能够以不断创新的外在形式追摹现实；另一方面还要注意建构青年爱国主义的思想宝库，拓展其内涵，使其可以源源不断地支撑时代发展的需要，为话语的创新提供源头活水。

从人类社会发展的长远价值需要来看，青年爱国主义教育最终要达到的语言，应该是一种超越了工具论，且能够在工具论和本体论之间相互融合、相互贯通，并始终保持张力和生命力的语言。爱国主义教育话语随着爱国主义教育实践的不断深入发展，以及话语理论自觉意识的不断增强，促使青年爱国主义教育话语从工具理性的角色中游离出来，迈向价值理性的征程。唯有如此，青年爱国主义教育话语才能让人们在语言中得到真正的生命成长。

对于青年爱国主义教育话语的研究，这只是一个开头，系统化的深入研究尚需做出持续的努力。话语创新，将是一个永恒的思想政治教育话题。

参考文献

一 经典著作和重要文献

当代中国研究所：《中华人民共和国编年（1951年卷）》（第3卷），当代中国出版社2007年版。

《邓小平文选》（1—3卷），人民出版社1994年版。

《关于改进和发展中学教育的指示》，1954年。

国家教委思想政治工作司：《爱国主义教育概论》，高等教育出版社1993年版。

胡锦涛：《高举中国特色社会主义伟大旗帜 为夺取全面建设小康社会新胜利而奋斗》，人民出版社2007年版。

胡锦涛：《胡锦涛在同中国农业大学师生代表座谈时的重要讲话》，人民出版社2009年版。

胡锦涛：《在中国文联第八次全国代表大会、中国作协第七次全国代表大会上的讲话》，人民出版社2006年版。

胡锦涛：《在中国文联第九次全国代表大会、中国作协第八次全国代表大会上的讲话》，人民出版社2011年版。

《江泽民论有中国特色社会主义理论（专题摘编）》，中央文献出版社2002年版。

《江泽民文选》（第1—3卷），人民出版社2006年版。

教育部社会科学司：《普通高校思想政治理论课文献选编（1949—2008）》，人民出版社2008年版。

教育部思想政治工作司组：《加强和改进大学生思想政治教育重要文献选编（1978—2008）》，中国人民大学出版社2008年版。

《列宁全集》（第23、24、26、47卷），人民出版社1990年版。

《列宁全集》（第6卷），人民出版社1986年版。

《列宁选集》（1—4卷），人民出版社1995年版。

［德］卡尔·马克思：《1844年经济学哲学手稿》，人民出版社2014年版。

《马克思恩格斯全集》（第6、15、16、17、19、35、38卷），人民出版社1964年版。

《马克思恩格斯文集》（1—10卷），人民出版社2009年版。

《马克思恩格斯选集》（1—2卷），人民出版社1995年版。

《马克思恩格斯选集》（1—4卷），人民出版社2012年版。

《马克思恩格斯选集》（第45卷），人民出版社1985年版。

［德］卡尔·马克思：《摩尔根〈古代社会〉一书摘要》，中国科学院历史研究所翻译组译，人民出版社1978年版。

《毛泽东文集》（第1卷），人民出版社1993年版。

《毛泽东文集》（第7卷），人民出版社1999年版。

《毛泽东选集》（1—4卷），人民出版社1991年版。

《斯大林全集》（第5卷），人民出版社1957年版。

《斯大林选集》（上卷），人民出版社1979年版。

习近平：《决胜全面建成小康社会 夺取新时代中国特色社会主义伟大胜利——在中国共产党第十九次全国代表大会上的报告》，人民出版社2017年版。

习近平：《论党的宣传思想工作》，中央文献出版社2020年版。

习近平：《论坚持推动构建人类命运共同体》，中央文献出版社2018年版。

习近平：《论中国共产党历史》，中央文献出版社2021年版。

《习近平谈治国理政》（1—2卷），外文出版社2017年版。

《习近平谈治国理政》（第3卷），外文出版社2020年版。

《习近平谈治国理政》（第4卷），外文出版社2022年版。

习近平：《习近平关于全面深化改革论述摘编》，中央文献出版社2014年版。

习近平：《习近平关于社会主义文化建设论述摘编》，中央文献出版社2017年版。

习近平：《在纪念孙中山先生诞辰150周年大会上的讲话》，人民出版社2016年版。

习近平：《在庆祝中国共产党成立100周年大会上的讲话》，人民出版社2021年版。

中共中央、国务院印发：《新时代爱国主义教育实施纲要》，人民出版社2019年版。

中共中央文献研究室：《建党以来重要文献选编（1921—1949）》（第1册），中央文献出版社2011年版。

中共中央文献研究室：《建党以来重要文献选编（1921—1949）》（第2册），中央文献出版社2011年版。

中共中央文献研究室：《建党以来重要文献选编（1921—1949）》（第11册），中央文献出版社2011年版。

中共中央文献研究室：《建党以来重要文献选编（1921—1949）》（第12册），中央文献出版社2011年版。

中共中央文献研究室：《建党以来重要文献选编（1921—1949）》（第14册），中央文献出版社2011年版。

中共中央文献研究室：《建党以来重要文献选编（1921—1949）》（第26册），中央文献出版社2011年版。

中共中央文献研究室：《毛泽东 邓小平 江泽民论教育》，中央文献出版社、人民教育出版社、北京师范大学出版社2002年版。

中共中央文献研究室：《毛泽东邓小平江泽民论青少年和青少年工作》（增订本），中国青年出版社、中央文献出版社2003年版。

中共中央文献研究室：《十七大以来重要文献选编》（上），中央文献出版社2009年版。

中共中央文献研究室：《十三大以来重要文献选编》（中），人民出版社1991年版。

中共中央文献研究室：《十一届三中全会以来重要文献选读》（上），人民出版社1987年版。

中共中央宣传部：《毛泽东邓小平江泽民论思想政治工作》，学习出版社2000年版。

中共中央宣传部、中共中央书记处研究室：《关于加强爱国主义宣传教育的意见》，光明日报出版社 1983 年版。

中国共产党中央委员会：《关于建国以来党的若干历史问题的决议》，人民出版社 1981 年版。

《中华人民共和国教育部直属高等学校暂行工作条例（草案）》，1961 年。

中央档案馆：《中共中央文件选集（1934—1935）》（第 10 册），中共中央党校出版社 1991 年版。

中央档案馆：《中共中央文件选集（1931）》（第 7 册），中共中央党校出版社 1991 年版。

中央档案馆：《中共中央文件选集（1932）》（第 8 册），中共中央党校出版社 1991 年版。

中央档案馆：《中共中央文件选集（1933）》（第 9 册），中共中央党校出版社 1991 年版。

中央档案馆：《中共中央文件选集（1921—1925）》（第 1 册），中共中央党校出版社 1989 年版。

二 中文著作

白景峰：《爱国主义教育资料库》，蓝天出版社 1992 年版。

曹延汹：《中美爱国主义教育比较研究》，辽宁大学出版社 2006 年版。

《论语》，燕山出版社 2002 年版。

董璐：《传播学核心理论与概念》，北京大学出版社 2008 年版。

费孝通：《民族研究文集》，民族出版社 1988 年版。

葛红兵：《思想政治教育话语体系研究》，中国文史出版社 2016 年版。

国家广播电视总局发展研究中心：《中国广播电影电视发展报告（2020）》，中国广播影视出版社 2020 年版。

国家广播电视总局网络视听节目管理司、国家广播电视总局发展研究中心：《中国视听新媒体发展报告（2020）》，中国广播影视出版社 2020 年版。

韩振峰：《爱国主义教育辞典》，北京语言大学出版社 1995 年版。

洪波：《思想政治教育话语范式转换研究》，浙江大学出版社 2012 年版。

洪鼎芝：《信息时代：正在变革的世界》，世界知识出版社 2015 年版。

侯惠勤：《马克思、恩格斯、列宁、斯大林论意识形态》，中国社会科学出版社 2012 年版。

胡疆锋：《伯明翰学派青年亚文化理论研究》，中国社会科学出版社 2012 年版。

黄金麟：《历史、身体、国家：近代中国的身体形成（1895—1937）》，新星出版社 2006 年版。

景天魁等：《社会学原著导读》，高等教育出版社 2007 年版。

李文海：《中国近代爱国主义论纲》，中国人民大学出版社 1991 年版。

李小丽：《微时代高校思想政治教育话语分析及发展前沿问题探究》，新华出版社 2017 年版。

李英明：《哈贝马斯》，东大图书股份有限公司 1986 年版。

刘国强：《媒介身份重建——全球传播与国家认同建构研究》，四川大学出版社 2009 年版。

刘忠民：《民族主义与当代国际政治》，世界知识出版社 2006 年版。

陆学艺、王处辉：《中国社会思想史资料选辑》（宋元明清卷），广西人民出版社 2007 年版。

陆扬：《大众文化理论》，复旦大学出版社 2008 年版。

（明）宋濂：《元史》（卷一六一），中华书局 1976 年版。

（清）张廷玉：《明史同文志》（卷六十三），中华书局 1985 年版。

（明）朱之瑜：《朱舜水全集》，世界书局出版社 1379 年版。

潘亚玲：《美国爱国主义与对外政策》，上海人民出版社 2008 年版。

庞士让：《爱国主义教育学研究》，陕西人民出版社 2002 年版。

钱穆：《国史大纲》，商务印书馆 2010 年版。

邱仁富：《思想政治教育话语论》，上海交通大学出版社 2013 年版。

沈洪波：《全球化与国家文化安全》，山东大学出版社 2009 年版。

司马云杰：《文化社会学》，中国社会科学出版社 2001 年版。

（宋）程颢、（宋）程颐：《河南程氏遗书》（卷五），上海古籍出版社 2000 年版。

（宋）胡宏：《皇王大纪》，中华书局 2008 年版。

（宋）司马光：《资治通鉴》，沈志华、张宏儒译，中华书局 2009 年版。

（宋）徐兢：《宣和奉使高丽图经》（卷四十），中华书局 1985 年版。

（宋）朱熹：《朱子语卷》（十八），中华书局 1986 年版。

苏国勋等：《全球化：文化冲突与共生》，社会科学文献出版社 2006年版。

孙钦善：《论语注译》，巴蜀出版社 1990 年版。

唐凯麟：《中华民族爱国主义发展史》（1—4 卷），湖北教育出版社 2001年版。

万明钢：《多元文化视野价值观与民族认同研究》，民族出版社 2006年版。

王怀安等：《中华人民共和国法律全书》，吉林人民出版社 1997 年版。

王连喜：《全球化的悖论》，中央编译出版社 1998 年版。

王希恩：《马克思、恩格斯、列宁、斯大林论民族》，中国社会科学出版社 2013 年版。

王逸舟：《全球化时代的国际安全》，上海人民出版社 1997 年版。

温静：《中国共产党爱国主义思想史略》，人民出版社 2019 年版。

吴格言：《文化传播学》，中国物质出版社 2004 年版。

吴琼：《思想政治话语发展研究》，中国社会科学出版社 2017 年版。

吴晓萍、徐杰舜：《中华民族认同与认同中华民族》，黑龙江人民出版社 2009 年版。

吴瑛：《文化对外传播：理论与战略》，上海交通大学出版社 2009 年版。

徐梁伯、间小波：《中华近代爱国主义精神通览》，东南大学出版社 1999年版。

闫志刚：《社会建构论视角下的社会问题研究：农民工问题的社会建构过程》，中国社会科学出版社 2010 年版。

阎学通：《中国国家利益分析》，天津人民出版社 1997 年版。

衣俊卿、胡长栓等：《马克思主义文化理论研究》，北京师范大学出版社 2012 年版。

衣俊卿：《现代化与日常生活批判》，人民出版社 2005 年版。

郁建兴：《马克思国家理论与现时代》，东方出版中心 2007 年版。

（元）李士瞻：《题王彦方小传后，经济文集》（卷四），影印文渊阁四库全书（第 1214 册）。

（元）王士点：《秘书监志》（卷四），中华书局 1985 年版。

袁芳：《思想政治教育话语创新论的马克思主义审视》，中央编译出版社

2018 年版。

曾令辉：《现代爱国主义教育理论与实践》，广西人民出版社 2006 年版。

詹小美：《民族文化认同论》，人民出版社 2014 年版。

张东荪：《理性与民主》，商务印书馆 1946 年版。

张静：《身份认同研究》，上海人民出版社 2006 年版。

张汝伦：《现代中国思想研究》，上海人民出版社 2001 年版。

张耀灿：《现代思想政治教育学》，人民出版社 2001 年版。

赵馥洁：《中华民族爱国主义史论》，中国社会科学出版社 2008 年版。

赵静蓉：《文化记忆与身份认同》，生活·读书·新知三联书店 2015 年版。

赵汀阳：《天下体系》，人民出版社 2011 年版。

郑永廷：《社会主义意识形态发展研究》，人民出版社 2002 年版。

郑永廷：《思想政治教育方法论》，高等教育出版社 2010 年版。

郑永廷：《现代思想道德教育理论与方法》，广东高等教育出版社 2000 年版。

三　学术论文

樊如钧、鞠鹏：《胡锦涛总书记考察北京大学》，《下一代》2008 年第 5 期。

管健、杭宁：《知情意行：四维一体铸牢中华民族共同体意识》，《南开学报》（哲学社会科学版）2021 年第 6 期。

韩志明、史瑞杰：《国家荣誉的社会认知——基于问卷调查数据的实证分析》，《中国行政管理》2015 年第 10 期。

何一晨等：《在地性呈现、数字化互动与活态化传承：故宫博物院建构文化数字记忆的传播与研究》，《传播与版权》2023 年第 2 期。

洪波：《话语与思想政治教育的有效沟通》，《教育评论》2011 年第 1 期。

胡国胜：《政治符号：概念、特征与功能》，《深圳大学学报》（人文社会科学版）2013 年第 2 期。

《教育部办公厅关于以我国政府恢复对澳门行使主权为主题，在大中小学生中深入开展爱国主义教育活动的通知》，《教育部政报》1998 年第 6 期。

靳道亮：《建国初期抗美援朝运动研究综述》，《理论界》2007 年第 6 期。

兰建平、苗文斌：《嵌入性理论研究综述》，《技术经济》2009年第1期。

李传奇、田雨普：《新世纪我国身体教育思想研究评述》，《北京体育大学学报》2013年第3期。

廖中鸣等：《狂欢、区隔与抵抗：游戏圈"梗"的批评性话语分析》，《当代青年研究》2022年第9期。

林水波、王崇斌：《政策论述与政策变迁的关联性——批判取向的分析》，《台湾政治学刊》1998年第3期。

刘佳：《情感认同与情绪感染：网络爱国主义的表达机制与话语模式》，《青年记者》2021年第14期。

刘建军：《厚植爱国主义情怀的理论阐释》，《思想理论教育》2019年第9期。

马明冲、韩笑：《议程设置：中国共产党国际形象的一种建构范式》，《新视野》2023年第6期。

马树锦：《转型期思想政治教育话语变革研究》，博士学位论文，西安理工大学，2018年。

马中红：《商业逻辑与青年亚文化》，《青年研究》2010年第2期。

牟永福：《社会语言学视野下的话语困境及其话语治疗》，《学术月刊》2007年第3期。

潘静：《习近平关于爱国主义的重要论述：价值定位、逻辑理路与基本特质》，《思想政治教育研究》2020年第5期。

庞金友、洪丹丹：《大变局时代的身份政治与西方民主政治危机》，《行政论坛》2009年第6期。

彭斌：《理解国家认同——关于国家认同的构成要素、困境与实现机制的思考》，《社会科学战线》2018年第7期。

冉文伟：《社会资本理论对高校思想政治教育的启示》，《理论月刊》2007年第8期。

王浩斌、黄美笛：《论哈贝马斯的真理共识之思——基于情感视角的分析》，《山东社会科学》2020年第7期。

王嘉、吕君怡：《"圈层化"下的青年网络爱国主义》，《探索与争鸣》2021年第3期。

王亚茹、许开轶：《论国际话语权视角下我国议程设置能力的提升》，《长江论坛》2020 年第 6 期。

王岩：《新时代我国主流意识形态话语权的建构路径》，《马克思主义研究》2018 年第 7 期。

王珍、向建华：《新时代继承和发扬中华民族爱国主义传统》，《民族研究》2022 年第 1 期。

魏海涛：《社会学中的机制解释——兼评〈儒法国家：中国历史的新理论〉》，《社会学评论》2017 年第 6 期。

吴一凡：《爱国主义精神的记忆建构——读莫里斯·哈布瓦赫〈论集体记忆〉有感》，《思想政治课教学》2023 年第 9 期。

吴玉军：《论国家认同的基本内涵》，《中国特色社会主义研究》2018 年第 1 期。

习近平：《思政课是落实立德树人根本任务的关键课程》，《求是》2020 年第 3 期。

习近平：《在党史学习教育动员大会上的讲话（2021 年 2 月 20 日）》，《求是》2021 年第 7 期。

习近平：《在庆祝全国人民代表大会成立六十周年大会上的讲话》，《求是》2019 年第 18 期。

项飚：《普通人的"国家"理论》，《开放时代》2010 年第 10 期。

邢海燕：《"国潮"与"真我"：互联网时代青年群体的自我呈现》，《西南民族大学学报（人文社会科学版）》2021 年第 1 期。

杨文登、丁道群：《马克思主义实践哲学视域中的心理学研究》，《中南大学学报》（社会科学版）2009 年第 3 期。

杨植迪：《拉克劳与墨菲的认同政治思想及其局限》，《国外社会科学》2019 年第 2 期。

叶澜：《试论当代中国教育价值取向之偏差》，《教育研究》1989 年第 8 期。

《一九八三年继续开展"五讲四美三热爱"活动的意见》，《中华人民共和国国务院公报》1983 年第 3 期。

余亮：《小粉红的系谱、生态与中国青年的未来》，《文化纵横》2021 年第 10 期。

於水：《交互叙事在结构上的几种可能性及应用前景》，《北京理工大学学报》（社会科学版）2010 年第 1 期。

张杰：《话语信任与网络群体建构——社会化媒体的信任机制研究》，《现代传播（中国传媒大学学报）》2013 年第 8 期。

张敏：《西方社会的一种新政治行动方式与政治领域：对生活政治的扩展性分析》，《国外理论动态》2020 年第 4 期。

张铨洲：《"入世与出世"：青年群体网络"圈层化"的困与策》，《中国青年研究》2022 年第 3 期。

赵超、青觉：《象征的再生产：形塑中华民族共同体意识的一个文化路径》，《中央社会主义学院学报》2018 年第 6 期。

赵华珺：《新时代中国爱国主义及其实践研究》，博士学位论文，东北师范大学，2019 年。

《中共中央关于改革和加强中小学德育工作的通知（1988 年 12 月 25 日）》，《中华人民共和国国务院公报》1988 年第 28 期。

《中国社会主义青年团为"二七"大惨杀宣言》，《先驱》1923 年第 17 期。

中央宣传部、国家教委等：《关于运用优秀影视片在全国中小学开展爱国主义教育》，《思想政治课教学》1993 年第 2 期。

左高山：《政治忠诚与国家认同》，《马克思主义与现实》2010 年第 2 期。

四　译著

[德] 阿克塞尔·霍耐特：《为承认而斗争》，胡继华译，上海人民出版社 2005 年版。

[美] 阿莱克斯·彭特兰：《智慧社会》，汪小帆等译，浙江人民出版社 2015 年版。

[美] 爱德华·W. 萨义德：《文化与帝国主义》，李锟译，生活·读书·新知三联书店 2003 年版。

[意] 安东尼奥·葛兰西：《狱中札记》，张跣等译，河南大学出版社 2016 年版。

[英] 安东尼·吉登斯：《现代性与自我认同》，夏璐译，中国人民大学出版社 2017 年版。

[英] 安东尼·D. 史密斯：《民族认同》，王娟译，译林出版社 2018 年版。

［英］保罗·霍普：《个人主义时代之共同体重建》，沈毅译，浙江大学出版社 2010 年版。

［美］本尼迪克特·安德森：《想象的共同体——民族主义的起源与散布》，吴叡人译，上海人民出版社 2011 年版。

［英］布莱恩·劳森：《空间的语言》，杨青娟译，中国建筑工业出版社 2003 年版。

［美］黛安娜·克兰：《文化社会学：浮现中的理论视野》，王小章等译，南京大学出版社 2006 年版。

［美］丹尼尔·贝尔：《资本主义文化矛盾》，严蓓雯译，凤凰出版传媒集团、江苏人民出版社 2007 年版。

［美］迪克·赫伯迪格：《亚文化：风格的意义》，陆道夫、胡疆锋译，北京大学出版社 2009 年版。

［法］埃德蒙·柏克：《法国革命论》，何兆武等译，商务印书馆 2005 年版。

［法］埃德加·莫兰：《整体性思维：人类及世界》，陈一壮译，中国人民大学出版社 2020 年版。

［法］爱弥尔·涂尔干：《宗教生活的基本形式》，渠敬东等译，商务印书馆 2011 年版。

［法］鲍德里亚：《消费社会》，刘成富等译，南京大学出版社 2014 年版。

［法］厄内斯特·勒南：《民族是什么？》，袁剑译，江苏人民出版社 2012 年版。

［法］费尔南·布罗代尔：《文明史纲》，肖昶等译，广西师范大学出版社 2003 年版。

［法］古斯塔夫·勒庞：《乌合之众》，戴光年译，新世界出版社 2010 年版。

［法］米歇尔·福柯：《规训与惩罚》，刘北成、杨远婴译，生活·读书·新知三联书店 1999 年版。

［法］米歇尔·福柯：《话语的秩序》，许宝强、袁伟译，中央编译出版社 2001 年版。

［法］莫里斯·哈布瓦赫：《论集体记忆》，毕然、郭金华译，上海人民出版社 2002 年版。

［法］皮埃尔·布迪厄、［美］华康德：《实践与反思——反思社会学导引》，李猛、李康译，中央编译出版社 1998 年版。

［法］让－弗朗索瓦·利奥塔尔：《后现代状态：关于知识的报告》，车槿山译，生活·读书·新知三联书店 2011 年版。

［法］托克维尔：《论美国的民主》，董果良译，商务印书馆 2017 年版。

［德］费希特：《论学者的使命 人的使命》，梁志学、沈真译，商务印书馆 1984 年版。

［美］弗雷德里克·詹姆逊：《快感：文化与政治》，王逢振等译，中国社会科学出版社 1998 年版。

［古罗马］西塞罗：《西塞罗全集·演说词卷》（上），王晓朝译，人民出版社 2008 年版。

［古希腊］柏拉图：《理想国》，郭斌和、张竹明译，商务印书馆 2009 年版。

［美］何天爵：《中国人本色》，张程、唐琳娜译，中国言实出版社 2006 年版。

［美］赫伯特·马尔库塞：《单向度的人——发达工业社会意识形态研究》，刘继译，上海译文出版社 2006 年版。

［西］胡安·诺格：《民族主义与领土》，徐鹤林、朱伦译，中央民族大学出版社 2009 年版。

［德］胡塞尔：《欧洲科学危机和超验现象学》，张庆熊译，上海译文出版社 1988 年版。

［美］华勒斯坦等：《开放社会科学——重建社会科学报告书》，刘锋译，生活·读书·新知三联书店 1997 年版。

［德］卡尔·亚斯贝斯：《时代的精神状况》，王德峰译，上海译文出版社 2008 年版。

［美］凯斯·R. 桑斯坦：《信息乌托邦——众人如何产生知识》，毕竞悦译，法律出版社 2008 年版。

［美］兰德尔·柯林斯：《互动仪式链》，林聚任等译，商务印书馆 2012 年版。

［美］李普曼：《舆论学》，林珊译，华夏出版社 1989 年版。

［英］马丁·雅克：《当中国统治世界》，张莉译，中信出版社 2010 年版。

［美］马尔科姆·沃特斯：《全球化：关键性思想》，中央编译出版社2003年版。

［美］马克·波斯特：《第二媒介时代》，范静晔译，南京大学出版社2000年版。

［美］马克·格兰诺维特：《镶嵌：社会网与经济行动》，罗家德译，社会科学文献出版社2007年版。

［德］马克斯·舍勒：《伦理学中的形式主义与质料的价值伦理学》，倪梁康译，商务印书馆2011年版。

［德］马克斯·韦伯：《新教伦理与资本主义精神》，于晓等译，生活·读书·新知三联书店1992年版。

［美］A.麦金太尔：《追寻美德：伦理理论研究》，宋继杰译，译林出版社2003年版。

［西］曼纽尔·卡斯特：《认同的力量》，曹荣湘译，社会科学文献出版社2006年版。

［西］曼纽尔·卡斯特：《网络社会的崛起》，夏铸九译，社会科学文献出版社2001年版。

［美］毛里齐奥·维罗里：《关于爱国：论爱国主义与民族主义》，潘亚玲译，上海人民出版社2016年版。

［西］米格尔·卡夫雷拉：《后社会史初探》，李康译，北京大学出版社2008年版。

［英］尼克·史蒂文森：《文化与公民身份》，陈志杰译，吉林出版集团2007年版。

［英］齐格蒙特·鲍曼：《流动的现代性》，欧阳景根译，上海三联书店2002年版。

［美］塞缪尔·亨廷顿：《文明的冲突与世界秩序的重建》，周琪等译，新华出版社2002年版。

［美］塞缪尔·亨廷顿：《我们是谁？美国国家特性面临的挑战》，程克雄译，新华出版社2005年版。

［英］斯图亚特·艾伦：《新闻文化》，方洁等译，北京大学出版社2008年版。

［德］扬·阿斯曼：《文化记忆——早起高级文化中的文字、回忆和政治

身份》，金寿福、黄晓晨译，北京大学出版社 2015 年版。

［德］扬·阿斯曼：《宗教与文化记忆》，黄亚平译，商务印书馆 2018 年版。

［德］扬-维尔纳·米勒：《宪政爱国主义》，邓晓菁译，商务印书馆 2012 年版。

［德］尤尔根·哈贝马斯：《后民族结构》，曹卫东译，上海人民出版社 2002 年版。

［澳］约翰·德莱泽克：《地球政治学：环境话语》，蔺雪春、郭晨星译，山东大学出版社 2012 年版。

［英］约翰·斯道雷：《文化理论与通俗文化导论》，杨竹山等译，南京大学出版社 2000 年版。

［美］詹姆逊：《政治无意识：作为社会象征行为的叙事》，王逢振、陈永国译，中国社会科学出版社 1999 年版。

五　外文文献

Anna M. Malsch, Prosocial Behavior Beyond Borders: Understanding a Psychological Sense of Global Community, Ph.D. dissertation, Claremont Graduate University, 2005, pp. 30 – 31.

Ann Swidler, "Culture in Action: Symbols and Strategies", *American Sociological Review*, Vol. 51, No. 2, 1986, pp. 273 – 286.

Anthony Kerby, *Narrative and the Self*, Bloomington: Indiana University Press, 1991.

David A. Bute, "National Symbols as Agents of Psychological and Social Change", *Political Psychology*, Vol. 30, No. 5, 2009, pp. 779 – 804.

David Carr., *Time Narrative and History*, Bloomington: Indiana University Press, 1986, pp. 30 – 31.

D. W. McMillan and D. M. Chavis, "Sense of Community: A Definition and Theory", *Journal of Community Psychology*, 1986, Vol. 14, No. 1, pp. 6 – 23.

Fair Cloughn, *Discourse and Social Change*, Cambridge: Polity Press, 1993.

Gazette Nationale ou Le Moniteur Universel, 1erjanvier, 1853.

Hal E. Hersh fiedld, H. Min Band Elke U. Weber, "National Differences in Environmental Concern and Performance are Predicted by Country Age", *Psychological Science*, Vol. 25, No. 1, 2014, pp. 152 – 160.

Hayden White, "The Question of Narrative in Contemporary Historical Theory", *History and Theory*, Vol. 23, No. 1, 1984, pp. 1 – 33.

Henri Lefebvre, *The Production of Space. translated by Donald Nicholson Smith*, Oxford, Cambridge: Black Well, 1991, p. 154.

L. A. Kauffman, "The Anti-Politics of Identity", *Socialist Review*, Vol. 20, No. 1, 1990, pp. 67 – 80.

Mccar thy J. P., *The Routledge hand Book of Henri Lefebvre*, *The City and Urban Society*, Routledge, 2019, pp. 98 – 99.

Louis O. Mink, "History and Fiction as Modes of Comprehension", *New Literary History*, Vol. 1, No. 3, 1969, pp. 554 – 555.

Mats Alvesson and Dan Karreman, "Varieties of Discourse Onthe Study of Organizations through Discourse Analysis", *Human Relations*, Vol. 9, 2000, pp. 1125 – 1149.

Murray Edelman, *The Symbolic Use of Politics*, Urbana: University of Press, 1964, p. 8.

Ron Scollon, *Mediated Discourse*, New York: Addison Wese ley Long man Inc, 1998.

Sederberg Peter, *The Politics of Meaning: Power and Explanation in the Construction of Social Reality*, Tucson: University of Arizona Press, 1984.

后　　记

掩卷之际，万千感慨涌上心头。书案上堆积如山的文献、泛黄的田野笔记，此刻仿佛都化作无声的见证者，凝视着这场历时三载的思想跋涉。此书写作仿佛一场穿越历史与当下的精神跋涉，既是对百年变局的学术回应，亦是我与Z世代青年共同完成的一次精神寻根。

这部书稿的完成，绝非一人之功。感谢陈万球老师，他在选题方面点石成金，是这一书稿能够成立的前提条件。成稿之后，同样有赖于陈老师，对书稿进行了整体的点评与指导。感谢龙欢、杨金月、向汉庆老师，在我紧张的书稿撰写过程，他们给予的精神支持和思想支持是我度过那段时间的最关键的存在，他们在关键标题上的润色也是书稿有着更佳呈现的重要条件。感谢我的同事姚远、研究生张凌，在书稿的校对方面做了大量的工作。感谢本科生黄佳豪，与同学们的讨论让我始终保持思想的年轻态。感谢我的父母、我的丈夫和女儿，在书稿最后赶稿的两个月，我带着扭伤了的脚住在父母家，享受他们无微不至的关照，身体上和情感上被无条件地呵护，给予我温暖而坚韧的力量。感谢湖南农业大学马克思主义学院胡艺华院长及其他领导、同事的支持，在最后赶稿的一个月，我没有时间和精力参与公共事务，是领导们和同事们的支持，让我可以旁心无旁骛集中精力写作，使得书稿没有延误。没有他们的支持和帮助，在孤独的科研跋涉之旅中，是难以坚持的。

霍耐特《为承认而斗争》提出，一个好的社会中，每个人都可以从爱或亲密关系获得情感承认，从公民之间的平等权利和同等尊严关系获得法律承认，从群体成员间的价值共同体关系获得团结承认。随着人工智能重塑人类的生存图景，青年爱国主义教育如何从工具理性的角色中游离出来，迈向价值理性的征程，使之成为青年成长、人的发展的本体命题，与生命同行，与温暖同行，在代际传承中生生不息，应当是这一研究的未来旨趣所在，也是这一研究的生机活力所在。

原本，真正的学问不在纸页间，而在人们实践交互的深沉脉动之中。感谢这部著作有幸成为这一实践交互的记录者。时代的车轮呼啸而过，后来者行经此地，或见废墟上开出的野花，或闻长河中未绝的余响——但终究要带着新的火种，走向更远的远方。

曹威伟

2025 年春于洋湖